# LES DIX COMMANDEMENTS

Marc-Alain Ouaknin

# LES DIX COMMANDEMENTS

Préface de Jean-Louis Schlegel

Éditions du Seuil

TEXTE INTÉGRAL

ISBN 2-02-056495-5
(ISBN 2-02-035272-9, 1re publication)



www.seuil.com

Ce livre est dédié à la mémoire de Georges Meyer, dont la confiance et l'amitié ont permis un cheminement commun de plus de dix ans, ouvrant ainsi de nouvelles voies au rayonnement d'un judaïsme dynamique et diversifié.
Il fut et restera un homme de grande noblesse, d'une curiosité, d'une honnêteté, d'un humour et d'une hauteur d'esprit qui n'eurent d'égal que sa générosité, son accueil chaleureux, son attention aiguë aux préoccupations de chacun.

Un maître demanda un jour à ses disciples :
– Quelle est, selon vous, la plus grande catastrophe qui est arrivée au peuple juif dans son histoire ?
– Les quatre cents ans d'esclavage en Égypte, dit un premier disciple.
– Non ! dit le maître.
– La destruction du Temple, proposa un second.
– Non ! dit le maître.
– L'exil, tenta un troisième disciple.
– Non ! dit le maître.
– La Shoah, dit encore un quatrième.
– Non, dit le maître, ce n'est ni la Shoah, ni l'exil, ni la destruction du Temple, ni l'esclavage.
– Nous ne voyons pas, avouèrent en chœur les disciples.
– La plus grande catastrophe qui arriva au peuple juif, dit le maître, c'est quand la Tora est devenue une religion.

# *Préface*

Qui entend le mot « commandements » entend spontanément aujourd'hui ordres donnés et reçus, interdits, lois et morale, et donc obéissance ou désobéissance – autrement dit, quelque chose d'insupportable. La morale a mauvaise presse, et le mot « commandements » est réservé de plus en plus à l'ordre militaire.

A première vue, rien, ou très peu, de tout cela dans ce livre. Il nous parle beaucoup de la vie et du bonheur d'être vivant. Les Commandements sont comme le sel de la vie, ce qui lui donne saveur. Ils ne sont pas de l'ordre de l'avoir (une morale), ni du devoir (faire le bien), ni, *a fortiori*, des interdits (à respecter), mais de l'être et de la parole. Être plus, être meilleur, être pleinement humain, parler à autrui pour qu'il vive, comme moi, et qu'il me donne la vie en retour, que lui aussi « m'offre le monde par sa parole » : voilà ce dont traitent les Commandements. Ils ne parlent pas tant du bien à *faire* que de la bonté à *vivre*. La seule « philosophie » qu'ils prônent est une éthique ; elle consiste à regarder le monde, à le connaître, à le construire en ayant sous les yeux une seule règle : la vie d'autrui, déclinée en « dix paroles ».

Aime ton autre : voilà la leçon des Commandements. Autrui unique, autrui séparé : l'écart est aussi essentiel que le lien, la différence aussi importante que la proximité. Le prochain est celui que je ne peux englober dans le bien que je lui fais ; il est celui avec qui est maintenue la bonne distance, dans le juste intervalle.

Les Commandements concernent donc la vie avec autrui – et non une morale, si on met sous ce mot des ordres donnés de l'extérieur à des individus qui les exécutent en faisant des « efforts » de volonté. Nul doute que des « efforts » sont nécessaires aussi pour vivre la bonté. Pourtant, le mot « effort » est absent de ce livre. Comme si la bonté coulait de source chez celui qui a compris que les Dix Paroles ne sont pas les paroles de la Loi, mais les lois de la Parole, le dynamisme même de la vie, la force du désir en l'homme, la joie d'être, de pouvoir dire « je suis ».

La vie évoque le mouvement. Et en effet, le texte entier de Marc-Alain Ouaknin est porté par une dynamique : l'insistance, répétée, sur le désir d'avenir, le projet de futur qui porte l'existence. Les commandements mettent le corps en mouvement. S'arrêter, c'est mourir. L'être du vivant ne se conjugue pas au présent, mais au passé et au futur : la vie est tension entre la mémoire et l'avenir, entre hier et demain ; transmission entre les pères et les fils ; passage dynamique d'un point à un autre, d'une promesse à une réalisation toujours suspendue. On est dans une histoire qui continue et imprime une attente.

Ailleurs, la sagesse consiste à sortir de l'impermanence, des attentes vaines, des passions du « je suis ». Dans la tradition hébraïque, ce n'est pas l'immobilité qui est sagesse, mais la mobilité du « je suis », la responsabilité devant ce qui arrive – avant tout le « visage d'autrui » –, le temps assumé avec passion (et avec ses passions).

« Je suis »/« ton prochain » : à la suite de la tradition, Marc-Alain Ouaknin note que ces deux mots encadrent l'énoncé des Dix Commandements. Le texte lui-même, par un symbole très fort, indique ainsi tout leur mouvement. Le sens de « Je suis » – le Tétragramme – et celui d'« autrui » sont magnifiquement développés dans ce livre. Il va de soi, pour le texte biblique, que les deux termes sont indissolublement liés, comme les deux tables de cinq et cinq commandements qui se correspondent deux à deux.

Pourtant, il faut le reconnaître : les temps modernes ont parfois défait cette unité qui allait de soi pour les Anciens. On peut certes concevoir de garder exclusivement le « message moral » des Dix Commandements, c'est-à-dire les commandements qui se rapportent à autrui, l'autre homme. Et en même temps on peut se demander s'ils peuvent « fonctionner » sans la leçon fondamentale des trois premiers : à savoir l'interdiction de l'image, le refus des idoles, le silence du Tétragramme où se nouent tout être et toute relation. Ceci ne rend-il pas possible cela ?

Il est frappant en tout cas qu'en ce siècle nombreux soient ceux qui ont commencé par frayer les sentiers d'un humanisme (ou d'un « anti-humanisme » du reste) débarrassé de toute transcendance, et qui ont retrouvé par d'autres voies non pas « Dieu », nommé et affirmé sans autre, mais le début de la première table de pierre : « Je suis le Tétragramme... Tu n'auras pas d'autres dieux devant moi... Tu ne te feras aucune image... Tu ne prononceras pas le nom du Tétragramme en vain... »

Tel est aussi le mystère de ce texte sans pareil : jeter et semer encore et toujours, pour toutes les générations, de nouveaux éclats de sens, et même des sens inédits, des sens qu'on croyait perdus et qu'on retrouve, des sens nouveaux qu'on découvre avec émerveillement.

Dans ce double art – donner une vie nouvelle à d'anciennes significations, réinventer des sens au texte avec une force qu'auraient enviée les Anciens –, Marc-Alain Ouaknin est passé maître. La tradition de la nouveauté qu'il loue tant chez les rabbis aimés de la tradition du Talmud et des époques ultérieures n'est pas seulement un vain mot, une illustration éclairante : lui-même la pratique à la perfection. Et le résultat, ce sont ces Dix Commandements qui brillent des mille éclats d'une lecture qui en montre l'éternelle jeunesse, l'éternelle actualité.

Jean-Louis Schlegel.

# Introduction

Nous sommes il y a 3 500 ans.

Au début du troisième mois après l'exode hors de l'Égypte a lieu l'événement central de l'histoire biblique : la révélation de la Tora. Elle se traduit par une alliance entre Dieu et Son peuple, avec le don des Dix Commandements, ou Dix Paroles, ou encore Décalogue. Selon la tradition, les autres parties de la Tora (les cinq premiers livres de la Bible) furent données en même temps à Moïse.

Les paroles révélées par Dieu au Sinaï sont consignées à deux reprises dans la Bible (dans le livre de l'Exode au chapitre 20, versets 2 à 14, et dans le livre du Deutéronome au chapitre 5, versets 6 à 18).

Les Dix Commandements sont donnés à Moïse, écrits sur des tables de pierre. Le texte biblique parle aussi des « tables du témoignage », ou des « tables de l'Alliance ».

L'éthique proposée dans ces tables est d'une simplicité extraordinaire. Elle a été d'abord le guide des Hébreux, puis des peuples et des religions inspirés directement ou indirectement par la pensée biblique, en tout premier lieu le judaïsme, bien sûr, puis le christianisme *via* les Évangiles et le message des Apôtres, enfin les temps modernes, avec les droits de l'homme et la morale dite laïque, qui sont l'horizon éthique commun de notre société depuis la fin du XIX^e^ siècle. Faut-il rappeler que la Déclaration des droits de l'homme, telle qu'elle fut proclamée en 1789, est souvent représentée sous la forme de deux tables, exactement comme la tradition a représenté les tables de la Loi des Dix Commandements ?

Voici le texte dans sa version du livre de l'Exode. Les

cinq premiers commandements sont inscrits sur la table de gauche et les cinq suivants sur la table de droite. Rappelons qu'en hébreu la disposition est inverse : de droite à gauche.

« Alors Dieu prononça toutes ces paroles en disant :

**1.** Je suis l'Éternel, ton Dieu, qui t'a fait sortir du pays d'Égypte, d'une maison d'esclavage.

**2.** Tu n'auras pas d'autres dieux que moi. Tu ne te feras point d'idole, ni une image quelconque de ce qui est en haut dans le ciel, ou en bas sur la terre, ou dans les eaux au-dessous de la terre. Tu ne te prosterneras point devant elles, tu ne les adoreras point ; car moi, l'Éternel, ton Dieu, je suis un Dieu jaloux, je poursuis le crime des pères sur les enfants jusqu'à la troisième et la quatrième génération pour ceux qui m'offensent, et j'étends ma bienveillance à la millième pour ceux qui m'aiment et gardent mes commandements.

**3.** Tu n'invoqueras point le nom de l'Éternel, ton Dieu, en vain ; car l'Éternel ne laisse pas impuni celui qui invoque Son nom en vain.

**4.** Souviens-toi du jour du chabbat pour le sanctifier. Durant six jours tu travailleras et t'occuperas de toutes tes affaires ; mais le septième jour

**6.** Tu ne tueras point.

**7.** Tu ne commettras point d'adultère.

**8.** Tu ne voleras point.

**9.** Tu ne rendras point contre ton prochain un faux témoignage.

est la trêve de l'Éternel ton Dieu – tu n'y feras aucun travail, toi, ton fils ou ta fille, ton esclave, ta servante, ton bétail, ni l'étranger qui est dans tes murs. Car en six jours l'Éternel a fait le ciel, la terre, la mer et tout ce qu'ils renferment, et Il s'est reposé le septième jour ; c'est pourquoi l'Éternel a béni le jour du chabbat et l'a sanctifié.

**5.** Honore ton père et ta mère, afin que tes jours se prolongent sur la terre que l'Éternel, ton Dieu, te donne.

**10.** Tu ne convoiteras pas la maison de ton voisin. Tu ne convoiteras pas la femme de ton prochain, ni son esclave ni sa servante, ni son bœuf ni son âne, ni rien de ce qui est à ton prochain. »

Les dix lois énoncées dans ce texte sont d'une grande clarté ; elles semblent ne poser aucun problème de compréhension. Cependant des centaines de commentateurs juifs et chrétiens, des historiens et des philosophes se sont penchés sur ce texte et l'ont analysé sous toutes ses coutures pour en comprendre le moindre détail.

Nous voudrions reprendre à nouveaux frais l'explication des commandements en nous appuyant à la fois sur les commentaires traditionnels et sur une réflexion contemporaine issue des sciences humaines, de l'histoire, de la littérature, de la philosophie, de la psychologie et de la psychanalyse, et parfois de la poésie.

## Retourner à la langue originelle : l'hébreu

Notre approche est avant tout celle d'un lecteur attentif à la langue originelle, l'hébreu. Les conséquences en sont grandes car, très souvent, la subtilité d'un texte réside dans des nuances linguistiques que la traduction tend à effacer. Aborder un texte dans sa version originale permet aussi de mettre en évidence les structures particulières des mots, des phrases et des paragraphes, une structure qui est pleine d'enseignements.

Une des grandes fonctions de l'étude est de nous rendre vigilants au fait que nous ne percevons jamais le monde tel qu'il est. Nous le voyons uniquement selon une ou des interprétations. Le monde est *dit* à travers les particularités phoniques et grammaticales de chaque langue. Le fait qu'en hébreu il n'existe pas de verbe « être » au présent, ou qu'en allemand le verbe soit rejeté à la fin de la proposition, n'est pas sans incidence sur la perception du monde. Chaque langue et chaque écriture sont autant de manières de lui donner signification.

C'est pourquoi lire la Bible en hébreu ouvre des chemins inattendus, d'une richesse étonnante, d'une nouveauté imprévue.

## Pourquoi nous ne ferons pas de l'Histoire

Il existe de nombreuses approches et méthodes de lecture des textes : structuralistes, littéraires, psychologiques, anthropologiques, politiques… mais la plus importante est incontestablement l'approche *historique*. Or, l'orientation historique et l'orientation que j'appelle *existentielle*, pour lire et interpréter les textes, s'opposent nettement, même si elles ne sont pas nécessairement contradictoires.

L'Histoire est nécessaire. Sans elle de nombreux éléments des textes nous seraient incompréhensibles, voire inaccessibles. Mais cette approche historique tend à considérer le passé comme appartenant résolument à l'Histoire passée. Ainsi, dans le cadre de notre sujet, les Dix Commandements, et de leurs commentaires, l'historien tente de trouver, de reconstituer, de comprendre la vie des Hébreux dans le désert, celle des peuples alentour, de comparer les textes bibliques et ceux du Proche-Orient ancien, de voir si Moïse est ou non un personnage historique ; le philologue trouvera son miel dans le déchiffrement de mots aux consonances perses ou babyloniennes ; il pourra ainsi mettre en lumière des ressemblances ou des distances entre les coutumes, les mentalités et les mythes des Hébreux et ceux des peuples alentour. Cependant, malgré cette volonté et cet effort pour connaître les textes et les traditions, l'historien garde, le plus souvent, ses distances : il fait en sorte que le passé reste le passé et le présent le présent.

Bien évidemment, cette description est une caricature. Nous avons forcé le trait pour mettre en évidence les limites, pour nous, d'une méthode purement historique. Le risque est de perdre tout le poids de vie et de sens, toute la force dynamique du texte, sa puissance existentielle en son temps et pour nous aujourd'hui.

## Une lecture pour vivre

> « Personne ne peut refuser les lumières de l'historien, mais nous pensons qu'elles ne suffisent pas à tout. »
>
> EMMANUEL LÉVINAS,
> *Quatre Lectures talmudiques.*

On pourrait citer, en exergue de l'attitude existentielle, ce texte célèbre du Midrach commentant le verset 15 du chapitre 29 du Deutéronome :

> « Ce n'est pas avec vous seuls que je conclus cette alliance, ainsi que cette adjuration, mais encore avec quiconque se trouve ici présent aujourd'hui avec vous en présence de Dieu... et avec quiconque ne se trouve pas ici aujourd'hui avec vous. »
> Tous ceux qui vont naître dans le futur jusqu'à la fin de toutes les générations étaient présents avec eux au mont Sinaï. (*Pirqé de Rabbi Éliézer*, chapitre 41.)

L'approche existentielle se fonde sur l'idée que chaque époque doit interpréter pour elle-même le texte transmis. Le sens d'un texte ne dépend pas de ces facteurs occasionnels que sont l'auteur et son premier public, le contexte social, culturel, économique… Du moins ne s'y épuise-t-il pas. Le sens d'un texte dépasse toujours son auteur : la compréhension du lecteur est toujours une attitude créatrice.

Il ne s'agit pas de mieux comprendre, mais de comprendre autrement. Le lecteur-traducteur-interprète, qui est existentiellement confronté aux textes, ne cherche pas, dans un premier temps, à remonter vers une vie passée, vers un sens passé. « Comprendre » signifie pour lui la participation actuelle à ce qui est dit. En réalité, ce n'est pas le texte qui est compris, mais le lecteur qui se comprend. Comprendre un texte, c'est d'emblée se l'appliquer à soi-même. Et il peut et doit encore être compris autrement par d'autres, en d'autres temps et d'autres lieux.

Il ne s'agit pas de répéter et de paraphraser le texte de départ, mais, littéralement, de décoller, d'aller « au-delà du verset », de passer *du texte à son propre texte*. Par cette lecture créatrice, le lecteur naît véritablement à lui-même et à autrui.

## Chacun est nouveau et important

> Un disciple vint voir son maître qui lui demanda :
> – Qu'as-tu appris ?
> Le disciple répondit :
> – J'ai traversé trois fois le Talmud !
> Et le maître dit :
> – Mais est-ce que le Talmud t'a traversé ?

Une des idées maîtresses de notre méthode de lecture et de compréhension, héritée du Talmud et de la tradition hassidique, c'est cette responsabilité de création qui est conférée à chacun.

Par l'interprétation personnelle, l'homme se construit et s'oppose au danger des pensées préfabriquées. Comme la nouvelle interprétation est la sienne, il prend conscience de manière responsable du chemin individuel et collectif qu'il se doit de construire.

Martin Buber le dit admirablement :

> La toute première tâche de chaque homme est l'actualisation de ses possibilités uniques, sans précédent et jamais renouvelées, et non pas la répétition de quelque chose qu'un autre, fût-ce le plus grand de tous, aurait déjà accompli. C'est cette idée qu'exprime Rabbi Zousya peu avant sa mort : « Dans l'autre monde, on ne me demandera pas : "Pourquoi n'as-tu pas été Moïse ?" On me demandera : "Pourquoi n'as-tu pas été Zousya ?" »

## La crainte et l'amour

Les Dix Paroles commencent par une affirmation dont la tonalité donne l'orientation à l'ensemble. Dieu ne se présente pas comme le créateur du ciel et de la terre, mais comme le libérateur de la maison d'esclavage qu'était l'Égypte. Le Dieu de la Loi est un Dieu de libération. Libération et liberté sont les principes fondamentaux qui organisent la Loi.

C'est pourquoi la Tora (la Loi) se présente comme un code éthique, permettant l'épanouissement personnel et individuel au sein d'une société harmonieuse, équilibrée et organisée. L'exigence religieuse est non seulement extérieure et rituelle, elle est aussi intérieure et morale. La relation normale entre Dieu et l'homme, ce n'est pas seulement la crainte, mais aussi l'amour. Un passage célèbre du Deutéronome rattache cet enseignement à celui de l'Unité de Dieu :

> Écoute, Israël, l'Éternel, notre Dieu, l'Éternel est Un !
> Tu aimeras donc l'Éternel, ton Dieu, de tout ton cœur,

de toute ton âme, de tout ton pouvoir ! Alors ces paroles que Je te prescris aujourd'hui seront dans ton cœur ! (Deutéronome 6,4-6.)

L'éthique de la Tora ne cherche pas à imposer à l'homme un idéal de renoncement à la vie individuelle et collective. Au contraire, cette éthique est éminemment sociale. Elle ravive, en chacun, les responsabilités qui lui incombent du fait qu'il est membre de la société humaine. A la base de cette éthique collective se trouve l'admirable commandement de l'amour : « Et tu aimeras ton prochain comme toi-même » (Lévitique 19,18), commandement sans limites, qui invite l'homme à aimer non seulement son égal, mais l'étranger, l'esclave, l'ennemi. La notion de respect et de dignité de la personne humaine est incluse dans cet appel et rend nécessaires des institutions sociales qui assurent la justice.

## La bonté et la justice

Aimer n'est pas, pour la Tora, un sentiment, mais une action. Aimer le prochain consiste certes à ne pas le haïr, ou ne pas convoiter ce qui lui appartient, mais c'est aussi garantir sa vie et son intégrité physique et morale. C'est donc s'abstenir, évidemment, de le tuer, mais aussi de le blesser par des coups ou par des paroles, de lui mentir, de le tromper. C'est le secourir, l'aider à se relever, lui donner des moyens de subsistance honnêtes. Aimer l'étranger, c'est le traiter sur un pied d'égalité. Aimer le pauvre, la veuve, l'orphelin, c'est leur restituer le vêtement pris sur gage, soulager leur misère, leur donner ce qui est nécessaire pour vivre. Aimer l'esclave, c'est le traiter avec bonté. Aimer l'ennemi, c'est lui ramener son bœuf ou son âne lorsqu'ils se sont égarés.

Tout cela est précisé dans la Tora, qui est caractérisée par un souci méticuleux de légiférer dans un domaine que même des civilisations modernes considèrent comme relevant de la « bonne volonté » des hommes et non de la

Loi. L'amour, pour être authentique, ne peut se contenter d'être un slogan !

La Tora fait de la justice et de la bonté une loi. Un seul terme désigne, d'ailleurs, les deux notions : *tsédéq*. La réalisation du *tsédéq*, justice et bonté, est, avec l'amour du prochain, l'une des exigences fondamentales (Deutéronome 16,20). Elle garantit les droits de la personne humaine. La Tora est une sorte de garde-fou contre l'égoïsme individuel et collectif. Elle rappelle constamment qu'« il y a autre chose ». Elle ouvre les mondes clos, les cœurs fermés sur eux-mêmes.

André Neher écrit :

> La Tora s'adresse à un peuple destiné à s'installer sur une terre. Elle sait et veut donc que les Hébreux constituent en Canaan une société de paysans, mais elle met en garde aussi, par quelques institutions inébranlables, contre les excès de la vie et de la mentalité paysannes.

## Le bruissement infini de l'étude de la Tora

Nous allons maintenant étudier les Dix Commandements en détail, en suivant les commentaires traditionnels et modernes. Pour rendre hommage aux maîtres qui nous ont appris presque tout ce qui va suivre et nous mettre dans l'ambiance, si l'on peut dire, poussons la porte d'une maison d'étude, d'une académie talmudique ou *yéchiva*, école dans laquelle s'élaborent et sont élaborés les commentaires du texte biblique selon la tradition hébraïque.

La salle d'étude ou *bèt-haMidrach* n'a pas beaucoup changé avec le temps. Il y règne la même atmosphère que dans les *yéchivot* de Pologne, de Russie ou du Maroc des siècles derniers. Les récits et les témoignages confirment cette impression d'intemporel et donnent parfois la sensation de nous rapprocher de cette dimension que les poètes ont nommée éternité.

Entrons ! Désordre, brouhaha, gesticulations véhémentes, allées et venues incessantes, ainsi se présente le *bèt-haMidrach*, la maison d'étude qui tient lieu de synagogue, et aussi, à de nombreuses occasions, de salle à manger. Les étudiants talmudiques n'ont pas la quiétude des moines. Le silence n'est pas la règle ; sur les tables rarement alignées, pêle-mêle, foisonnent des livres de la Tora, de Maïmonide, du Choulhan Aroukh ; des livres ouverts sont empilés les uns sur les autres.

Les étudiants – assis, debout, un genou sur le banc ou la chaise – sont penchés sur les textes ; l'un à côté de l'autre, mais plus généralement face à face, ils lisent à haute voix, se balançant d'avant en arrière, de gauche à droite, ponctuant les articulations difficiles du raisonnement avec de larges gestes du pouce, frappant frénétiquement les livres ou la table, voire l'épaule du compagnon d'étude, feuilletant avec fébrilité les pages des commentaires pris et remis rapidement dans les rayons de l'immense bibliothèque qui fait le tour de la salle. Les protagonistes de cette « guerre du sens » essaient de comprendre, d'interpréter et d'expliquer.

Nous sommes avant la leçon magistrale : c'est la *hakhana* ou « préparation ». Peut-être sommes-nous arrivés après : c'est la *hazara* ou « répétition ». Il n'y a qu'un seul cours par jour, et dans les grandes classes il peut n'y avoir qu'un seul cours par semaine !

Ce qui est frappant, c'est que les couples d'étudiants ne sont pas constitués de garçons du même âge. Il peut y avoir un jeune de vingt ans avec un homme mûr de quarante, voire soixante ans ou plus. Ici, le savoir n'a pas d'âge ! Rarement d'accord, heureusement, sur le sens du passage étudié, les étudiants, ou *bahourim*, vont consulter le maître qui explique, prend position sur les thèses proposées et calme pour un instant le combat passionné des consultants. Ici, deux hommes âgés, aux barbes grises, s'approchent d'un jeune homme pour lui demander d'arbitrer un différend dans l'interprétation d'un texte. Le jeune homme doit être un *iloui* (génie). C'est le nom que l'on donne aux étudiants particulièrement doués.

L'étude étant essentiellement orale, on écrit rarement dans la maison d'étude. Il se développe chez les talmudistes une extraordinaire mémoire visuelle du texte, au point que certains *ilouïm* sont capables non seulement de réciter des milliers de pages du Talmud avec leurs commentaires, mais aussi de les situer sur la page talmudique. Il existait en Europe de l'Est ou en Afrique du Nord, et aujourd'hui en Israël ou aux États-Unis, des personnes capables de réciter tous les mots traversés par une épingle que l'on aurait plantée dans un traité du Talmud.

Le jeune homme que les deux plus âgés consultent se lève respectueusement. Il écoute attentivement comment chacun des deux a interprété un passage du Talmud. Il doit leur dire lequel des deux a proposé l'interprétation correcte. Le jeune *ilouï* prend une pose pensive, la tête entre les mains, et après quelques secondes redonne le nom du traité, cite le passage en question mot à mot, livre sa propre interprétation en citant, au passage, plusieurs interprétations de commentateurs de tous les siècles passés. Nous comprenons, d'après le sourire épanoui des deux étudiants à la barbe grise, qu'ils ont sans doute interprété correctement le texte, l'un selon tel commentaire et l'autre selon tel autre. Les deux hommes repartent satisfaits. Le *ilouï* se rassoit. Il sait que son répit sera de courte durée et qu'un nouvel assaut se prépare auquel il devra faire face. Le *ilouï* est dans la maison d'étude comme un grand maître aux échecs, qui joue une partie simultanée avec plusieurs dizaines d'adversaires. On peut d'ailleurs noter que les bons talmudistes sont souvent des bons joueurs d'échecs.

Sur une autre table, plus loin, un étudiant s'est endormi, les bras croisés sur un texte du Talmud ; à côté de lui, un camarade boit un café et fume une cigarette en prenant un air méditatif : concentration nécessaire à la suite de l'étude…

Tout à coup les corps se soulèvent et on a l'impression de voir les vagues d'une mer agitée. Les étudiants se sont levés et rassis, mus par une force invisible qui les a effleurés. Le maître vient de passer ! Le respect dû au maître s'est traduit par cette danse des corps en harmonie avec le déroulement de la réflexion.

Dans certaines académies talmudiques érigées sur le modèle de la célèbre *yéchiva* de Volozine fondée par Rabbi Hayyim de Volozine, l'étude est considérée non seulement comme une science ou un art, mais comme la force cosmique qui maintient le monde. Ainsi, il existe des tours de garde, et jamais l'étude ne s'arrête un seul instant, car le monde pourrait venir à disparaître...

Tout bouge ! Le *bèt-haMidrach* connaît une effervescence ininterrompue où, de jour comme de nuit, résonnent les voix, le bruissement infini de l'étude...

1

# Fais exister l'Infini !

**PREMIER COMMANDEMENT :**
**« Je suis l'Éternel, ton Dieu, qui t'a fait sortir du pays d'Égypte, d'une maison d'esclavage. »**
**(Exode 20,2)**

> « La liberté n'est pas liberté de réussir, mais liberté d'entreprendre. Entreprendre avec résolution : une liberté de projet, en perpétuel projet : une liberté créatrice. »
>
> JEAN-PAUL SARTRE.

Nous parlons des *Dix Commandements*. C'est l'expression courante, connue et populaire. Pourtant, elle n'existe pas dans la Bible. Il n'y a ni titre ni sous-titre de ce genre dans les deux passages où Moïse expose aux fils d'Israël les commandements que YHVH lui a demandé d'enseigner (Exode 20 et Deutéronome 5). S'agit-il d'ailleurs de « commandements » ? Le mot savant « Décalogue », d'origine grecque, qu'on utilise aussi, signifie « Dix Paroles » et non pas « Dix Commandements ». Et c'est bien le mot « parole » qui est employé dans le passage de l'Exode (20,1) pour présenter les commandements de Dieu. Dieu « dit toutes les paroles que voici… » Suivent les Dix Commandements.

C'est sans doute la tradition chrétienne qui a popularisé cette traduction inexacte, devenue l'expression courante. A l'époque contemporaine, le cinéma l'a imposée plus encore. Nombreux sont ceux qui ont vu au moins une fois *Les Dix Commandements*, le célèbre film à grand spectacle de Cecil B. DeMille… Plus rares, probablement, ceux qui ont regardé récemment le beau film en dix épisodes du cinéaste polonais Kieslowski : lui l'a intitulé *Le Décalogue*. Et un très petit nombre, certainement, serait capable de réciter aujourd'hui les Dix Commandements en entier.

Puisque nous avons collectivement intériorisé l'idée des Dix Commandements – c'est ainsi qu'ils s'appellent dans notre culture – et que la Bible parle de Dix Paroles, nous utiliserons indifféremment les deux expressions. Mais nous devrons revenir à l'expression originelle et comprendre la différence entre des « paroles » et des « commandements ».

La Bible emploie à trois reprises l'expression « les Dix Paroles ». « Il [Moïse] écrivit sur les tables les paroles de l'Alliance, les Dix Paroles », dit le livre de l'Exode au chapitre 34, verset 28. C'est au moment où Moïse reçoit les secondes tables, après qu'il a brisé les premières en voyant que les Hébreux se sont mis à adorer le Veau d'or. De même, dans le Deutéronome au chapitre 4, verset 13, on lit : « Il [Dieu] vous annonça Son Alliance qu'Il vous commanda de pratiquer – les Dix Paroles – et Il les écrivit sur deux tables de pierre. » Enfin, dans Deutéronome 10, verset 4, il est énoncé ceci : « Il [Dieu] écrivit sur les tables cela même qui était écrit la première fois, les Dix Paroles que vous avait dites YHVH sur la montagne, du milieu du feu, au jour de l'assemblée ; puis YHVH me les donna. »

## Qu'est-ce qu'un « ordre » ?

Si nous devions traduire l'expression « Dix Commandements » en hébreu, c'est-à-dire dans la langue où ils sont nés, que trouverions-nous ? Les commandements rituels, c'est-à-dire les rites à accomplir dans le quotidien, s'appellent *mitsvot* (au singulier : *mitsva*). Ce mot vient du terme *tsivouï*, qui signifie « ordre », quelque chose qui a été ordonné, un précepte, une interdiction. La première *mitsva* ordonnée à l'homme, peut-être la plus célèbre, est énoncée pour Adam dans le jardin d'Éden : « Tu ne mangeras pas de l'arbre de la connaissance du bien et du mal. »

En hébreu comme en français, le mot « ordre » s'emploie avec le double sens qu'il a dans les expressions « donner un ordre » et « mettre en ordre », « ordonner à quelqu'un de faire quelque chose » et « mettre les choses à leur place », « les ranger dans l'ordre de leur succession ». Le fait qu'il y a un ordre indique que les choses sont à leur place, la place qui leur revient.

*Mitsva* n'est pas le seul mot qui sert à exprimer un ordre en hébreu. Dans l'armée, comment dit-on « donner un ordre » ? On emploie le mot *peqouda*. La racine de ce terme offre plusieurs sens : elle signifie certes « donner un ordre », mais aussi « compter [1, 2, 3...] », et on retrouve donc l'idée d'ordre comme rangement, classement, entrée dans une série, et donc l'idée d'« être ordonné à ».

Pour l'homme, « être ordonné à » signifie qu'il a une place à occuper, qu'il doit être conforme à une certaine « essence de l'homme ». On n'est pas homme sans être « ordonné à » quelque chose, placé dans un certain ordre ou une certaine hiérarchie par rapport à la création, à un avant et un après, aux générations qui précèdent et à celles qui suivent. En ce sens, je suis « ordonné » à trouver la juste place qui me permettra d'accéder pleinement à ma propre vie, et aussi de donner la vie à d'autres.

## Dix Paroles pour transmettre la vie

Recevoir la révélation, c'est s'ouvrir à une parole autre, pour entendre quelle est la juste place, le lieu exact qui permettra à chacun de vivre. En ce sens, l'homme qui reçoit les commandements ou, plus généralement, la Tora, est capable d'accéder pleinement à sa propre vie, mais aussi de donner pleinement la vie à d'autres. Le commandement le met en situation d'engendrement, de filiation et de transmission.

Tout juif connaît le verset lu lors de Roch Ha-Chanah, la fête du Nouvel An hébraïque : « Dieu s'est souvenu de Sara. » C'est le verbe *paqod*, « être ordonné à », qui est employé. C'est-à-dire qu'Il s'est souvenu de ce à quoi

Sara, l'épouse d'Abraham, était ordonnée : donner la vie ! Elle était stérile et elle est devenue féconde dans sa vieillesse. Elle est ainsi à sa place en tant que mère. Elle est replacée dans l'ordre de la vie reçue et donnée, dans l'ordre de la généalogie.

En fin de compte, tout commandement, tout ordre reçu et à accomplir doit répondre à la question : est-ce qu'en faisant cette action, rituelle, sociale, politique, familiale, liturgique ou autre, on est dans l'ordre de la vie et de la transmission de la vie ? C'est cela qu'« ordonnent » les commandements.

## Paroles au masculin, paroles au féminin

Nous venons de voir que l'expression « Dix Commandements » ne se trouve pas dans la Bible. Mais quel est le mot hébreu pour désigner les « Dix Paroles », puisque c'est l'expression utilisée ?

Le mot « parole » se dit *davar*, *dibour*, *dibera* ou *dibèr*. Toute personne qui connaît un peu l'hébreu et la Bible sait que « les Dix Paroles » se dit *assérèt hadiberot*. Le suffixe *-ot* est celui du féminin pluriel, celui du masculin pluriel étant *-im* : par exemple, les *banim* sont les garçons, les *banot* les filles, le singulier étant *ben*, « enfant de ».

Or, *hadiberot*, féminin pluriel, n'est pas la forme utilisée dans la Bible, mais uniquement dans le Talmud. La Bible emploie le mot « paroles » au masculin pluriel : *devarim*. Les Dix Paroles y sont les *assérèt hadevarim*. Le mot *davar*, qui peut d'ailleurs signifier à la fois la « chose » et la « parole », est donc tantôt de genre masculin et tantôt de genre féminin. Grammaticalement, ce n'est pas un cas exceptionnel : en français, les « amours », au pluriel, peuvent être de genre masculin ou féminin. Est surprenante, en revanche, la différence selon qu'il s'agit de la Bible ou du Talmud : le masculin dans la Bible, le féminin dans le Talmud. Comment expliquer cette divergence ?

C'est que le statut de la parole passe du masculin au féminin en passant de la Loi écrite à la Loi orale. On a affaire à deux formes différentes de l'être-homme. Ce passage de l'être au masculin à l'être au féminin est essentiel pour la pensée juive, en particulier ici, pour entendre le sens des Dix Paroles. Entrer dans l'écoute des Dix Paroles, c'est articuler la forme du masculin avec celle du féminin. C'est ainsi qu'elles s'inscrivent dans l'ordre de la vie, de la fécondité, de la généalogie. Nous montrerons plus loin comment la parole, la capacité même de parler, vient de la différence sexuelle : pas de langage sans la différence sexuelle ! Et, pourrions-nous ajouter à l'inverse, pas de sens pour les Dix Paroles sans cette différence ! Les deux traditions, écrite et orale, forment un tout. Leur jeu mutuel ou leur « dialectique » sont féconds et riches de sens.

## La montagne de la maternité

Rappelons que la première tradition est celle du texte écrit de la Bible. Composé de nombreux livres, ce livre, appelé parfois LE Livre, est en réalité une bibliothèque immense, où peut se donner libre cours, dans toutes les générations, la puissance de la parole et du commentaire. Les cinq premiers livres (Genèse, Exode, Lévitique, Nombres et Deutéronome) sont particulièrement importants. Ils constituent la Tora (mais ce mot peut désigner, par extension, toute la Bible hébraïque). C'est là qu'on trouve, par deux fois, la liste des Dix Commandements ou Dix Paroles (dans le livre de l'Exode au chapitre 20, dans le Deutéronome au chapitre 5).

Au sens large, tous les commentaires et les enseignements de toutes les générations pour expliquer la Loi écrite constituent la Loi orale. Une partie de ces enseignements a été mise par écrit entre le IIe et le Ve siècle de notre ère : c'est le Talmud. L'importance du Talmud dans le judaïsme rappelle que le peuple juif est le peuple non du Livre mais de l'interprétation du Livre. La lecture talmudique de la Bible la fait littéralement exploser sous l'effet des interprétations qui ont été données au cours de l'Histoire et qui se poursuivent aujourd'hui. Le commentaire et le commentaire sans fin du commentaire renouvellent les lettres immuables et transmettent ainsi le souffle du Dieu vivant ! Dans l'interprétation, on « lit aux éclats » : il n'existe pas de sens unique, pas d'interprétation « vraie » du texte écrit. Lire, c'est dénouer, délier, ouvrir à des sens nouveaux et multiples, appréhender les dynamiques inédites que le texte contient.

Rappelons que la mémoire collective du peuple juif, inscrite dans la Bible, se transmet également de génération en génération par des traditions orales, qui figurent dans des recueils appelés *midrachim.* Ces récits légendaires du Midrach racontent les événements bibliques autrement, sans craindre de les enrober d'éléments mythiques. Ces récits ne sont pas « faux », au contraire. Ils confèrent à la communauté qui les raconte de génération en génération une « identité narrative », une identité forgée par les récits qu'on ne cesse de se raconter.

La Tora écrite, qui désigne donc avant tout mais pas exclusivement les cinq premiers livres de la Bible et dont le centre est constitué par les Dix Commandements, a été donnée à Moïse sur la montagne du Sinaï. Les commentateurs se sont demandé : pourquoi sur une montagne ? Le Midrach prétend que c'était une petite montagne, en tout cas pas très haute, car la Tora, dit-il, avait besoin d'humilité…

Or, le mot *tora* a lui-même plusieurs sens. Il viendrait d'une part de la racine *yoré*, qui signifie « tirer à l'arc ». D'autres font dériver *tora* du mot *horaa*, « enseignement », qui a donné *horé*, « parent », et, au pluriel *horim*, « les parents ». Ces mots eux-mêmes viennent de la racine *hara*, « être enceinte », « en état de grossesse ».

Précisément, si l'on se demande pourquoi les Commandements ont été donnés sur le mont Sinaï, on peut rapprocher cette idée de grossesse de la forme des montagnes. En hébreu, « montagne » se dit *har*, dont la racine est la même que celle de *hara*, « être enceinte ». Or la femme enceinte a, littéralement, une petite montagne sur le ventre : sa fécondité devient visible à travers cette montagne. Et dans la nature, la montagne elle-même rappelle la dynamique de la naissance et du vivant. La Tora a été donnée sur la montagne parce qu'elle relève foncièrement du féminin : elle est liée à la fécondité, à la grossesse et à la maternité.

Dans le mot *tora*, il y a donc une allusion à la féminité, à une manière féminine d'exister, à la fécondité féminine de l'être, si on peut dire. C'est un renversement des symboles par lesquels nous avons l'habitude de penser car, bien que le mot soit féminin – *la* Tora, ou *la* Loi –, on y attacherait plutôt des significations masculines de « commandement » et d'« ordre ».

## Le Sinaï ou le Horèv = « destruction » !

Ce n'est pas le seul renversement dans ce contexte où ont été donnés les Dix Commandements.

Rappelons-nous : les enfants d'Israël ont reçu la Tora et les commandements dans le désert du Sinaï. Mais la montagne s'appelait aussi Horèv (ou mont Horeb), dont la racine *h'arav* signifie « destruction ». Comment comprendre ce rapport entre le don de la Loi et la destruction ? C'est que la révélation de la Tora est ce moment de fracture de l'ordre cosmique où la transcendance fait irruption et s'exprime dans le monde. C'est pourquoi, dit la tradition, elle a lieu dans un endroit marqué négativement, un lieu de « destruction ». Contrairement donc à ce que suggère l'« ordre » d'un commandement, la Tora « renverse » l'ordre établi, ou, encore, l'ordre qu'impliquent les commandements n'est justement pas l'ordre établi. Le mot « destruction » rappelle aussi que la révélation sur le Horèv renverse peut-être bien nos idées établies.

Nous avons à chercher non pas qui est Dieu en Lui-même, mais ce qu'Il est pour les hommes. Comment s'est-Il révélé, et comment se révèle-t-Il encore aux hommes ? Cette question n'est pas du tout indifférente.

La question de Dieu est celle de la *révélation* de Dieu : comment Lui, l'Infini, est-Il entré en contact avec le fini ? Comment le divin s'est-Il révélé à l'humain ? La réponse engage des manières très diverses d'avoir un rapport à Dieu.

## L'originalité des Dix Commandements : la force de transmettre

Nous devons nous poser la question : y a-t-il une spécificité du message des Dix Commandements ? Comme le savent tous ceux qui connaissent un peu le Proche-Orient ancien, il y avait dans cette région, au moment de la révélation du Sinaï (à peu près au XIIIe siècle avant notre ère), des peuples dotés d'une haute civilisation, de codes et de lois remarquables. En particulier, il existait un code célèbre, celui d'Hammourabi. Quand un juif le lit pour la première fois, il peut être stupéfait : en effet, ce texte donne l'impression de prime abord que nos textes et notre loi ne sont peut-être pas aussi spécifiques que nous croyions, et qu'ils sont plus universellement partagés que nous ne pensions : par exemple, il mentionne des lois qui protègent l'esclave, ou le repos du septième jour. C'est souvent notre ignorance des autres civilisations qui nous fait croire que nous sommes originaux, que nous avons des choses en propre.

Pourtant, il y a une spécificité de la Tora, mais elle n'est pas d'abord dans *ce* qu'elle dit. Il y a certes un message original et fort, mais la vraie spécificité n'est pas là. Elle réside avant tout dans sa force et sa capacité de se transmettre. Ce n'est pas un hasard si nous nommons Moïse *Moché Rabbénou* (« Moïse notre maître », « celui qui nous enseigne »). De même, le mot *ivri*, « hébreu », vient du verbe *laavor*, « passer », « transmettre »…

Le code d'Hammourabi édicte certaines lois semblables à celles de la Tora : mais, à la différence de la Tora, elles n'ont pas été transmises. Grâce aux archéologues, les gens cultivés savent aujourd'hui que ce code existe, quelques savants connaissent tout ou partie de son contenu, et cela s'arrête là. Ce sont des vestiges d'une civilisation disparue. Le message d'Hammourabi ne s'est pas transmis de génération en génération, il n'y a pas eu de peuple pour le transmettre. La force des Dix Commandements, c'est d'ordonner de donner la vie et de la transmettre avec ce message. La Tora, c'est la fécondité, la force qu'on trouve en soi de la transmettre aux enfants, mais aussi la responsabilité de sa transmission. Il n'y a pas de Tora sans cette ouverture vers un « plus loin », un au-delà de soi, de sa propre génération. Il n'y a pas de Tora sans un souci, une éthique du futur !

## De la pierre pour passer le témoin

En ce sens, il n'est certes pas indifférent que les Dix Paroles ne soient pas écrites sur un livre, ou sur du parchemin, mais sur des tables de pierre. Les maîtres se sont posé la question : quel est le sens de tables en pierre ?

En hébreu, « pierre » se dit *évèn*. Mais ce mot peut être coupé en deux : on aura *av* et *ben*, « père » et « enfant ». La « pierre » signifie donc le lien généalogique qui unit le père et l'enfant, c'est-à-dire le lien entre les générations. Donner la Tora sur des tables de pierre, cela veut dire que l'essentiel n'est pas qu'elle soit gravée solidement, voire éternellement dans la pierre, mais qu'elle soit transmise éternellement, de génération en génération, de père en fils, comme une parole et une révélation vives pour un peuple vivant.

Le texte biblique insiste sur cet aspect à plusieurs reprises. Ainsi, quand le peuple d'Israël traverse le Jourdain pour entrer dans la Terre promise, Dieu demande à Moïse de prendre de grandes pierres, de les recouvrir de chaux et de graver à nouveau sur ces pierres l'ensemble de la Tora (Deutéronome 27,2-3). On ne peut pas passer d'un lieu à un autre, ici de l'Égypte au désert, puis du désert au pays d'Israël, sans marquer la transmission, le « passage du témoin » en quelque sorte. En passant d'un lieu à un autre, d'une époque à l'autre, il faut éviter l'oubli.

Le mot « passage », précisément, n'est pas sans éveiller des réminiscences : d'abord Abraham, qui part à l'aventure ; il quitte une civilisation bien installée pour passer dans un monde inconnu, étranger. L'« Hébreu » (*Ivri*) Abraham est un passant et un passeur : il est celui qui va d'une rive à une autre.

Quand on passe de l'esclavage à la liberté, ce passage devient *Pessah* : sortie d'Égypte, découverte et apprentissage de la liberté, passage d'un stade d'être à un autre, sortie de la passivité pour aller plus loin ou ailleurs, exister pour s'inventer et se construire. Et Dieu, qui se présente aux enfants d'Israël dans ces gestes de passage, est Lui-même un Dieu du passage.

## Repères historiques

Si nous prenons à la lettre les indications bibliques sur les temps et les lieux de la sortie d'Égypte et de la marche dans le désert, le don de la Tora a lieu en l'an 2448 du calendrier juif (1312 avant notre ère selon le calendrier commun), le 15 *nissan*, c'est-à-dire durant le premier mois de l'année hébraïque. Ils sortent cette nuit-là car c'est une nuit de pleine lune : selon la tradition, c'est pour montrer aux Égyptiens qu'ils ne sortent pas dans la peur, en se cachant dans la pénombre. Ils partent d'une ville appelée Ramsès. Le 22 *nissan*, donc sept jours plus tard, ils passent la mer Rouge. Entre le 15 *nissan* et le don de la Loi au Sinaï, le 6 *sivane*, s'écoulent cinquante jours, sept fois sept jours.

Les événements marquants rapportés par la narration biblique sont commémorés dans la tradition juive par une fête ou un rite. La fête qui rappelle la sortie d'Égypte est, nous venons de le dire, Pessah. Le mot signifie « passer au-dessus », car Dieu est passé au-dessus de la maison des Hébreux lors de la dixième plaie d'Égypte, et Il a ainsi épargné leurs premiers-nés. La fête qui célèbre le don de la Tora, cinquante jours (donc sept semaines) après la Pâque, s'appelle Chavouot, à laquelle correspond la fête de la Pentecôte chez les chrétiens. Mais chez eux, elle signifie le don de l'Esprit Saint après le départ de Jésus.

Comment la Loi a-t-elle été donnée ? Moïse monte sur la montagne. Il y reçoit les deux premières paroles : « Je suis l'Éternel ton Dieu » et « Tu n'auras pas d'autre Dieu que moi ». Ces paroles sont dites de telle sorte que Moïse et tout le peuple rassemblé en bas de la montagne les entendent. Cependant, il est dit que le peuple prend peur. Le Midrach raconte que six cent mille personnes se seraient évanouies. Elles auraient alors dit : « Nous ne voulons pas entendre tout cela, de peur de mourir. Toi, Moïse, quand tu descendras, tu nous expliqueras tout cela. » Cependant, Moïse reste quarante jours sur la montagne pour noter la Tora. Il est monté les mains vides, et il redescend avec deux tables de pierre gravées de part en part. Elles sont « écrites de la main de Dieu » : l'écriture fait partie de Dieu, de ce que nous pouvons savoir et dire de Lui. Nous ne pouvons pas penser Dieu en dehors de l'écriture, des Écritures.

On peut se poser la question : qu'a donc fait Moïse pendant ces quarante jours ? A-t-il reçu seulement les Dix Paroles ou l'ensemble de la Tora (c'est-à-dire l'ensemble de la Loi – toutes les ordonnances et les préceptes, l'ensemble des cinq premiers livres de la Bible, que nous appelons Tora) ? La tradition affirme qu'il avait emporté du parchemin, de l'encre et de quoi écrire, et qu'il a écrit, sous la dictée de Dieu, l'ensemble de la Tora (les cinq livres de Moïse). C'est ainsi qu'on explique qu'il savait la fin de l'histoire et qu'il a pu écrire le récit de sa propre mort, qu'on trouve tout à la fin du Deutéronome.

Selon la tradition, arrivé au point où il doit faire le récit de sa propre mort, il est tellement ému qu'il se met à pleurer. Ses larmes tombent sur le parchemin, et c'est avec elles, ces « larmes d'encre », qu'il a écrit les mots racontant sa propre fin.

## Les quatre lectures de la Tora

Selon les maîtres du Talmud, les lettres n'étaient pas seulement gravées sur la pierre, mais elles la traversaient de part en part. Autrement dit, la matière qui constitue l'écriture de la Loi et de la révélation n'est rien d'autre que… du vide ! Les lettres des Dix Commandements sont faites de vide, comme on dirait « de marbre » ou « de bois ». Mais cette indication – le « vide » – est essentielle, comme nous allons le voir.

Une autre tradition prétend que Moïse écrit toute la Tora de la première à la dernière ligne, mais sans qu'il y ait de mots, comme une suite ininterrompue de lettres sans aucune coupure. C'est ce qu'on appelle la *Torat hachem*, la *Tora de Dieu*. C'est comme une sorte de nom unique de Dieu, qui ne signifie rien et ne peut rien signifier. C'est une écriture avant les mots, sans coupure, sans ponctuation, sans rythme, sans le moindre blanc. L'écriture s'écoule sans interruption depuis le *bèt*, première lettre de la Tora, jusqu'au *lamed*, la dernière lettre. C'est un in-fini in-sensé.

Écrire un texte constitué de mots, c'est précisément le rôle de la *Tora de Moïse*. Moïse a introduit des blancs, des espaces, des coupures dans la suite ininterrompue des lettres de la Tora de Dieu, pour former des mots. Parler de coupures pour faire apparaître des mots n'est pas anecdotique. En hébreu, « mot » se dit *mila*, mais ce même mot *mila* veut aussi dire « coupure » et « circoncision ». Couper dans le corps du texte pour introduire des espaces rappelle la coupure de la circoncision qui introduit l'enfant mâle dans la communauté.

« Circoncire » le texte, c'est lui donner du sens à partir d'un mot, le faire passer d'une suite ininterrompue de lettres à des mots séparés par des blancs, des vides qui font sens. Ainsi apparaît la *Tora des hommes*, qui est à la fois une Tora pour les hommes (puisqu'elle leur donne du sens) et une Tora par les hommes : ce sont eux qui lisent et qui interprètent. Mais l'activité de lire est une production, une création permanente. Le lecteur fait émerger les livres que contient *le* Livre. Il ne cesse de trouver de nouvelles significations, de nouvelles histoires dans l'Histoire. La Tora des hommes est l'étape qui correspond au Talmud, à l'interprétation sans fin, à ce que nous avons appelé ailleurs « lire aux éclats ».

Selon la tradition, un jour viendra où nous serons capables de lire les lettres blanches entre les lettres noires, les « blancs », les vides entre les mots : ce sera alors la *Tora du Messie*. Mais en attendant, dans notre humaine condition, l'espace blanc, la coupure qui permettent de construire le sens sont essentiels. D'ailleurs, nous l'avons dit : les Dix Paroles n'étaient pas seulement *gravées* sur les tables, mais chaque lettre traversait de part en part la pierre, pour constituer un véritable *vide* dans la matière elle-même.

## Le vide fécond

Cette idée si importante du vide fondateur n'appartient pas exclusivement à la Bible. Dans le onzième chapitre du *Tao-tö king*, Lao-tseu enseigne ceci :

> Bien que trente rayons convergent au moyeu,
> c'est le vide médian
> qui fait marcher le char.
> L'argile est employée à façonner des vases,
> mais c'est du vide interne
> que dépend leur usage.
> Il n'est chambre où ne soient percées portes et fenêtres,
> car c'est le vide encore qui permet l'habitat.
> L'être a des aptitudes
> que le non-être emploie.

La tradition japonaise aussi insiste sur le vide, qui est comme la formidable énergie reliant et associant deux atomes, ou celle qui relie entre elles planètes, étoiles et galaxies.

## La plénitude du manque

Les maîtres de la Kabbale ont dit eux aussi que l'existence provient du vide. Nous y reviendrons. Mais il est évident que la circoncision n'est pas étrangère à toutes ces réflexions. A l'âge de huit jours, le petit garçon juif entre dans l'Alliance par cette coupure. En enlevant un petit morceau de peau (et non de chair), elle introduit un manque. Ce manque, ou ce vide, marque l'inachèvement, l'imperfection ; il fonde du coup l'existence comme désir d'entrer en relation, de s'inventer autrement. Celui qui est totalement lui-même, « plein » de lui-même, n'a besoin de rien ni de personne. C'est un « je » qui n'a pas besoin de dire « tu » (et c'est aussi son malheur, est-il nécessaire de le dire ?). L'imperfection appelle le désir et la possibilité du dépassement, de la transcendance. La coupure de la circoncision symbolise ce manque créateur.

## Les impatients qui succombent aux idoles

Le don des Dix Paroles au Sinaï est marqué par un événement extraordinaire : Moïse reçoit les tables de la Loi et ensuite il les brise ! Don de la Loi, mais aussi don de la brisure : voilà ce qu'il faut comprendre. La Loi comme un tout, donné et appréhendé une fois pour toutes, n'existe pas.

Moïse était monté sur la montagne et devait redescendre avec la Loi. Mais il tarde. Il est en retard… comme le Messie, qui sera toujours en retard… Les enfants d'Israël perdent patience et confectionnent l'idole, un veau d'or.

L'idolâtrie commence avec l'impatience. L'impatience est idolâtrie. Elle veut « savoir », saisir, avoir sous la main de suite la figure de son Dieu. Vouloir « tout tout de suite » aboutit à tout figer : Dieu tout de suite, Dieu pétrifié, Dieu mort, veau d'or ! L'impatience : refus de donner la possibilité au temps d'être temps. De laisser à l'autre l'espace dont il a besoin pour vivre, pour être. Volonté de supprimer ou impossibilité de supporter le vide, impossibilité de faire place à l'autre, au neuf.

L'impatience ne laisse pas la possibilité au temps de se déployer. L'expérience du don de la Loi est pourtant justement celle de la patience qui implique un retrait, une maîtrise de la pulsion, la distance et l'écart. Alors, la main va vers le monde, vers Dieu, vers autrui, sans jamais se refermer en une prise, sans laisser se former la violence du poing fermé. Les doigts restent ouverts. « N'oubliez pas que le poing lui aussi était autrefois une main ouverte et des doigts » (Yéhouda Amihaï).

Tous les commandements vont dans ce sens : maîtrise de la pulsion et de la possession, retrait, distance et écart !

– « Tu ne convoiteras pas les objets, la maison, la femme, l'âne de ton prochain… »

– « Tu ne te feras pas d'idoles », qui donnent l'illusion qu'on les « a » sous la main, « main-tenant », et qui annulent la transcendance de Dieu.

– « Tu respecteras le jour du chabbat », c'est-à-dire tu retireras ton esprit et tes mains des travaux et des objets quotidiens pour te consacrer à l'étude et à l'amour.

– « Tu ne tueras pas » : tu laisseras de la place pour vivre à l'autre…

Les enfants d'Israël n'ont pas eu la patience, qui est comme un « trou » dans le temps. La Loi est limitation, un *tsimtsoum*, mot essentiel de la tradition juive dont nous développerons les implications plus loin.

C'est pourquoi Moïse brise les tables de la Loi. C'est la seule chose qu'il puisse faire. Selon le Midrach, une voix formidable sort à ce moment-là du ciel et l'approuve d'avoir fait ce geste.

## Le sens du jeûne

Car la brisure des tables de la Loi réintroduit la coupure, le vide essentiel, pour le peuple qui se croyait déjà arrivé. C'est une sorte de circoncision au niveau collectif, sur le corps du texte donné à tous. Du reste, Moïse brise les tables de la Loi le 17 *tamouz* : c'est devenu un jour de jeûne. Pourquoi ? Parce que le jeûne fait vivre ou revivre une expérience de vide en soi. Jeûner, ce n'est pas seulement avoir faim, mais le rappel que nous sommes des êtres sujets au manque. Celui qui n'a pas faim a, au contraire, un sentiment de plénitude. Rappeler la nécessité du manque ou du vide, c'est aussi rappeler celle du jeûne. D'ailleurs, Moïse, qui est remonté sur la montagne après avoir brisé les tables, redescend le 10 *tichri*, jour de Yom Kippour, donc jour de jeûne et de réflexion, d'arrêt dans le cours du temps.

Une fois que les tables sont brisées, il n'est plus besoin de les récrire, mais de les interpréter. Le texte du Midrach dit que Moïse « est comme un disciple et que Dieu va lui donner la Loi orale ». La Tora elle-même ne peut pas être de l'ordre de la plénitude : elle doit être interprétée. Il faut creuser son sens par le commentaire – « creuser », donc faire un vide, « déconstruire » le sens. C'est par la Loi orale que la Loi écrite est transmise.

Le livre de la Tora qu'on montre à chaque *chabbat* rend impur quiconque le touche, alors qu'il porte pourtant le sens même du judaïsme. Cela veut dire que le livre de la Tora, s'il est reçu comme un tout définitif, est comme une idole ; c'est un veau d'or, si je l'accepte comme tel sans le commenter et sans l'interpréter. Il faut pour ainsi dire que le texte soit « circoncis » par le commentaire.

Tout ce qui précède décrit l'esprit dans lequel doit se lire le texte biblique des Dix Commandements. Mais qu'en est-il du tout premier commandement ?

## Quatre lettres pour écrire Dieu

Nous l'avons dit au départ de ce chapitre : il ne s'agit pas de « commandements », mais de « paroles ». La tradition a véhiculé l'idée que les Dix Paroles étaient des prescriptions. Pourtant, la toute première : « Je suis l'Éternel, ton Dieu » est d'abord une information, non une injonction. La deuxième, il est vrai, est une interdiction : « Tu n'auras pas d'autres dieux que moi. » Mais les Dix Paroles commencent par « Je suis ». Ce « Je suis » a été écrit sur des tables. C'est un texte, transcrit sur des tables de pierre, transmis de père en fils. C'est la spécificité de la révélation juive : le nom de Dieu est donné dans un texte. On peut même aller plus loin : Dieu est un texte !

« Je suis l'Éternel, ton Dieu » : de prime abord, Dieu livrerait ainsi Son nom, ou un de Ses noms, « l'Éternel ». Mais ce serait une erreur de comprendre ainsi cette parole. L'Éternel n'est pas un nom de Dieu, un nom de plus, comme celui de Zeus ou de quelque autre. Son nom, c'est le Tétragramme, YHVH, un mot écrit, quatre consonnes sans voyelles qu'on peut épeler, mais non prononcer. Les prononcer en mettant les voyelles, ce serait une fois de plus « remplir » le nom, saturer pour ainsi dire d'emblée son sens. Son infinité, son éternité seraient enfermées dans les limites d'un mot.

Si on voulait traduire le Tétragramme, il faudrait dire : « Silence a dit », car son nom invite plutôt au silence, à trouver la porte d'entrée en soi-même. « Je suis l'Éternel, ton Dieu » devrait donc être traduit ou commenté comme : « Je suis, moi, le Tétragramme que tu ne peux pas prononcer parce qu'il est silence. »

## Le Tétragramme et le temps

Quel est donc le sens de ce nom énigmatique, qui est au cœur de la pensée et de l'existence hébraïques ? Certes, le Tétragramme est « l'Être », mais d'abord c'est un mot fait de quatre consonnes sans voyelles. Pure image qui ne donne rien à voir, pur silence qui ne donne rien à entendre si ce n'est le silence lui-même, au plus profond du langage, fondement du langage.

Les maîtres du Talmud nous enseignent qu'en se combinant les consonnes écrivent *hvh*, *hyh*, *yhh*, c'est-à-dire le présent (*hovéh*), le passé (*hayah*) et le futur (*yehéh*). Le Tétragramme n'est pas le nom de Dieu, mais l'ouverture aux trois dimensions du temps ! L'Être, c'est le temps !

On peut traduire le Tétragramme par « être », « avoir été » et « avoir à être ». Le Tétragramme s'inscrit donc dans toutes les dimensions du temps et de l'Histoire. Il rappelle la nécessité simultanée des trois temps – présent, passé, futur –, le nécessaire équilibre des trois dimensions temporelles où se tient la vie humaine. C'est ainsi que la dimension d'infini du Tétragramme entre dans l'Histoire.

## Rendre l'infini à Dieu

Insister sur l'importance de la Loi orale qui ne cesse de casser, de fracturer la Loi écrite, c'est insister sur la responsabilité qu'ont les hommes – et les juifs en particulier – de rendre Dieu infini, de ne pas le contenir dans un texte fermé. La Tora écrite en tant que telle, sans le commentaire de la Loi orale, ne peut être le nom de Dieu. Ou alors c'est une idole. Il se pourrait même que ce soit l'angoisse de l'idolâtrie qui nous pousse ainsi à casser le sens unique au profit de sens nouveaux et multiples. La vigilance pour contrer l'idolâtrie nous impose de ne pas enfermer l'infini dans le fini, non pas seulement dans un objet de ce bas monde mais dans un mot.

De plus, l'interprétation infinie ne relève pas seulement de moi, de ma volonté et de mes capacités interprétatives personnelles : on tomberait vite dans l'idolâtrie du moi. Ce serait une interprétation très statique finalement. Comme on l'a déjà dit, la Tora a été écrite pour être transmise, pour que le masculin biblique se renverse dans le féminin du commentaire, pour « casser » non seulement le texte, mais le moi, et le tourner vers un autre, vers le fils : nous sommes devant une interprétation dynamique, qui ne cesse de se transmettre plus loin.

Un texte du Zohar dit que toute la Tora est le nom de Dieu. Mais s'il en est ainsi, logiquement je ne puis prononcer non plus la Tora en tant que nom, car ce serait de l'idolâtrie. Quel est alors le statut de la Tora ? Il faut toujours se rappeler que le Dieu infini se donne aux hommes dans la finitude et les limites d'un texte. C'est cela, la révélation. Mais si Dieu accepte de devenir un être fini dans un texte, cela veut-il dire qu'Il va se transformer en idole ? C'est un risque : je peux prononcer pédagogiquement le nom de Dieu en y mettant des voyelles et ainsi L'enfermer, Lui, l'Infini, dans le fini. De même pour le texte de la Tora : je peux le considérer comme clos, parfait en lui-même, et prétendre le connaître entièrement. Mais en procédant ainsi, en prétendant à la complétude, je suis idolâtre. Je dois commenter la Tora comme un texte éternellement ouvert, et demeurer dans la Loi orale de telle sorte qu'après chaque mot écrit il y ait toujours un autre mot, et encore un autre mot après le dernier mot, et ainsi de suite à l'infini. La Tora ne se « boucle » pas avec les mots dans lesquels elle a été énoncée : ce serait en rester à une Loi écrite.

## J'interprète donc je suis

La fécondité du judaïsme, c'est la dialectique des deux Lois. Le commentaire oral tout seul n'a pas de sens non plus : il risque de perdre tout appui s'il oublie la Tora écrite, car il prend son élan à partir d'elle…

Par l'écart ou le décalage qui existe entre Tora écrite et Tora orale, et par l'intervalle où intervient l'interprétation ou – pour employer un mot savant – l'« herméneutique », le judaïsme se déploie dans le temps de l'Histoire et déploie une histoire. Par analogie avec le célèbre « Je pense donc je suis » de Descartes, qui a infléchi toute la philosophie occidentale, on pourrait dire que le juif, qui a entendu la parole « Je suis » (le Tétragramme), dit : « J'interprète donc je suis. » Selon le Talmud, Moïse n'a pas reçu le contenu de la Tora au Sinaï, mais les différentes clés d'interprétation qui, au cours des siècles, vont permettre au commentaire infini de se déployer. Une histoire célèbre rapporte qu'il assiste en rêve à un commentaire de la Tora par Rabbi Akiba (qui a vécu quatorze siècles après lui), auquel il ne comprend rien ! La Loi orale qu'il a transmise, ce ne sont pas des explications définitives du contenu, mais des règles d'interprétation.

On pourrait opposer ici un paradoxe, ou une contradiction. L'ouverture de la Tora est infinie, le commentaire est sans fin, la transmission a lieu des pères aux fils, mais ils tournent en circuit fermé : ils restent confinés dans la communauté juive, et le risque est de tourner en rond, entre soi. Pour qu'on soit véritablement dans un mouvement de transcendance infini, universel, ne faudrait-il pas casser les limites de la communauté juive, les dépasser pour aller jusqu'aux autres communautés ? Si je réponds oui – et je réponds oui –, ne suis-je pas confronté immédiatement à la vocation juive, qui est d'être le « peuple élu » ? Élu peut-être… encore faut-il dire pour quoi : à mon sens, ce ne peut être que parce que nous avons la responsabilité de transmettre à tous les autres l'infini de cette parole de la Tora.

Du reste, le texte des Dix Paroles lui-même ne nous laisse pas tout à fait démunis sur ce point. Dans la Bible telle que nous la connaissons aujourd'hui, les livres sont subdivisés en chapitres, eux-mêmes découpés en versets. La tradition hébraïque procède plutôt par regroupements de textes, appelés *sidra*. Ces regroupements sont désignés par un nom qui renseigne sur leur contenu. Dans quelle *sidra* sont donc rangés les Dix Commandements ? Elle porte le nom d'un individu, ce qui n'est pas très fréquent (par exemple, « Noé » pour le déluge). Or pour les Dix Commandements, l'individu en question est Jéthro, prêtre de Madian. Bien qu'il ait donné sa fille comme épouse à Moïse, il ne fait pas partie du peuple juif. Pourquoi, demandent alors les commentateurs de la Tora, les Dix Paroles sont-elles énoncées dans une *sidra* qui porte le nom d'un prêtre idolâtre ? On devine la réponse : c'est parce que ces paroles ne s'adressent pas seulement aux juifs, mais à l'ensemble de l'humanité.

## Dix Commandements pour une éthique de liberté

Le mot « éthique » est déjà revenu à plusieurs reprises. Il est couramment lié à la morale, à l'action bonne et juste, au bien qu'il s'agit de faire, aux bonnes décisions qu'il faut prendre. Comme nous le redirons pour le troisième commandement, dans le sens où nous l'employons ici, c'est avant tout une attitude, un mouvement, une recherche, une brisure, une dynamique de vie.

Le premier commandement – mais c'est vrai aussi des autres – instaure une éthique de la parole : refus de la parole instituée une fois pour toutes, morte à force d'habitude, devenue insignifiante et prisonnière des usages. Les Dix Paroles sont énoncées cinquante jours après la sortie d'Égypte : elles sont comme une libération de la parole esclave, servile. Il faut même sortir de l'idée qu'elles sont « gravées » dans la pierre. Le Talmud dit : « Ne lis pas "gravées" [*harout*], mais "liberté" [*hérout*] ! »

La réflexion sur le Tétragramme, à laquelle invite le premier commandement, va dans le même sens. Quatre consonnes sans voyelles, mot imprononçable, le Tétragramme invite à réinventer la parole à partir du silence. Il souligne que le rapport entre voyelles et consonnes n'est pas une évidence, de même que le rapport entre l'écrit et l'oral. Du même coup, le texte écrit n'est pas un « testament » à conserver intact et à ranger précieusement dans un tiroir. Il ne vient pas combler quelque chose que nous n'avons pas. Au contraire, dans notre « plein », il introduit un espace, un vide, une distance, une question… Et ce qu'il peut dire va toujours au-delà de ce qu'il veut dire.

La parole de libération que propose le premier commandement est rire et jeu. Elle s'oppose au langage préfabriqué et aux slogans qu'on trouve dans la publicité et la politique. Elle est également à distance des concepts bien établis de la philosophie. Elle s'oppose à l'idée que « nous-devons-dire-tous-ensemble-la-même-chose ». C'est pourquoi des maîtres du Talmud ont enseigné qu'avant tout enseignement il faut raconter des histoires, des blagues, qui ouvrent l'esprit et le sortent de son sérieux et de son conformisme. A certains égards, aucune lecture « fidèle » n'est vraiment importante, et aucune lecture importante n'est vraiment « fidèle ».

## La liberté, c'est prendre des risques

Mais le premier commandement n'est pas seulement invention dans l'ordre de la parole. Il invite aussi à être novateur dans l'action, à inventer de nouvelles formes de vie. L'homme qui entend les commandements est sorti de l'esclavage d'Égypte : ce n'est pas pour être esclave ailleurs ! Son Dieu est celui de la libération.

L'interprétation n'est donc pas seulement une opération intellectuelle, un effort pour comprendre le sens des textes. C'est aussi et peut-être plus encore une attitude dans la vie, une expérience de vie, une invention concrète de soi. La liberté ne consiste pas à découvrir quelque vérité de soi, à être authentique, que sais-je encore… C'est plutôt un constant effort d'affranchissement par rapport à tout ce qui empêche d'être soi. C'est prendre le risque de devenir soi.

Tout homme doit finalement devenir le rédempteur du monde et de Dieu même. Chacun a une responsabilité quant à l'Infini. Chacun porte en soi des « étincelles de sainteté », une partie de l'âme divine. Or les étincelles de chacun sont uniques, et chacun est donc lui-même unique, « sujet » irremplaçable et obligé, en conséquence, de construire lui-même son chemin, de découvrir ses propres étincelles, en tout domaine, celui de l'étude mais aussi celui de la vie quotidienne. Il s'agit d'apprendre à regarder chaque fois le monde avec un regard neuf, qui rend leur éclat et leur importance aux gestes les plus simples et les plus insignifiants, qui rend la vie plus savoureuse et plus féconde.

C'est regarder et vivre la vie présente à partir de la Rédemption finalement : la Transcendance, l'Infini, l'Éternel ne sont pas un arrière-monde, ils se lèvent et ils peuvent briller de tout leur éclat, de toutes leurs étincelles, à l'intérieur de ce monde-ci.

Aucun jour n'est alors répétition du jour précédent. Rabbi Nahman de Braslav, grand maître hassidique du XIXe siècle, le disait à sa manière : « Il est interdit d'être vieux ! »

*

## A LIRE

Blanchot, Maurice, *L'Entretien infini*, Gallimard, 1969.

Derrida, Jacques, *Schibboleth* (sur Paul Celan), Galilée, 1986 ;

–, « Circonfessions », avec Paul Bennington, in *Jacques Derrida* (en coll.), Éd. du Seuil, 1991.

Gikatilia, Yossef (Rabbi), *Guinat éguoz*, Jérusalem, 1990 (en hébreu).

Lévi Isthaq de Berditschev (Rabbi), *Quedouchat Lévi*, Jérusalem, 1995 (en hébreu).

Lévinas, Emmanuel, *Quatre Lectures talmudiques*, Éd. de Minuit, 1968 ;

–, *Difficile Liberté*, Albin Michel, 1983 ;

–, *Liberté et Commandement*, Fata Morgana, 1994 ;

–, *L'Au-Delà du verset*, Éd. de Minuit, 1982.

Nahman de Braslav (Rabbi), *Liqouté Moharane*, 1910 (en hébreu).

Neher, André, *L'Existence juive*, Éd. du Seuil, 1962.

Neher, André et Renée, *Histoire du peuple juif*, Éd. du Seuil, coll. « Points Histoire », 1999.

Ouaknin, Jacques, *De génération en génération, être juif*, Bibliophane, 1989.

Ouaknin, Marc-Alain, *Le Livre brûlé*, Éd. du Seuil, coll. « Points Sagesse », 1994 ;

–, *Lire aux éclats*, Éd. du Seuil, coll. « Points Essais », 1994 ;

–, *Bibliothérapie. Lire, c'est guérir*, Éd. du Seuil, 1995 ;

–, *Concerto pour quatre consonnes sans voyelles*, Payot, coll. « Petite bibliothèque Payot », 1998 ;

–, *La Plus Belle Histoire de Dieu*, Éd. du Seuil, 1997 (en collab. avec Jean Bottéro et Joseph Moingt) ;

–, *C'est pour cela qu'on aime les libellules*, Calmann-Lévy, coll. « Petite bibliothèque des idées », 1998.

Sibony, Daniel, *Les Trois Monothéismes*, Éd. du Seuil, coll. « Points Essais », 1998 ;

–, *Jouissances du dire*, Grasset, 1985.

## 2
# Un Dieu qui répond

**DEUXIÈME COMMANDEMENT :**
**« Tu n'auras pas d'autres dieux que moi. Tu ne te feras point d'idole, ni une image quelconque de ce qui est en haut dans le ciel, ou en bas sur la terre, ou dans les eaux au-dessous de la terre. Tu ne te prosterneras point devant elles… »**
**(Exode 20,3-5)**

Nous l'avons dit : la force dynamique de la Tora ne réside pas dans son contenu. On peut trouver dans d'autres civilisations des « commandements » d'une haute valeur morale. C'est la transmission de la Tora de génération en génération, dans le lien généalogique unissant les pères aux fils, qui est originale. Ce lien est signifié par les tables de pierre (le mot hébreu *évèn*, « pierre », contient les mots « père » et « fils »), tandis que la fécondité de la Tora vient de la dialectique masculin/féminin qui existe entre Loi écrite et Loi orale.

### Le vide : un appel à créer

Répétons-le d'abord : en hébreu, on n'a que des consonnes, pas de voyelles. La ponctuation est absente, de sorte qu'on ne sait pas où commence et où finit la phrase. Pour une part, le lecteur « invente » lui-même ses coupes, donc ses mots, ses phrases, son rythme. Toutefois, le texte présente à certains moments des vides, des « trous », qui indiquent qu'on change de passage. Un passage entre deux blancs s'appelle une *paracha*.

Contrairement aux lettres et au texte écrit, qui sont de l'ordre du masculin, les blancs et les vides indiquent la présence du féminin, et le lecteur est pour ainsi dire invité à les « féconder » pour faire surgir le sens. Les blancs sont là comme une invitation à « ouvrir » les sens possibles du texte, à découvrir son « épaisseur », les différentes couches dont il est constitué. Selon la tradition, ces blancs ou ces vides comportent un espace où l'on devrait pouvoir écrire neuf lettres. Neuf : le nombre de mois qu'il faut pour mener une grossesse à terme. Neuf en français : le lecteur entend aussi l'invitation à « du neuf », à faire advenir du nouveau, à innover…

Voilà précisément une injonction de la tradition à laquelle nous voulons rester fidèles : il s'agit de mettre en œuvre la tradition du nouveau !

## Qui est Dieu ? Quatre consonnes sans voyelles

Les lecteurs de la Bible sont confrontés à l'énigme des différents noms pour nommer Dieu. Nous en rencontrerons plusieurs dans ce livre, mais les deux les plus fréquents sont YHVH et *Elohim.* Parfois on trouve les deux ensemble, dans la même phrase. Pour les historiens, ces deux noms proviennent d'auteurs ou de groupes d'auteurs différents, ou de divers rédacteurs. Mais, comme nous le disions en introduction, la tradition juive laisse de côté la recherche de la critique biblique, historique, archéologique, littéraire… Elle voit avant tout dans ces noms deux manières différentes de percevoir le divin, ou deux façons différentes, pour Dieu, de se manifester.

Ici, dans le deuxième commandement : « Tu n'auras pas d'autres dieux que moi », le nom pour dire « dieux » est *Elohim.* Or, ce mot, qui est un pluriel, peut signifier à la fois « les dieux » (c'est le choix que nous avons fait dans la phrase qui précède) et un Dieu unique, le Créateur du ciel et de la terre qui apparaît dans le premier verset de la Bible.

Pour la tradition hébraïque, la pensée n'existe pas sans le langage. La forme des mots et des lettres donne des clés pour comprendre le sens d'un texte, la « pensée » qu'il contient. Ainsi Dieu n'existe pas sans le texte, Il se livre dans la langue, les mots et les lettres hébraïques qui parlent de Lui. C'est aussi pourquoi la tradition juive dit que Dieu n'a pas créé le monde en le « pensant », mais Il a regardé dans le texte de la Tora, il a pris les vingt-deux lettres de l'alphabet et avec ces lettres il a créé le monde.

Comme nous l'avons vu, on traduit le Tétragramme du premier commandement par « l'Éternel ». Le mot « éternel » signifie « ce qui est de tout temps », ni plus ni moins. C'est l'une des choses que l'on peut dire de Dieu. Mais le texte ne dit pas cela, qui est finalement banal. Il dit « Moi je [*anokhi*] YHVH », et non pas « l'Éternel », comme on le traduit couramment. Nous avons quatre consonnes sans voyelles, ce que la Kabbale appelle le *Chèm havaya*, le « Nom qui fonde l'existence ».

Le sens de la première parole est donc celui-ci : si tu veux penser à ce qu'on appelle « Dieu », tu ne peux le faire qu'en épelant quatre consonnes sans voyelles. Sans voyelles, le mot est imprononçable. C'est la seule manière de concevoir Dieu : en demeurant dans le silence.

Néanmoins, comme nous l'avons dit, ces quatre lettres ne sont pas dénuées de signification. Tout d'abord, selon les voyelles qu'on leur attribue, elles peuvent écrire les trois dimensions du temps : présent, passé, futur. Autrement dit, d'emblée Dieu s'inscrit dans le temps de l'Histoire, Il intervient dans l'Histoire. Il fait sortir le peuple d'Égypte – et par ses Dix Paroles Il ouvre à une responsabilité pour l'avenir. Dans le Tétragramme, le présent est sans cesse « futurisé ». Nous sommes appelés par Lui à la liberté et à la responsabilité, à être libres pour devenir responsables.

## Qu'est-ce qu'être juif ?

> « Les mots – je l'imagine souvent – sont de petites maisons, avec cave et grenier. »
>
> GASTON BACHELARD.

Le mot « juif » a beaucoup servi pour injurier et mépriser. Il fut un temps où il était désigné par une étoile, pour un voyage sans retour. Pourtant, il fait partie de ces noms dits « théophores », les noms qui sont « porteurs du nom de Dieu ».

En effet, si on regarde le mot hébraïque *yéhouda* (« juif »), il comporte cinq lettres (*yod*, *hé*, *vav*, *dalèt*, *hé*). Ce sont les quatre *lettres* du Tétragramme, plus le *dalèt*. Cette dernière lettre signifie en hébreu « porte » ; le *dalèt* est comme la porte d'entrée dans les mots. Être *yéhouda* veut dire littéralement « mettre une porte dans le nom Tétragramme ». Être juif, c'est se rapporter à Dieu non pas tel qu'Il est en Lui-même, mais en tant qu'Il est le Tétragramme, YHVH. C'est entrer dans ce nom-là par la porte du *dalèt*, donc entrer dans un temps qui n'accepte pas le « maintenant ». C'est ouvrir la porte du présent, la fracturer, pour se projeter sans cesse dans le passé et le futur.

Être juif, c'est porter les trois dimensions du temps : passé, présent, futur, c'est-à-dire mémoire, vie, espérance. Pour le juif, « être » signifie « avoir à être », et non fixation sur une identité, sur le « même ».

## *Elohim* : le pluriel et les forces de la nature

Le Tétragramme YHVH apparaît dans le premier commandement et au moins une fois dans les quatre commandements suivants. En revanche, il ne se trouve pas une seule fois dans les cinq suivants. L'autre nom de Dieu utilisé dans notre texte est *Elohim*. C'est lui qui apparaît dans le deuxième commandement : « Tu n'auras pas d'autres dieux (d'autre Dieu) que moi. »

*Elohim*, le Dieu de la Création, est, nous l'avons dit, grammaticalement un pluriel. Qu'est-ce à dire ? On peut dire qu'Il est pluriel comme les diverses et multiples forces qui jouent dans la nature. C'est bien le Dieu *Un*, qui se présente sous la forme plurielle des diverses forces dans le monde. Les maîtres de la Kabbale l'on fait remarquer : la valeur numérique du mot « nature », en hébreu *hatéva*, est équivalente à celle du mot *Elohim* : les deux mots font un total de 86. La nature, mot au singulier, est cependant plurielle en elle-même. C'est le règne du multiple. On comprend que Spinoza, qui n'était pas sans connaître la Kabbale, ait pu dire : « *Deus sive natura* » (« Dieu ou la nature »).

## La Création au féminin

Un mot existe parce qu'il est porté par une structure, un peu comme l'enfant est porté par une femme. Le mot est lui-même comme un ventre ou une matrice de femme : il porte en son sein sa signification, de manière dynamique et non statique. Pour extraire ce sens des mots dans tous ses éclats multiples, il faut considérer leur forme, la forme de ce qui est dit et de ce qui est non dit.

Pour les mots, une « technique » de lecture est particulièrement féconde : celle des « lettres-frontières » et des « lettres-matrices ». Les lettres-frontières sont les deux limites extérieures du mot ; les lettres internes sont appelées « matrices » (*réhèm* en hébreu).

Par exemple, les lettres suivantes sont tirées d'un poème de Paul Celan :

LAROSEDEPERSONNE

Pour comprendre ce magma de lettres, il faut commencer par opérer trois coupures (ou trois circoncisions) qui donneront les mots « la rose de personne ». Mais si nous examinons ensuite le mot « rose », nous voyons qu'il est porté par les lettres-frontières R et E, et par les lettres-matrices O et S. En l'absence de signification des lettres en français, nous ne pouvons pas tirer grand-chose de ce découpage (mais la psychanalyse se sert éminemment de cette méthode pour interpréter la parole des personnes qui sont en analyse). En revanche, l'analyse de ces lettres en hébreu donne souvent des résultats étonnants.

Pour répondre à notre question sur la mère, prenons l'exemple des trois premiers mots de la Bible : « *Beréchit bara Elohim...* » Toutes les traductions de la Bible énoncent : « Au commencement Dieu créa... » Il est donc question de la création du monde. Mais si nous mettons en œuvre la méthode des lettres-matrices et des lettres-frontières, le résultat est tout différent.

En effet, les deux lettres frontières de *beréchit* sont *b* et *t*. Elles se lisent *bat*, et signifient « la fille ». Les lettres-matrices sont *r-a-ch-y* : elles se lisent *rochi* et signifient « ma tête ». Le deuxième mot, *bara*, possède deux lettres-frontières : *b* et *a* ; elles peuvent se lire *ba* ou *ab*, et signifient respectivement « il vient » et « père ». Dans cet exemple, il y a seulement une lettre-matrice : *r*.

On peut donc lire tout autrement la première phrase de la Bible : « Au commencement Dieu créa le ciel et la terre. » En effet, notre méthode de lecture a mis en évidence dans les deux premiers mots les rapports entre la fille et le père : la Création est fondée sur eux ! Où est passée la mère (*èm* en hébreu) ? Elle est présente dans le nom de Dieu *Elohim*, à travers les deux lettres-frontières *aleph* et *mèm*, qui écrivent *èm*. Autrement dit, Dieu *Elohim* a un rapport étroit avec le féminin, la « matricialité » et la maternité. Le mot formé par les lettres-matrices d'*Elohim*, *lhy* (*lamed-hé-yod*) ne signifie apparemment rien.

## Dieu est-il une femme ?

Quiconque lit la Bible ou participe à la liturgie est toujours placé face à un Dieu masculin. C'est Dieu « le

Père », « notre Père qui es aux cieux ». La grammaire divine semble désespérément masculine !

Pourtant, nous venons de dire que les deux lettres-frontières d'*Elohim* signifient « la mère » : autrement dit, le nom de Dieu existe d'abord comme « mère », comme ce qui est capable de porter l'enfant au sein de sa matrice. Nous avons aussi constaté qu'apparemment les lettres-matrices à l'intérieur du mot *Elohim* (*lamed-hé-yod*) ne signifiaient rien. Comment faire pour trouver un sens ? Il nous faut passer encore à un autre niveau de sens, celui du rapport qui existe entre les chiffres et les lettres : c'est un procédé, la *guématria*, dont la Kabbale use fréquemment.

Que constatons-nous alors ? La valeur numérique des lettres à l'intérieur du nom *Elohim* est de 45 (*lamed* = 30, *hé* = 5, *yod* = 10). Mais ce nombre est précisément la valeur numérique du mot *adam*, « homme ». *Elohim*, c'est donc comme la femme enceinte d'un homme ! Et la structure matricielle du divin implique le pluriel, de même qu'une femme enceinte n'est plus dans le cadre de l'un, mais du deux, du pluriel... Étonnant mot que cet *Elohim* : un nom de Dieu au pluriel, qui dit la maternité !

On pourrait d'ailleurs poursuivre le commentaire. Le nombre 45 s'écrit 40 + 5, soit les deux lettres *mèm* et *hé*, qui écrivent le mot *ma*, « quoi ? ». Le nom *Elohim* ne signifie pas seulement la matricialité, il est aussi la question par excellence. Il porte l'homme-question, question sur lui-même et sur Dieu *Elohim*...

Dire que Dieu est une femme apparaîtrait sans doute provocateur. Mais on doit souligner cette dimension matricielle, maternelle, du Dieu qui crée le monde et qui se révèle au Sinaï.

En outre, nous l'avons vu, le nom *Elohim*, qui apparaît au tout début de la Bible et qui est celui du Dieu créateur, possède la désinence du masculin pluriel (en hébreu, le masculin pluriel est marqué par la désinence *–im*). Y aurait-il plusieurs « Dieu » ? Certainement pas, mais plusieurs façons pour Dieu d'être perçu par les hommes !

## Défaire le toit des mots

« Nous vivons sous le toit du langage », dit le poète Paul Celan. Le « plafond des mots » nous rassure : ils sont comme un toit qui nous assure ce qui est familier. Nous avons avec eux une familiarité rassurante tant qu'ils ne bougent pas, qu'ils ne s'échappent pas. Mais le risque est alors d'empêcher toute sortie vers l'inattendu ou l'« inentendu », toute échappée sur le non-familier.

La tradition de la Kabbale nous enseigne au contraire qu'il faut défaire le toit des mots, enlever pour ainsi dire, comme les tuiles, syllabe par syllabe, produire la « lecture aux éclats » que nous avons déjà évoquée.

Recevoir le premier et le deuxième commandement exige de bien entendre les questions posées par la parole « Je suis le Tétragramme YHVH », à chercher le « vrai » mot, le mot à venir qui ne se trouve pas encore sous le toit habituel du langage, le mot qui appartient à l'au-delà. Il faut donc défaire les mots syllabe après syllabe pour lutter contre leur usage quotidien, leur usure, pour libérer leur éclat d'au-delà, de là-haut. Nous l'avons déjà dit : le mot *horèv*, l'autre nom du Sinaï, signifie « destruction ».

## Interpréter avec les autres

Comprendre le texte ne relève pas seulement de mes qualités personnelles, de mes capacités particulières à interpréter. On tomberait vite dans une nouvelle idolâtrie, celle du moi. La Tora a été écrite pour être transmise, pour que le masculin biblique se féconde dans et par le féminin du commentaire, pour « casser » non seulement le texte, mais le moi, et l'offrir aux autres, aux enfants, aux disciples, à tous ceux qui accepteront de vivre une nouvelle expérience.

Ce qui frappe d'emblée le lecteur du Talmud et du Midrach, c'est l'importance du dialogue dans la mise en chantier de la pensée. Rares sont les sujets sans controverse. Si un maître propose une interprétation, il arrive très souvent qu'il soit contredit et ébranlé, voire déstabilisé par son interlocuteur.

Le dialogue (en hébreu *mahloquèt*) est essentiel. Il manifeste le refus de l'enfermement, de la vérité donnée une fois pour toutes.

## Faire signifier à l'infini

On pourrait avancer aussi, à ce sujet, la pluralité des commentaires et des interprétations, en partant d'un autre point de vue, qui rejoint la tradition chrétienne tout en s'en séparant de façon essentielle. Il s'agit de l'idée d'« incarnation ». Cette idée nous est plus commune qu'on ne le croit généralement. Pour les deux traditions, Dieu entre dans l'Histoire, l'infini entre dans le fini. Pour les chrétiens, Dieu se fait homme, le Verbe – la Parole – se fait chair : c'est une incarnation dans la chair. Pour les juifs, Dieu se fait texte. Il se manifeste dans un texte et ses limites. Un texte de la Kabbale dit : « Dieu et le texte de la Tora ne font qu'un. » La Tora n'est donc pas une information « sur » Dieu, elle ne fait pas que nous parler de Dieu : en elle, le divin se manifeste.

Mais en même temps, pour les maîtres de la tradition juive, il est impossible de recevoir le texte tel quel, de le mettre dans sa poche pour ainsi dire, de donner à croire qu'on possède l'infini et qu'on le maîtrise. Si l'injonction « Tu n'auras pas d'autre Dieu que moi » est comprise ainsi, comme une possession, on est dans l'idolâtrie. La responsabilité des hommes, c'est de rendre à l'Infini son statut d'Infini, en refusant de le recevoir tel qu'il est, figé dans son texte définitivement. Il faut le « lire aux éclats », le triturer, le malaxer, le tordre dans tous les sens, pour qu'il signifie à l'infini.

## La responsabilité-liberté

Cette dynamique de l'étude veut dire aussi que les hommes sont responsables de Dieu. Dieu sera vraiment Dieu – ou non – selon que les hommes Le laisseront ou Le feront être Dieu – ou non. L'injonction de se livrer à l'étude permet à l'Infini de garder son statut d'Infini alors qu'il s'est incarné dans un texte humain, qui est limité, « fini » par définition. Si, pour les chrétiens, l'incarnation reste enfermée, rivée sur la figure du Christ – si Jésus est le Fils et s'il est vénéré et prié comme tel –, c'est pour le judaïsme une forme éminente d'idolâtrie. Mais si le Christ renvoie, comme un « tremplin » pour ainsi dire, à l'Infini, les chrétiens aussi échappent, ce faisant, à l'idolâtrie.

Qu'ils soient conscients de ce problème, on le voit à travers le livre du philosophe Jean-Luc Marion *L'Idole et la Distance*. Selon lui, l'idole attire et arrête le regard sur elle, tandis que l'icône s'offre certes au regard, mais le renvoie au-delà d'elle, comme un tremplin pour contempler l'Infini. Marion prône évidemment l'« icône » du Christ au regard des chrétiens. Par analogie, on peut dire que nous aussi pouvons risquer de figer le texte comme un dogme, comme une image qui fascine le regard...

Ce qui est en jeu là, en fin de compte, c'est notre liberté. Pour la Kabbale, la langue sacrée n'est pas seulement là pour dire le monde, mais pour le créer. Par le jeu qu'elle permet ou plutôt qu'elle exige, elle me donne la liberté, celle de créer ma liberté et d'ouvrir le monde à cette liberté sans fin.

Qu'est-ce que la Kabbale pour le judaïsme ? C'est un langage de mouvement pour un homme en mouvement. C'est ainsi qu'il faut comprendre le deuxième commandement : « Tu n'auras pas d'autre Dieu que moi. » L'« autre Dieu », ce serait l'idole sur laquelle le regard s'arrête, l'objet que la main conserve tel quel, le texte qu'on se garde d'interpréter.

Une objection vient à l'esprit : il y a pourtant dans le

texte des points d'arrêt objectifs. Il y a ainsi dix commandements, et non pas douze ou quinze ; il y a six cent treize *mitzvot* (préceptes). Eh bien, justement, ce n'est pas le cas ! Si nous considérons qu'il y a dix paroles et que nous allons organiser notre monde d'après ces dix paroles, le Talmud nous dit : attention ! Les dix paroles font déjà 613 *mitzvot*, qui elles-mêmes se transforment en 600 000 interprétations, lesquelles se démultiplieront à l'infini…

## Le questionnement qui fait échapper à l'idolâtrie

« Tu ne te feras point d'idole », dit le deuxième commandement. Le livre du prophète Ézéchiel fait allusion à trois formes d'idolâtrie : celle d'Égypte, celle de Canaan et celle de Babylone. Trois civilisations, trois types d'idolâtrie.

L'Égypte, pays irrigué par un fleuve, le Nil, dont la maîtrise permet une fertilité formidable, est aussi le pays de dynasties politiques et de réalisations techniques – les pyramides – formidables. Les bas-reliefs égyptiens montrent des travailleurs : marins, agriculteurs…, reconnaissables à leurs instruments, mais ils n'ont pas de visage permettant de distinguer un homme d'un autre. Ce sont des fonctions sans visage… Doit-on dire des « fonctionnaires » ?

Canaan, où Israël s'est installé, symbolise l'inverse : c'est un pays asservi à une nature défavorable, à laquelle il faut donc « plaire », qu'il faut servir : d'où les cultes de la nature.

La troisième idolâtrie est représentée par Babel (Babylone). Bien que possédant des fleuves (le Tigre et l'Euphrate), ce pays ne peut maîtriser la nature comme l'Égypte. Ses habitants sont donc devenus nomades et commerçants dans une civilisation entièrement basée sur les échanges économiques – qui représentent son idolâtrie spécifique. Mais l'idolâtrie n'est peut-être pas toujours là où on la voit le mieux : pour les trois pays que je viens de décrire, elle vient avant tout du fait qu'ils sont braqués sur une seule chose, un seul intérêt. C'est le multiple, l'ouverture plurielle qui est le plus sûr moyen d'échapper à l'idolâtrie.

En disant cela, nous essayons finalement de répondre à la question : comment observer le commandement « Tu n'auras pas d'autre Dieu (d'autres dieux) que moi » ? Car si nous tombons assez facilement d'accord sur l'injonction elle-même, nous ignorons souvent comment la vivre ou la pratiquer. Être ouvert à la pluralité, n'avons-nous cessé de dire. Comment ? En se maintenant dans la question ou dans l'état de questionnant. La pensée juive est une pensée du questionnement, de la « quoibilité », comme je l'ai appelée. Elle n'est pas que cela : dire qu'elle *ne* serait *qu'* une pensée de la question serait de l'idolâtrie. On peut idolâtrer tout, même le questionnement ! Mais celui-ci est essentiel pour nous, afin d'échapper à l'idolâtrie.

C'est la misère ou la limite de l'orthodoxie, qui prétend, comme le mot l'indique, « penser juste », dire une fois pour toutes ce qu'on a le droit de penser ou non. Dire ce qu'on doit penser et ce qu'il est interdit de dire débouche très vite sur la propagande, l'idéologie – dont les similitudes avec l'idolâtrie sont manifestes. De même, la répétition de gestes et rituels identiques n'est certes pas de l'idolâtrie, mais elle le devient si l'interprétation de ces gestes n'est pas constamment revivifiée et renouvelée.

## Un Dieu qui répond

« Tu n'auras pas d'autres dieux que moi. » C'est une traduction en bon français, qui ne rend guère l'original hébreu. Littéralement, il faudrait traduire : « Il ne sera pas pour toi d'autres dieux sur mon visage. »

Dans les innombrables commentaires qui ont été faits de ce commandement, nous retiendrons celui de Rachi (un maître du Talmud qui a vécu à Troyes de 1040 à

1105). Pour lui, notre traduction courante : « Tu n'auras pas d'autres dieux que moi », est complètement erronée. A ses yeux, c'est un blasphème envers le Très-Haut que d'utiliser pour les autres dieux le même mot que celui qui Le désigne, Lui, l'unique Dieu. Autrement dit, il faut réserver le mot *Elohim* à Dieu seul.

C'est une interprétation tout à fait acceptable… mais grammaticalement, elle est peu défendable : en hébreu, le mot pour désigner les « autres dieux » est bel et bien *Elohim* ! Rachi en est conscient, et il propose deux autres commentaires.

Il trouve deux solutions. D'une part, *Elohim ahérim*, qu'on traduit par « autres dieux », peut signifier « dieux servis par d'autres », et donc « dieux des autres ». D'autre part, ce sont des « dieux autres », en l'occurrence des dieux qui ne répondent pas quand on crie vers eux. Ce « dieu autre » – ce peut être un singulier – « ne connaît pas l'homme qui l'invoque ». Traduisons : non seulement tu n'iras pas chercher le ou les dieux des autres, mais tu ne vénéreras pas un dieu qui ne répond pas, qui par conséquent te reste étranger.

Si vous me demandez : « Qui est Dieu ? », je réponds : « Il est Celui qui répond quand on L'invoque. » Ou encore, un dieu qui ne répond pas quand on l'invoque n'est pas Dieu. Et donc, on doit comprendre le deuxième commandement comme suit : « Tu n'auras pas un dieu qui est autre, étranger, qui ne répond pas quand tu l'invoques. »

## Élie et les prophètes de Baal

Dans le premier livre des Rois, le texte relate une confrontation célèbre – et instructive – entre Baal, dieu du ciel, de la nature et de la fécondité, auquel il faut plaire pour qu'il pleuve, et le prophète Élie. Élie prononce une phrase lapidaire : « Si le Tétragramme [les quatre consonnes du nom divin] est Dieu [*Elohim*], allez à sa suite ; si c'est Baal [le dieu de la nature], allez à sa suite » (18,21). Le texte continue : « Le peuple ne lui répondit rien. Élie dit au peuple : “Je suis le seul parmi les prophètes du Tétragramme qui soit resté, tandis que les prophètes de Baal sont quatre cent cinquante.” » La suite de l'histoire est connue. Élie propose que les prophètes de Baal et lui-même préparent chacun un taureau pour le sacrifice. Ensuite, chacun invoquera son dieu pour qu'il fasse descendre le feu sur le bois. Élie prie les prophètes de commencer à invoquer leur dieu, tandis que lui-même invoquera « le nom du Tétragramme ». Il les invite à commencer en raison de leur grand nombre, et ils invoquent Baal toute une matinée jusqu'à midi, en hurlant et en dansant, en vain. « Il n'y a ni voix ni personne qui répond », dit le texte (18,26).

Élie les invective avec ironie sur leur dieu qui dort peut- être, alors qu'ils dansent jusque dans l'après-midi autour de l'autel, dans un délire qu'ils appellent prophétique. Ils se lacèrent la peau, et le sang coule… Toujours rien ! Élie demande alors au peuple de s'approcher. Il construit son autel et l'entoure d'une rigole qu'il fait remplir trois fois d'eau (c'est-à-dire que tout étant imbibé d'eau, rien ne pourra brûler). Il invoque ensuite son Dieu et il dit : « Tétragramme, Dieu d'Abraham, d'Isaac et d'Israël… », en lui demandant de *répondre*, de montrer par là même que Lui, le Tétragramme, YHVH, est Dieu, *Elohim*.

Le feu du Tétragramme descend effectivement et dévore l'holocauste, le bois, la pierre, la terre et même l'eau dans la rigole… Le peuple tombe face contre terre et s'exclame, par deux fois : « C'est *Adonaï* [le Tétragramme] qui est Dieu, *Elohim* ! »

## Celui qui entend le cri de l'homme

Ainsi, dans toute la théologie des prophètes, le Dieu d'Israël est un Dieu qui répond quand il y a un cri. Il est capable d'entendre le cri de l'homme et de le sortir de sa souffrance. A l'inverse, le prophète Isaïe décrit l'idole ainsi : « On a beau lui [leur dieu] crier : il ne répond pas, de la détresse il ne sauve pas. » Il ne répond pas au cri de l'homme. Qu'est-ce donc que ce cri ?

Pour le comprendre, on peut appliquer la règle de la « première occurrence », c'est-à-dire la première fois où le mot apparaît dans le texte biblique. C'est au début du livre de la Genèse, dans l'épisode de Caïn et Abel (chapitre 4).

Quand Caïn a tué son frère, Dieu lui demande : « Où est Abel, ton frère ? » Caïn répond : « Je ne sais pas. Suis-je le gardien de mon frère, moi ? » Dieu lui dit : « Qu'as-tu fait ! Le sang de ton frère crie vers moi de la terre ! »

Autrement dit, le cri naît avec la violence et le sang versé. Et Dieu l'entend. On lit dans le livre de l'Exode, au chapitre 22, verset 22 (où l'on est dans le cadre des lois et des préceptes à observer) : « Si tu le [la veuve ou l'orphelin] maltraites, j'entendrai son cri. » Les hommes qui entendent cette injonction peuvent, doivent comprendre ce verset parce qu'ils ont été eux-mêmes dans cette situation de « crier » et qu'ils ont été « entendus » quand ils étaient étrangers, comme ne manque pas de le rappeler le verset 20 qui précède : « Tu n'insulteras pas l'étranger et ne l'opprimeras pas, car vous avez été des étrangers au pays d'Égypte. »

Cette « étrangeté » – le fait de venir d'un pays étranger, d'être étranger dans un pays – n'est pas seulement un accident de l'histoire juive : c'est un élément qui appartient à la condition juive. Dans l'histoire d'Abraham, il y a la promesse de la terre, mais, pour mériter cette terre, il faut d'abord faire l'expérience de l'exil. Un *midrach* dit qu'Abraham veut savoir ce que ce peuple a fait pour devoir aller en exil en Égypte. Dieu répond qu'il n'a rien fait, mais que l'histoire de ce peuple implique qu'il fasse l'expérience de l'étrangeté et de l'esclavage. Cette histoire fait partie de son être. Avoir été étranger pour aimer et respecter l'étranger !

## Quand Dieu ne répond pas

Une question vient immédiatement à l'esprit de chacun : dans notre expérience courante, Dieu ne répond pas du tout. On peut même dire que Son silence n'est que trop éloquent devant la violence de l'histoire humaine. Compte tenu de ses développements récents, ce silence de Dieu apparaît incompréhensible, scandaleux à plus d'un juif.

Que répondre à cela ? Nous devons admettre que nous n'avons, de prime abord, aucune réponse directe et claire à ce silence. L'Histoire semble bien apporter un démenti à l'idée que Dieu répond au cri des hommes détruits par la violence. André Neher a admirablement parlé de cette question dans son beau livre intitulé *L'Exil de la parole. Du silence biblique au silence d'Auschwitz.*

## Deux sens du mot *Elohim*

Cependant, ce constat nous oblige à faire retour sur notre façon de comprendre Dieu. Que veut dire : « Dieu répond » ? Nous ne pouvons imaginer que pour « répondre », il intervienne comme un *deus ex machina* dans l'histoire des hommes. On serait dans l'idolâtrie, en pleine représentation de Dieu, alors que le Tétragramme l'interdit, nous le savons bien. *Comment* répond-Il ? Voilà la vraie question.

Le mot *Elohim* nous donne une réponse. Il signifie à la fois un Dieu qui juge avec rigueur et un Dieu qui fait justice. Mais le même mot signifie aussi le tribunal et les institutions de justice. Se présenter devant *Elohim* ou aux portes d'*Elohim*, c'est aller au tribunal pour régler un différend. Si donc nous nous demandons comment s'incarne sur terre cette justice de Dieu, quel est le « représentant » de Dieu qui fait justice sur terre, la réponse coule de source : ce sont les institutions de justice qui feront en sorte que le cri de la veuve, de l'orphelin et de l'étranger soit entendu, ou plutôt soit rendu impossible parce qu'il n'aurait pas lieu d'être.

Un *midrach* peut une fois de plus nous aider à comprendre ce dont il est question. Un verset de la Bible dit : « Lors de la révélation de la Tora, tout le peuple était en bas de la montagne. » Littéralement, il faudrait lire « sous la montagne ». Selon le *midrach* qui reprend cette traduction, Dieu aurait en fait renversé la montagne sur la tête des enfants d'Israël comme un baquet et Il aurait dit : « Si vous acceptez la Tora, c'est bien ; sinon, ici sera votre tombeau ! »

Autrement dit, je n'ai pas le choix : j'accepte les commandements ou je meurs. Mais alors, faut-il penser que la Tora a été imposée de force, par la violence ? Comment énoncer que la Tora est la condition même de la liberté ? Car le Talmud rappelle que le peuple a reçu la Tora dans la joie, en disant à Moïse : dis-nous ce qu'il faut faire, nous obéirons et nous comprendrons plus tard… Comment concilier tout cela ?

Le *midrach* répond très simplement : dans l'enthousiasme, il est facile d'accepter l'éthique et la Tora. Mais que se passe-t-il quand l'enthousiasme est passé ? « Tu dois recevoir la Tora » veut dire en réalité : créer des institutions de liberté et de justice permanentes, qui ne dépendent pas de l'enthousiasme ou du découragement des individus.

C'est aussi, pour reprendre un mot du philosophe Emmanuel Lévinas, « interdire à la relation métaphysique avec Dieu de s'accomplir dans l'ignorance des hommes et des choses ». Pas de relation avec Dieu, le Transcendant, sans relation avec les hommes, avec autrui, sans la construction d'une cité avec eux.

La liberté, dit Lévinas, ce ne sont pas d'abord ni avant tout des actes d'héroïsme individuels. La liberté exige des institutions, un État qui la garantisse de même qu'il garantit la justice :

> Concevoir et réaliser l'ordre humain, c'est instituer un État juste, qui ait, par conséquent, la possibilité de

surmonter les obstacles qui menacent la liberté. C'est le seul moyen de préserver de la tyrannie… Voilà donc notre conclusion : s'imposer un commandement pour être libre… Une loi extérieure, écrite, munie de force contre la tyrannie, voilà, sous une forme politique, le commandement comme condition de la liberté.

Notre manière de penser le Divin, c'est d'abord l'institution de la justice qui fait en sorte qu'il n'y aura pas de cri, ou qui garantit qu'il sera répondu au cri s'il se fait entendre. *Elohim* n'a pas d'autre sens pour nous.

*

## À LIRE

Jonas, Hans, *Le Concept de Dieu après Auschwitz*, Rivages, 1997.

Lévinas, Emmanuel, *Liberté et Commandement*, *op. cit.*;

–, *Totalité et Infini*, La Haye, Nijhof, 1961.

Marion, Jean-Luc, *L'Idole et la Distance*, Grasset, 1977.

André Neher, *L'Exil de la parole. Du silence biblique au silence d'Auschwitz*, Éd. du Seuil, 1980.

# 3
# Refuser l'indifférence

**TROISIÈME COMMANDEMENT :**
**« Tu n'invoqueras pas le nom de l'Éternel,**
**ton Dieu, en vain… »**
**(Exode 20,7)**

Si l'on revient au texte original en hébreu, on peut aussi traduire ce commandement : « Tu ne *porteras* pas le nom de Dieu en vain. » Mais on peut alors en proposer une autre interprétation. En effet, pour les maîtres du Talmud, « tu ne porteras pas le nom de Dieu en vain » signifie aussi « tu ne feras pas de faux serment », car l'expression « porter le nom » signifie « jurer », « faire un serment ».

## Le serment sur le futur

Faire un serment, c'est inscrire la parole dans le temps et le temps dans la parole. Un serment est lié à la promesse qui nous tire vers le futur, vers la réalisation à venir (on peut faire une promesse en faisant serment de la tenir).

La racine du mot hébreu courant pour dire « faire un serment », « jurer », peut nous donner des indications. Elle comporte les trois lettres *chin-bèt-ayin*. Si nous cherchons le passage de la Bible où elle intervient pour la première fois, nous tombons sur le chapitre 21, verset 21, de la Genèse.

Le roi Avimélek et son général Pikol viennent voir Abraham et lui disent ceci : « "Dieu est avec toi en tout ce que tu fais. Maintenant donc, jure-moi ici par Dieu que tu ne tromperas ni moi, ni ma lignée, ni ma postérité, mais qu'envers moi et envers le pays où tu résides tu témoigneras la même fidélité que j'ai témoignée envers toi." Abraham dit : "Je le jure"... »

Le contexte est le suivant : Abraham est arrivé sur le territoire d'Avimélek, roi de la région de Guérar. Ce dernier lui demande de lui remettre Sara, dont Abraham raconte qu'elle est sa sœur. Avimélek ne la touche pas, mais toute sa famille est condamnée à la stérilité. Dans un songe, Dieu demande au roi de rendre Sara à Abraham, ce qu'il fait. C'est ensuite que Sara, qui jusque-là était stérile, devient féconde et donne le jour à Isaac.

Isaac grandit et Sara ne supporte plus Ismaël, l'enfant qu'Abraham a eu auparavant de sa servante Agar. Elle demande à Abraham de renvoyer Agar et Ismaël. Dans le désert, Agar pleure et le texte dit : « Elle éleva la voix et pleura, et Dieu entendit la voix de l'enfant » : c'est la mère qui pleure, et c'est la voix de l'enfant que Dieu entend... Et Dieu bénit Agar et Ismaël. Le petit dialogue cité entre Avimélek et Abraham vient après cette restitution.

Le nom *Avimélek* contient à la fois les mots « père » et « roi ». Quand Sara sort de chez Avimélek, on peut dire qu'elle quitte un « père » et trouve enfin un mari, Abraham, qui a l'étrange habitude de la faire passer pour sa sœur et non pour sa femme. D'autre part, le roi, qui a vu Abraham renvoyer sa première femme et exiler la seconde avec son fils Ismaël dans le désert, se dit qu'Abraham sera capable de faire de même avec ses descendants à lui, Avimélek. Il importe de préparer le futur et de le faire par un serment solennel.

Le serment est ainsi en prise avec le présent, mais pour le futur. C'est une option sur le futur, se donner la possibilité d'un futur. « Promets-moi que le bien que je t'ai fait, tu le feras pour mes descendants », voilà ce que dit Avimélek. La promesse engage ainsi un avenir pour les hommes.

Après avoir juré, Abraham fait des reproches à son interlocuteur Avimélek : les serviteurs d'Avimélek auraient fait main basse sur un puits. Mais Abraham prétend que le puits lui appartient. Avimélek proteste de sa bonne foi... et ils concluent une alliance ensemble ! Pour marquer son engagement. Abraham met sept brebis à part. A Avimélek qui s'étonne, Abraham répond : ces sept brebis, que je te donne, porteront témoignage que j'ai creusé ce puits.

## Sous la symbolique du chiffre 7

Étrange procédure : en quoi sept brebis peuvent-elles être le témoignage d'un serment ? Cela se comprend si l'on sait que le verbe « jurer » et le chiffre 7 ont la même racine en hébreu : *chin-vèt-ayin.* Autrement dit, Abraham déclare : « Je mets mon être, ma promesse, sous l'autorité du chiffre 7. » Il n'y a pas de justice sans la capacité de tenir sa promesse : le serment fonde la justice, et il est placé sous l'autorité du chiffre 7, *cheva*, qui renvoie aussi au mot *chabbat*, « le septième jour ».

Le texte biblique multiplie les jeux de mots, car l'endroit où tout ceci se passe s'appelle *Beer-Cheva*, un nom qu'on peut traduire par « le puits du serment », ou « explication du chiffre 7 », ou « explication du serment ». Si le commandement « Tu ne prononceras pas le nom de Dieu en vain » peut se comprendre comme « Tu ne feras pas de serment en vain, de faux serment », cela veut dire aussi qu'il s'agit d'être capable de se mettre sous la symbolique du chiffre 7, autrement dit d'être capable de promesse, de s'engager pour le futur, de faire des projets et de les réaliser. C'est donner un sens à sa vie, c'est-à-dire entrer dans ce que nous appelons précisément l'*éthique*.

## Éthique et morale

Le mot « éthique » peut faire peur. Employé à tout propos aujourd'hui, il ressemble à une sorte de fourre-tout. Et on finit par ne plus savoir ce qu'il signifie. N'a-t-il pas remplacé élégamment un autre mot, « morale » ?

Quel sens donner à ces deux mots – « éthique » et « morale » – qui restent souvent confondus ? Le premier vient du grec *ethos*, le second est issu du latin *mores*. Ils renvoient tous deux au (bon) comportement, aux (bonnes) mœurs, à la (bonne) conduite, à la vie bonne et juste.

Paul Ricœur a proposé de différencier les deux termes, tout en admettant que c'est une convention. On peut en proposer d'autres ! Ricœur préfère réserver le mot « éthique » à la « visée d'une vie accomplie ». L'éthique serait l'horizon, le but qu'une communauté se donne, le projet auquel elle tend. Ce n'est pas seulement la question du sens individuel de l'existence (« Qui suis-je ? », « Où vais-je ? ») qui est alors en jeu, mais celle d'un devenir collectif : « Pourquoi vivons-nous ? », « Où allons-nous ? », « Que voulons-nous ? ». Le mot « exister » – « ek-sister » – implique de lui-même cette sortie, cette ouverture, cet « aller de l'avant ». Du simple être au monde on passe ainsi au *but* de l'existence, à sa fin ou sa finalité, à sa visée « téléologique » (ce mot vient du grec *telos*, « but », « fin »).

La morale, qui a souvent mauvaise presse aujourd'hui, parce qu'elle sent le catéchisme et les obligations imposées par autrui, serait constituée par les normes concrètes et universelles instituées pour réaliser cette visée éthique. Les normes peuvent changer. Elles sont transmises par la tradition, elles se renouvellent, ou par une décision démocratique ou par une invention spontanée de la société. Elles représentent une sorte d'outil pour accomplir pratiquement le but qu'on se donne.

Avec Paul Ricœur, on peut dire les choses autrement. L'éthique est une promesse de bonheur, qu'on a tenté de définir pour soi et pour les autres. La morale est l'ensemble des règles pour y parvenir.

Il y a évidemment une dialectique entre éthique et morale. Si la première manque ou se perd, la morale se transforme en pratiques imposées dont les individus ne voient plus le sens ; il semble alors qu'il faille les observer pour elles-mêmes ; elles sont vidées de leur esprit, c'est-à-dire de leur inspiration : comment s'étonner alors que la morale soit si souvent vilipendée ! A l'inverse, sans les normes morales, l'éthique devient une vague direction de vie, de grands principes vides. Il importe de garder la tension, la dialectique entre éthique et morale car l'équilibre entre les deux constitue la sagesse.

## Un polar existentiel !

Nous pourrions alors à juste titre poser la question : les Dix Paroles relèvent-elles de l'éthique ou de la morale ? Des deux, dira-t-on, et on ne se trompera pas. Mais c'est résoudre le problème à trop bon compte. A première vue, on a plutôt l'impression que les Dix Commandements relèvent avant tout d'une morale, au sens de Ricœur : ce sont des règles, des lois, des normes, pour réaliser une certaine éthique. Pour l'instant, nous ne voyons pas vraiment ce qu'est le projet, l'éthique des Dix Paroles. Celles-ci se présentent à nous comme une énigme : il ne suffit pas de comprendre ce qui est dit, il faut encore y découvrir un sens, un chemin, une visée pour notre existence. Elles représentent une sorte de « polar existentiel » : des jalons sont posés, mais la solution n'est pas donnée avant de les vivre !

Nous devons par conséquent lire les Dix Commandements comme un texte « interactif » : le lecteur est appelé à découvrir, à *se* découvrir. Il faut les pratiquer comme un jeu : je te propose une morale ? Dis-moi quelle est ton éthique ! Voici ma morale, invente-toi une éthique ! Commandement et liberté !

## Le danger : Dieu comme idéologie

Mais laisser à l'homme l'initiative de découvrir et de formuler son éthique, n'est-ce pas dangereux ? N'est-ce pas ouvrir la porte à tous les délires individuels, à toutes les idéologies collectives ?

Il faut le dire d'emblée : les Dix Commandements ne sont pas un beau discours sur Dieu, une belle théologie bien structurée. Ils sont d'abord et avant tout une parole pour les hommes, dont le noyau central est l'injonction : « Tu ne tueras point ! » Les Dix Commandements nous disent ceci : personne n'a le droit de parler au nom de Dieu pour commettre un geste de violence. La Loi que Dieu donne est libération. Utiliser Son nom pour l'esclavage d'un groupe, ethnique ou autre, est donc un contresens absolu. L'idée de Dieu est dangereuse quand elle se transforme en idéologie, ou quand elle sert d'alibi à une politique.

J'aime à citer cet extrait d'un discours de Vaclav Havel. Il est très pertinent par rapport à ce qui précède :

> Au nom des partis, les hôpitaux psychiatriques se sont remplis d'hommes et de femmes qui avaient osé penser !
> Au nom de vérités « scientifiques », les oppositions ont été rejetées dans les ténèbres de l'obscurantisme et de la folie !
> Au nom de la vérité « scientifique », des enfants ont servi de cibles vivantes au tir d'officiers « respectables » !
> Au nom de cette même vérité, d'autres enfants sont morts d'une piqûre de phénol dans le cœur !
> Au nom de la vérité d'idéologies révolutionnaires, des intellectuels ont massacré leur propre peuple !
> Au nom du Dieu unique, des bûchers ont été allumés par l'Inquisition !
> Au nom d'un autre Dieu, lui aussi unique, des guerres saintes sont déclarées avec la bonne conscience d'accomplir la justice et le devoir !

## Le peuple « élu »

Pour les juifs, Dieu est Celui qui a révélé au mont Sinaï un texte, la Loi qui ordonne l'éthique, le respect du visage d'autrui, la bonté. L'homme ne peut se soustraire à cette responsabilité pour autrui, car il est le seul à pouvoir répondre et faire ce qu'il a à faire. Pour les juifs, l'« élection » n'est rien d'autre : elle est cette responsabilité infinie. Par la Création, Dieu a permis au monde d'exister. Par la Révélation, Il a permis qu'existe la Loi qui rend possible la coexistence des hommes entre eux.

Mais pour créer le monde et se révéler aux hommes, Dieu a dû se limiter, lui, l'Infini, pour devenir fini. Cette forme étonnante d'humilité et d'autonégation, la Kabbale la nomme *Tsimtsoum* (dont nous parlerons plus loin). Disons seulement que toute créature doit son existence à cette autonégation de Dieu ; et qu'avec cette existence elle a reçu ce qu'elle avait à recevoir de l'au-delà.

Le philosophe Hans Jonas a magnifiquement exprimé cette idée :

> Dieu, après s'être entièrement donné dans le monde en devenir, n'a plus rien à offrir : c'est maintenant à l'homme de lui donner. Et il peut le faire en veillant à ce que, dans les cheminements de sa vie, n'arrive pas, ou n'arrive pas trop souvent, et pas à cause de lui, l'homme, que Dieu puisse regretter d'avoir laissé devenir le monde.

Soyons à la hauteur !

## L'indifférencié qui détruit

Que signifie en fin de compte cet « en vain » de la troisième parole ? Le mot hébreu pour dire « en vain » est *shave* (*chin-vav-aleph*), phonétiquement proche de *chavé*, qui signifie « identique », « sans différence ».

Le sens de chaque chose jaillit de sa différence avec autre chose. Quand il n'y a pas de différence, les choses deviennent in-différentes.

Le drame de Sodome, c'est cela : la non-reconnaissance de la différence sexuelle, du masculin et du féminin, cette dialectique longuement évoquée déjà. Il n'y a plus de possibilité alors d'écrire le Tétragramme qui contient cette dialectique. En ne voyant pas le sens de la différence sexuelle, l'homosexualité fait que tout le monde est identique, elle rend la différence vaine.

## L'« en vain » de la *shoah*

Les trois lettres du mot *shave* (« en vain ») ont donné au féminin le terme *shoah*. Il y a *shoah* quand quelque chose est vain, c'est-à-dire identique, indifférencié. *Shoah*, ce mot justement employé pour désigner la tragédie du génocide, signifie en hébreu « toute situation d'indistinction où les hommes n'accèdent plus à leur singularité ». On aboutit à la violence du « même », qui veut tout unifier, égaliser, mettre au même niveau. Le Midrach raconte que Sodome avait certes des règles d'hospitalité. Tout le monde avait droit à un lit… mais un lit toujours aux mêmes dimensions, un mètre cinquante par exemple. Comme tout le monde devait être identique, on écartelait les enfants pour qu'ils fassent un mètre cinquante et, aux adultes plus grands que cette taille, on coupait les membres qui dépassaient…

Sodome : la ville où tout le monde devait être identique. La métaphore du « lit de Sodome » symbolise ce refus de la différence.

## « Être béni », qu'est-ce à dire ?

Abraham a été directement mêlé à l'histoire de Sodome, à travers son neveu Lot. Il faut se rappeler la bénédiction d'Avimélek quand il rencontre Abraham qui est sorti de Sodome : « Dieu est avec toi en tout ce que tu fais. » Quel est le sens de cette bénédiction ?

Selon Rachi, elle signifie que la voie d'Abraham est triplement exemplaire. Abraham est sorti de Sodome sans qu'il lui soit rien arrivé. Il a combattu des rois et il les a vaincus. Sa femme Sara est devenue féconde dans sa vieillesse. Voilà pourquoi Abraham est béni : « Dieu est avec toi. » La bénédiction arrive quand nous sortons de Sodome, de l'indifférencié, du monde du Même. Être béni, c'est trouver sa propre voie, donner à la personnalité son moi véritable, sans tomber dans l'égoïsme. Être soi, c'est toujours aussi devenir « pour l'autre ».

L'itinéraire d'Abraham est exemplaire à cet égard. Dans le récit biblique, Lot est l'homme perdu, captif, indifférencié, qu'Abraham sauve constamment, en s'engageant pour lui quand il est fait prisonnier par des rois ou en cherchant à sauver Sodome de la destruction. Abraham refuse et combat l'indifférenciation, pour redonner à chaque homme son visage singulier.

La troisième bénédiction concerne Sara : elle est devenue féconde dans sa vieillesse. Autrement dit, être béni, c'est savoir qu'il ne faut jamais désespérer : comme le dit le proverbe, « tout vient à point à qui sait attendre ». Cela veut dire que la vieillesse n'est pas une malédiction, encore moins une maladie. La fécondité et la créativité n'ont pas d'âge. Être vieux ne signifie pas que la vie est derrière soi, qu'elle relève du passé.

## Le Dieu de chacun et la religion plurielle

> « La tradition est la plus noble des libertés pour la génération qui l'assume avec la conscience claire de sa signification, mais elle est aussi l'esclavage le plus misérable pour celui qui en recueille l'héritage par simple paresse d'esprit. »
>
> MARTIN BUBER.

On pourrait donc commenter le troisième commandement comme suit : « Ne construis pas ton projet d'existence, ta promesse, ton éthique, de telle sorte qu'ils soient semblables à ceux d'un autre et que ta vie soit vaine. Ne donne pas une interprétation conforme de la vie, du monde ou de Dieu, affirme ta différence ! » Être libre, ce n'est pas faire ce que l'on veut, mais exprimer au maximum ses possibilités pour apporter au monde ce que chacun d'entre nous est seul à pouvoir lui apporter. Voilà ce qui donne sens à notre existence !

Une prière juive invoque Dieu ainsi : « Dieu d'Abraham, Dieu d'Isaac, Dieu de Jacob ». Pourquoi répéter trois fois le mot « Dieu », puisqu'il s'agit à l'évidence du même Dieu ?

C'est que la perception de Dieu qu'a Abraham n'est pas la même que celle d'Isaac ou de Jacob. Et leurs trois perceptions ne sont pas les mêmes que celle de tout autre homme qui invoque Dieu, le Dieu unique. Le Dieu Un est pluriel. On n'a pas affaire à un polythéisme, mais au Dieu vivant, pour un judaïsme pluriel, pour une liberté de chacun de percevoir « son » divin.

Chacun connaît la célèbre profession de foi juive, le *Shéma Yisrael* (« Écoute, Israël ! »). Maïmonide, le grand philosophe juif du Moyen Age, a commenté cette prière en se demandant : qui parle, et à qui ? Qui donc est Israël ? C'est Jacob, l'homme qui a combattu au gué de Yabboq avec l'ange. Ce dernier lui demande à la fin de la nuit : « Laisse-moi partir, car l'aurore est levée. » Mais Jacob lui répond : « Je ne te lâcherai pas que tu ne m'aies béni. » L'ange lui demande comment il s'appelle : « Jacob », dit-il. Alors l'ange lui répond : « Ton nom ne sera plus Jacob, mais Israël, car tu as combattu avec les hommes et avec Dieu, et tu as vaincu ! » Israël est donc « celui qui a vaincu [Dieu] ». L'homme a un pouvoir sur Dieu !

Or, avant de mourir, Jacob/Israël demande à ses enfants réunis autour de lui de garder le patrimoine religieux qu'il leur a légué. Ses fils lui répondent alors : « *Shéma Yisrael Adonaï élohénou, Adonaï éhad !* » (« Écoute, Israël, Dieu est notre Dieu, Dieu est Un ! »). On peut comprendre ainsi cette invocation : chacun a sa propre perception du divin. Mon Dieu n'est pas le tien ! Et nous avons notre propre manière de vivre, en fonction de ce que nous comprenons de ce Dieu infini et transcendant. Ce n'est pas un Dieu autre, mais tu as le tien, et nous le nôtre. Ce n'est pas un Dieu unique, mais un Dieu Un : sa vocation est d'être pro-vocation à chacun, pour faire ce qui est juste à sa manière.

Chacun doit sortir de son soi préfabriqué par les institutions (y compris religieuses) et par la société. Il existe tant de pressions pour que chacun soit « impersonnel », pour que les gens ne puissent faire advenir leur propre monde ! Le troisième commandement s'oppose à ces pressions. Il veut faire échec à la capture de la subjectivité par la société. Échec aux textes qui modèlent, en l'anéantissant et en la rendant vaine, l'existence de sujet.

## L'étude, acte de liberté

Comment résister à l'uniformisation qui guette ? Pour le Talmud, l'étude est l'acte de résistance au « langage des institutions ». La lutte avec le texte rouvre les mots à leurs sens multiples. L'institution tend au langage unique, univoque, uniforme, au sens unique, qui fonde son intolérance et sa dureté envers les individus. Au contraire, en libérant les significations du texte, le sujet et sa parole accèdent à la liberté.

Il est significatif que la fête de Pessah (la Pâque), ce temps de la transmission aux enfants, à travers les questions que les fils posent aux pères, soit fondée sur la transmission de cette capacité de « subversion » qui habite le langage. Transmettre la liberté passe toujours par la possibilité d'une lecture qui renverse, met sens dessus dessous les textes fondateurs. La liberté passe par la possibilité de sortir de la « gravure » de la Loi sur des tables de pierre. Nous l'avons déjà rappelé, à la suite des maîtres : « Ne lis pas "gravées" [*harout*], mais "liberté" [*hérout*]. »

L'homme ne cesse de se construire par l'interprétation qui défait le sens existant et crée de nouveaux sens : lire et « dé-lire » du texte. Ou encore, celui qui lit « délie », enlève les chaînes du texte… Cette lecture créatrice fait naître le lecteur à lui-même après sa naissance biologique et son entrée dans les institutions sociales. Il naît en tant qu'individu différencié, unique et différent de tous les autres.

## L'importance de chacun

En créant, en innovant, l'homme se construit et fait échec au danger des pensées préfabriquées. Comme la nouvelle interprétation est *son* interprétation, il prend conscience non seulement de sa place propre et unique, mais aussi de sa responsabilité propre et unique, du chemin personnel qu'il doit emprunter, de l'édifice particulier qu'il doit construire. Ce que Martin Buber dit du hassidisme (et que nous avons déjà cité dans l'introduction) s'applique à la perfection à notre interprétation du troisième commandement :

> Pour le hassidisme, chaque personne née en ce monde représente quelque chose de nouveau, quelque chose qui n'existait pas auparavant, quelque chose d'original et d'unique.
> C'est le devoir de toute personne en Israël de savoir apprécier qu'elle est unique en ce monde par son caractère particulier, et qu'il n'y a jamais eu quelqu'un de semblable à elle, car s'il y avait eu quelqu'un de semblable à elle, il n'y aurait eu nul besoin pour elle d'être au monde. Chaque homme pris à part est une créature nouvelle dans le monde, et il est appelé à remplir sa particularité en ce monde. La toute première tâche de chaque homme est l'actualisation de ses possibilités uniques, sans précédent et jamais renouvelées, et non pas la répétition de quelque chose qu'un autre, fût-ce le plus grand de tous, aurait déjà accompli. C'est cette idée qu'exprime Rabbi Zousya peu avant sa mort : « Dans l'autre monde, on ne me demandera pas : "Pourquoi n'as-tu pas été Moïse ?" On me demandera : "Pourquoi n'as-tu pas été Zousya ?" »

A quoi fait écho cette réflexion d'Emmanuel Lévinas sur le rapport personnel que chacun entretient avec le texte de la Révélation :

> [Tout se passe] comme si chaque personne, par son unicité, assurait la révélation d'un aspect unique de la vérité, et que certains de ses côtés ne se seraient jamais révélés si certaines personnes avaient manqué dans l'humanité. Ceci suggère que la totalité du vrai est faite de l'apport des personnes multiples : l'unicité de chaque écoute portant le secret du texte, la voix de la Révélation précisément en tant qu'infléchie par l'oreille de chacun serait nécessaire au Tout de la vérité.

Des textes hassidiques reprennent cette idée en énonçant que chaque homme est une lettre ou une partie d'une lettre. Le livre est terminé quand il ne manque plus aucune lettre. Chacun doit écrire la sienne, s'écrire lui-même pour créer le livre et en renouveler le sens. Cela implique que le lecteur sorte de sa passivité, en croyant qu'il n'a qu'à « absorber » le sens et qu'il n'a aucune part à son élaboration. Comme le dit excellemment Serge Viderman :

> [Que le lecteur] sache seulement que le texte lui parle de lui et de sa propre histoire, et aussitôt lui apparaîtra la pluralité des sens possibles… C'est dire qu'il n'y a pas un sens fixé du texte, que la vérité du texte est partout et nulle part, que chacun a le pouvoir de faire exister des sens, de décider des sens…

## La lecture est donnée à tous

Ce que nous venons de dire implique que l'étude, où la lecture est essentielle, « déconstruit » la pensée et le langage courants. Ne croyons pas que cela est réservé au petit nombre, à quelques initiés. Rabbi Nahman de Braslav a écrit :

> Même un homme simple, s'il prend le temps de lire, s'il regarde les lettres de la Tora, pourra voir de nouvelles choses, de nouveaux sens ; c'est-à-dire que par un regard intense sur les lettres, celles-ci commenceront à « faire de la lumière », à se mélanger, à se combiner (*Traité talmudique Yoma*, 73*b*), et il pourra voir de nouveaux arrangements de lettres, de nouveaux mots, et il pourra voir dans le livre des choses auxquelles l'auteur n'a pas du tout pensé. Et tout ceci est possible, même pour l'homme simple, sans efforts… Mais il ne faut pas tenter volontairement cette expérience, car il se peut que, précisément, il ne voie rien, bien que tout ceci concerne aussi l'homme simple…

Rabbi Nahman veut dire que tout grand texte pense au-delà de lui-même, son « pouvoir-dire » dépasse son « vouloir-dire ». On peut s'arrêter à ce que « veut dire » un texte, mais on risque alors de passer à côté de sa dimension transcendante. Tout grand texte donne lieu à une nouvelle création, il suscite sans cesse de nouveaux sens.

## Jeunesse du sens

Le troisième commandement invite à sortir de la « vanité » de soi. Il est lié à une pratique de la lecture qui fait éclater les structures du « déjà-là », du « bien-connu », du « tout-vu ». Il offre à celui qui emprunte cette voie un chemin de liberté. La jeunesse dont parle Rabbi Nahman de Braslav est cette renaissance incessante, qui consiste à sortir de la parole « déjà parlée » et de la pensée « déjà pensée », où beaucoup sont tentés de s'enfermer. Elle peut avoir lieu à tous les âges de la vie, dans tous les milieux.

Apprendre, donc, à lire pour faire échec à la « capture

de la subjectivité » (Pierre Legendre) qu'imposent la société et les institutions, pour faire échec aux textes qui modèlent, pour l'anéantir, la subjectivité. Apprendre à lire pour ne pas se contenter des idées reçues, des idées qui, même vraies, « deviennent fausses à partir du moment où l'on s'en contente » (Alain).

Dans la tradition talmudique, cette interprétation qui met en marche la liberté d'inventer se fait essentiellement à partir du mot, sur le mot et dans le mot. Il faut essayer par tous les moyens de produire un dynamisme à l'intérieur du langage – phrases, mots et lettres.

## « Lire aux éclats »

> « Chaque atome de silence est la chance d'un fruit mûr. »
>
> PAUL VALÉRY.

En hébreu, l'absence de voyelles permet cette « lecture aux éclats » qui est celle de la tradition talmudique et que nous essayons de mettre en œuvre. L'absence de voyelles empêche en effet de donner un sens unique et exclusif aux mots : le sens demeure indéterminé, tant que la racine – les consonnes du mot – n'a pas reçu ses voyelles. Nous sommes ainsi responsables du sens que nous donnons aux mots.

Selon le Talmud, une des fautes essentielles des hommes consiste à « fuir la montagne du Sinaï », une expression que Rabbi Yossef Rozin explique ainsi : « Comme un enfant s'enfuit de l'école, c'est-à-dire : ils n'ont pas voulu apprendre les lettres de la Tora comme des entités séparées, mais ont préféré lire et étudier les mots entiers. » Rabbi Yossef Rozin met en cause une approche du texte qui le considère comme une totalité close, un objet achevé, à prendre et à assimiler comme tel, un manuel : comme l'indique le rapport de ce mot à la *main*, on s'enferme alors dans le « main-tenant », il n'y a plus de transcendance du texte.

C'est là une attitude jugée comme une faute extrêmement grave par le Talmud.

« Lire aux éclats » consiste précisément à la réparer : pour la tradition talmudique, chaque lettre est un monde, chaque mot un univers. Lire lettre après lettre, c'est saisir l'espace entre chaque lettre et ressentir la consistance du texte, tout en le libérant de sa pesanteur typographique.

## Respecter chaque lettre

La lecture talmudique représente en fait une expérience poétique qui essaie de saisir le balbutiement du langage et du monde qui se créent et tentent de venir à la lumière. Le livre et la lecture ne consistent pas à agréger, à entasser le monde dans une parole, mais au contraire à le faire éclater. Pour ce faire, Rabbi Yossef Rozin conseille de distinguer « lecture des mots » et « lecture des lettres » : pour lui, il faut laisser aux lettres la possibilité de rester lettres, malgré l'existence des mots où elles entrent. Il faut leur donner la possibilité de se mouvoir à l'intérieur du mot, de voyager, donc de se combiner autrement pour former un autre mot.

La lecture talmudique consiste toujours à restituer la vie, le mouvement et le temps au cœur des mots. C'est pourquoi elle est souvent une lecture qui conteste et bouscule la tradition, en tout cas les stéréotypes. C'est une lecture, une interprétation, qui surprend ; elle conduit hors des chemins tracés à l'avance.

## L'ange de l'oubli et l'apprentissage de la Tora

> « Jette ta pesanteur dans la profondeur !
> Homme ! Oublie l'Homme, oublie !
> Divin est l'art d'oublier.
> Veux-tu voler,
> Veux-tu être chez toi dans les hauteurs,
> Jette à la mer le plus lourd de toi-même !
> Voici la mer ! Et toi, jette-toi dans la mer.
> Le Divin est l'art d'oublier ! »
>
> FRIEDRICH NIETZSCHE.

Pour interpréter, il faut d'abord apprendre. Et qui apprend doit d'abord oublier.

Rabbi Simlaï enseigne :

> A quoi ressemble un embryon dans le ventre de sa mère ? A un document plié. Il a les mains sur les tempes, les coudes entre les jambes et les talons contre les fesses. Sa tête repose entre ses genoux, sa bouche est close, son nombril ouvert. Il mange de ce que mange sa mère, et il boit ce qu'elle boit. Il ne fait pas d'excréments ; autrement il tuerait sa mère. Aussitôt qu'il sort à l'air libre, les organes qui s'étaient fermés s'ouvrent et ceux qui étaient ouverts se ferment : si cela ne se passait pas ainsi, l'enfant ne pourrait pas vivre, même un moment. Une lampe brûle au-dessus de la tête [de l'embryon], et il contemple le monde d'une extrémité à l'autre, ainsi qu'il est dit : « Quand Sa lampe brillait sur ma tête, et que Sa lumière me guidait dans les ténèbres » (Job 29,3). Ne t'en étonne pas : vois, une personne peut faire un rêve qui se déroule en Espagne alors qu'elle est ici même ! Il n'est pas de séjour plus heureux pour l'homme, car il est dit : « Oh ! Que ne puis-je être aux mois du passé, comme aux jours où Dieu me gardait » (*ibid.*). Quelle est en effet la période [qui se compte] en mois, mais non en années ? C'est bien la grossesse ! Toute la Tora est enseignée à [l'embryon], car il est dit : « Il m'instruisait alors, et Il me disait : que ton cœur retienne mes paroles ; observe mes commandements

> et tu vivras » (Proverbes 4,4), et aussi « quand Dieu veillait en ami sur ma tente » (Job 29,4). Quelle est l'utilité de cette dernière citation ? C'est que tu pourrais penser qu'il s'agit uniquement du prophète. Alors écoute : « quand Dieu veillait en ami sur ma tente », cela signifie : dès que l'enfant vient au monde, un ange s'approche et lui donne une tape sur la bouche, qui lui fait oublier la Tora tout entière…

Ainsi donc, il existe un ange de l'oubli, qui permet à l'enfant d'apprendre et non pas seulement de se ressouvenir (comme c'est le cas chez Platon, avec son mythe de la « réminiscence »). Pour apprendre, il faut commencer par oublier. C'est ce que Moïse nous enseigne à sa façon quand il brise les tables de la Loi : son geste est salué positivement par Dieu Lui-même, qui lui dit : Bravo ! Tu as bien fait de les casser, car il arrive que « l'annulation de la Loi soit son accomplissement ». On pourrait dire : Si tu ne les avais pas cassées, l'oubli aurait été oublié !

*

## A LIRE

Abel, Olivier, *La Promesse et la Règle*, Michalon, 1996.

Gross, Benno, *Les Lumières du repentir*, Albin Michel, 1998.

Hirsch, Chimchon Raphaël (Rabbi), *Commentaires sur la Tora*, Mossad Bruer, 1977.

Jonas, Hans, *Le Principe Responsabilité*, Flammarion, coll. « Champs », 1998.

Kook, A. I. (Rav), *Orot Hatechouva* (« Les lumières du retour »), Jérusalem, Mossad Harav Kook, s.d.

Lévinas, Emmanuel, *Totalité et Infini*, *op. cit.*

Menahem Nahoum de Tchrnobyl (Rabbi), *Meor Enayim*, nouvelle édition à Jérusalem, 1980 (en hébreu).

Nahman de Braslav (Rabbi), *Liqouté Moharane*, *op. cit.*

Ouaknin, Jacques, *De génération en génération, être juif*, *op. cit.*

Ouaknin, Marc-Alain, *Tsimtsoum. Introduction à la méditation hébraïque*, Albin Michel, Éd. du Cerf, 1992.

Rachi, *Commentaires sur la Tora*, Paris, Fondation Odette et Samuel Lévy, s.d.

4

# Souviens-toi de ton futur !

**QUATRIÈME COMMANDEMENT :**
**« Souviens-toi du jour du chabbat pour le sanctifier. Six jours tu travailleras et tu feras tout ton travail, et le septième jour sera pour le Tétragramme, ton Dieu. Tu ne feras pas de travail, toi, ton fils ou ta fille, ton esclave, ta servante, ton bétail, l'étranger qui séjourne dans tes portes. Car en six jours Dieu a fait le ciel, la terre, la mer et tout ce qu'ils renferment, et Il s'est reposé le septième jour... »**
**(Exode 20,9-11)**

Le quatrième commandement est évidemment énoncé dans le cadre d'une société rurale d'il y a plus de trois mille ans, tout entière tournée vers le travail des champs. Ce qui est surprenant dans l'énumération des êtres concernés par le *chabbat*, c'est qu'on y trouve l'esclave, souvent considéré comme moins que du bétail et condamné à un travail ininterrompu. Mais il faut se rappeler que le commandement s'adresse à un peuple qui vient d'être libéré de l'esclavage en Égypte. Et Dieu qui s'adresse à lui est précisément son libérateur.

L'esclavage n'est pas aboli dans la Bible. Mais de nombreuses lois réglementent le travail et le statut de l'esclave. Il a droit lui aussi, comme on le voit ici, au repos hebdomadaire. D'autres lois rappellent qu'il ne peut être esclave à vie, qu'au bout de six années il doit être libéré et pourvu de moyens de subsistance. S'il ne veut pas devenir libre, il le sera quand même définitivement et sans appel lors de l'année du Jubilé, qui revient tous les cinquante ans. D'autres lois prévoient l'annulation des cessions et des dettes. Cette « économie chabbatique » signifie d'abord qu'aucune situation et aucune condition ne sont définitives. Une fin de l'épreuve, un retour et un recommencement sont toujours possibles.

L'année chabbatique permet tous les sept ans à la terre elle-même de se reposer. Et les paysans, c'est-à-dire tous les hommes en ce temps-là, trouvent aussi un répit dans le travail. Cependant, cette septième année s'appelle *chabbat*, comme le septième jour, comme pour rappeler que le paysan, durant son repos, est invité non à l'oisiveté, mais à l'étude et à la réflexion. D'ailleurs, le Deutéronome (chapitre 31) prescrit une lecture publique et solennelle de la Tora à l'issue de l'année chabbatique, pour montrer que l'activité spirituelle doit être comme le fruit et l'aboutissement de cette année chabbatique.

## « Souviens-toi de ton futur ! »

Le premier mot de ce quatrième commandement est *zakhor*, qu'on traduit couramment par « souviens-toi ». Mais cette traduction est inexacte. En effet, en hébreu, le mot signifiant « souviens-toi » serait *tizkor* ou *zekhor*. Or, dans le quatrième commandement il est écrit *zakhor*. Cette petite différence a une grande importance.

Selon Rachi, en effet, le « souviens-toi » du commandement est un *paoul*, c'est-à-dire une forme grammaticale qui souligne la continuité dans l'action. Ce n'est pas un impératif ponctuel, qui renverrait à des événements passés précis, à partir desquels on aurait institué le *chabbat* : c'est en ce sens précisément que dans son livre intitulé *Zakhor. Histoire juive et mémoire juive*, Yosef Hayim Yerushalmi emploie le mot *zakhor*. Selon Rachi, il faudrait traduire : « Sois ou demeure dans le souvenir du *chabbat* ! », « Sois constamment en train de te souvenir du *chabbat* ! ». Cet impératif-là concerne le futur, non le passé. Il s'agit de se souvenir du *chabbat* qui va avoir lieu dans les jours à venir. Comme l'enseigne Rabbi Nahman de Braslav, « il n'y a de souvenir que du monde futur ». La bonne traduction serait donc : « Souviens-toi de ton futur ! »

## Vivre avec un projet

Nous retrouvons ici le sens de l'éthique, dont nous avons déjà parlé : tendre vers le futur, vers la réalisation d'un projet ; refuser que le monde soit absurde. On est aux antipodes d'un certain existentialisme. On n'est ni « jeté dans le monde », dans le non-sens et le souci, comme le voudrait Heidegger, ni condamné à la « nausée », comme le héros du roman de Sartre qui porte ce nom ; on n'est pas non plus dans les « solutions » de Camus devant l'absurde : la tentation du suicide, celle de la révolte pour donner un sens à la vie, celle de s'abandonner à la facilité de l'existence et au nihilisme.

Le *chabbat* implique au contraire la dimension de l'« en avant », du « devant moi », de la projection vers l'avant de mon être, de la force intérieure vivante qui m'habite, de mon « là-bas » intérieur.

« Le vivant » se dit *hay* en hébreu. L'expression « le là-bas qui est vivant » se dit *cham-hay* et comprend quatre lettres qui peuvent aussi écrire le mot *Machyah*, « Messie ». La possibilité qu'il y ait un au-delà du présent et de moi-même, cette dimension n'est autre que celle du Messie, ou d'un temps messianique. Comme le dit encore Rabbi Nahman : « il est interdit de désespérer », car il y a toujours un peu plus loin une porte qui va s'ouvrir vers un avenir. « Souviens-toi du *chabbat* ! » est donc une injonction à vivre messianiquement, à être tendu vers le futur. Exister, c'est vivre activement, et pas seulement sur le mode passif de la facilité de l'être.

« Tu choisiras la vie », telle est l'injonction de la Tora (dans le Deutéronome au chapitre 30). Le *chabbat*, c'est le désir et la possibilité de se construire vers le futur, d'entrer dans une dynamique pour créer le sens de mon existence à venir.

## Qu'est-ce que l'homme saint ?

Se souvenir du *chabbat* « pour le sanctifier », dit le quatrième commandement : qu'est-ce donc que la sainteté et comment rendre sainte la journée du *chabbat* ?

L'homme saint donne à la fois sens et direction à sa vie. Mais c'est aussi celui qui est capable d'offrir sens et direction à la vie d'autrui. L'homme saint ne se retire pas du monde et du contact avec les hommes. Au contraire : au cœur des mille activités du quotidien où il risque de perdre son âme, le saint maintient le cap du sens pour lui-même et permet aux autres de s'orienter. Celui qui se retire du monde des hommes pour s'adonner à la prière et à la méditation atteindra peut-être des sommets de sagesse et de spiritualité ; il n'aura pas encore atteint cette sainteté dont parlent la Tora et les commandements.

Le *chabbat* est sanctifié parce qu'il est le temps où nous retrouvons sens et direction pour notre existence et celle d'autrui. Nous sommes dans le registre du sens à donner et à chercher pour la vie ordinaire, donc dans le domaine de l'éthique. Ce n'est pas le retrait du moine qui est commandé ce jour-là, mais l'activité silencieuse ou le repos actif de celui qui veut vivre une vie sensée parmi les hommes.

## Du repos pour tous !

Mais le commandement ne s'arrête pas là : « Six jours tu travailleras et tu feras tout ton travail, et le septième jour sera pour le Tétragramme, ton Dieu. Tu ne feras pas de travail, toi, ton fils ou ta fille, ton esclave, ta servante, ton bétail, l'étranger qui séjourne dans tes portes. » Il est frappant ici que l'esclave et l'étranger, celui qui vient d'ailleurs pour habiter avec les juifs, doivent eux aussi se reposer. Rappelons-nous qu'à l'époque ne régnait nul droit du travail, mais bien l'esclavage et l'exploitation.

Cependant, dans une société ancienne « normale », tout le monde pouvait s'arrêter de temps en temps de travailler, sauf l'esclave, taillable et corvéable à merci, absolument dénué de droits. Le quatrième commandement rompt avec cette règle antique : pour construire la société, il faut du repos pour tous !

Cette raison « sociale » est redoublée pour ainsi dire par une autre, plus attendue : « Car en six jours Dieu a fait le ciel, la terre, la mer et tout ce qu'ils renferment, et Il s'est reposé le septième jour. » Dieu n'a rien fait le septième jour et, donc, il a créé le repos en ne faisant rien Lui-même. Il n'a pas dit : « Observez le repos ! » Il s'est reposé Lui-même, ce qui donne une force singulière à l'obligation du *chabbat*. Le texte le souligne, d'ailleurs : « De ce fait, Dieu a béni le septième jour, le *chabbat*, et il l'a sanctifié. » Du côté de l'homme, un seul verbe, « souviens-toi », concerne le *chabbat*. Pour Dieu, il y en a deux : « bénir » et « sanctifier ».

## Les jours mariés avec un autre jour et le *chabbat*, tout seul…

Dans la petite énumération de tous ceux qui doivent s'arrêter de travailler le jour du *chabbat*, on remarque qu'il manque quelqu'un : la femme ! Cette absence ne va pas sans nous questionner, surtout quand on sait qu'elle est très présente dans les Dix Paroles. Si nous prenons le texte à la lettre, elle est bel et bien absente. Cependant, à un autre niveau, celui de la dialectique homme/femme qui traverse symboliquement tout le texte, elle est omniprésente.

Tout d'abord, selon la tradition, chaque jour de la semaine est « marié » avec un autre – le dimanche avec le lundi, le mardi avec le mercredi, le jeudi avec le vendredi… Le *chabbat*, lui, est tout seul.

Mais le Midrach dit : « Le *chabbat* est marié avec Israël. » Et par « Israël », il faut entendre la communauté des hommes qui acceptent qu'une loi les construise et leur permette d'aller au-delà d'eux-mêmes. Il existe comme une alliance entre le temps et l'homme, et donc un mariage, où la femme est le *chabbat* : ne dit-on pas, dans le Midrach, « la reine du *chabbat* » pour désigner la femme, et « la reine *chabbat* » pour désigner ce jour ?

Toute la liturgie à la synagogue, le jour du *chabbat*, tourne autour de cette image. Le vendredi soir, nous entonnons un très beau chant, appelé *Lekha Dodi*, dont les paroles littérales sont :

> Va, bien-aimé, à la rencontre de la fiancée,
> Le visage du *chabbat* nous allons recevoir.

Il y a une présence du féminin dans le texte, mais aussi une métamorphose dans l'ordre des symboles : le temps lui-même devient femme, et la femme devient le futur, « l'avenir de l'homme », comme le disait Aragon. Si « Souviens-toi du *chabbat* ! » veut dire avant tout « Souviens-toi de ton futur ! », mais si le *chabbat* est la femme, la fiancée, on doit dire aussi : « Souviens-toi de ton avenir qui est femme ! »

Lévinas disait que nous n'avons accès au temps qu'à partir de l'altérité, d'autrui – essentiellement de l'altérité féminine. Dans son livre intitulé *Les Bâtisseurs du temps*, Abraham Heschel estime que le judaïsme, qui n'a pas construit de cathédrales, a bâti un « édifice du temps ». Il a structuré le temps pour lui donner sens et orientation. Et, dans cette structuration, la femme joue un rôle essentiel.

## Le *chabbat*, renouvellement des fiançailles

Dans le livre de la Genèse (1,31 – 2,1-4), on lit ceci : « Dieu vit tout ce qu'Il avait fait, et voici que tout était très bon. Il y eut un soir, il y eut un matin : sixième jour. » Ainsi se clôturent les six jours de la création du cosmos : « Les cieux et la terre furent terminés, et tout ce qu'ils contenaient. *Elohim* termina en ce septième jour le travail qu'Il avait fait, Il se reposa en ce septième jour de tout le travail qu'Il avait fait. *Elohim* bénit le septième jour et le sanctifia, car *Elohim* s'est reposé en ce *chabbat* de tout le travail qu'Il avait fait en créant. » Notons le mot « terminé », qui revient deux fois : « Les cieux et la terre furent terminés... » et « Dieu termina... ».

En hébreu, la racine du verbe « terminer » est *klh*, qui se traduit aussi par « fiancer ». Selon le Midrach, il faudrait donc lire : « Et ce fut le sixième jour, et les cieux se sont fiancés avec la terre », le monde d'en haut s'est marié avec le monde d'en bas « et tout ce qu'il contient ». De même, il faudrait lire : « *Elohim* se fiança avec le septième jour », et non pas « termina ». Le septième jour, qui est le temps devenu femme, est fiancé avec Dieu (ce qui n'exclut pas les fiançailles entre le *chabbat* et l'homme !).

C'est donc en quelque sorte l'inverse de « terminer » : le travail n'est pas terminé, la Création n'est pas terminée ; il s'agit de passer d'une existence passive à une existence active. Le monde n'*est* pas, il reste à le faire éclore. De plus, il est écrit que Dieu se reposa le septième jour de tout le travail qu'Il avait eu « pour faire » (Genèse 2,3). Que signifie ce « pour faire » étrange, puisque la Création est terminée ? C'est que, lorsqu'on s'arrête pour « souffler », on peut repartir, avancer et construire encore.

## Un regard d'amour

La liturgie et le rythme du *chabbat* mettent en place les fiançailles et le mariage entre l'homme et la sainteté du temps métamorphosé en femme. Nous l'avons dit : le chant de la synagogue, le vendredi soir, évoque la *fiancée*. Quelle différence avec la *femme* ? C'est que, une fois marié et avec le temps qui passe, l'homme oublie trop souvent qu'il a encore l'obligation de séduire sa femme. Quand le couple devient quelque chose d'acquis, sans qu'un travail de séduction soit nécessaire, la possibilité d'un avenir court de grands risques. C'est la vieille idée que le mariage tue l'amour. Mais ce n'est pas le mariage qui tue l'amour, c'est le regard habitué, incapable de renouvellement.

C'est précisément le sens du *chabbat* : « Souviens-toi de ton futur ! », disions-nous pour exprimer le sens du mot *zakhor*. Et puisque le *chabbat* signifie aussi la métamorphose du temps en femme, on devrait dire : « Souviens-toi de ta femme ! » Fais en sorte que la femme qui vit à tes côtés ne soit plus, tout à coup, ta femme, mais ta fiancée.

> Va, bien-aimé, au-devant de la fiancée,
> Nous allons recevoir ensemble le jour du *chabbat*.

La femme doit être reconquise comme une fiancée aux premiers temps de l'amour…

## Fermer les yeux pour retrouver la fraîcheur des matins du monde : les bougies du *chabbat*

Il faut de temps en temps effacer ce que nous voyons par habitude, rendre invisible ce qui est visible, pour retrouver la fraîcheur des matins du monde, la surprise au retour d'un long voyage, l'émerveillement d'un enfant devant la lumière d'un sourire maternel. Il faut fermer les yeux devant la lumière pour que la lumière devienne nouvelle.

Le très beau rite par lequel débute le *chabbat* nous aide à comprendre cela. L'entrée dans le *chabbat* commence le vendredi soir, une heure environ avant la tombée de la nuit. Toute la famille s'est préparée à recevoir le *chabbat*. La maison est propre et rangée, la table est dressée ; tous sont douchés, baignés, pomponnés. Chacun a revêtu des habits de fête, comme si on allait au concert ou à l'opéra. Souvent, je me suis dit que la préparation du *chabbat* était aussi belle que le *chabbat* lui-même…

Il commence au moment où la maîtresse de maison, avec ses filles et parfois aussi ses fils, allume ses deux bougies dans de magnifiques bougeoirs que souvent le couple a reçus en cadeau de mariage.

Quand la femme allume ses bougies, on est encore au

sixième jour. Elle n'aurait pas pu les allumer la nuit tombée, car durant le *chabbat* il est interdit de faire du feu ou d'allumer la lumière, selon la tradition. Avant de faire la bénédiction sur les bougies, elle met ses mains devant les yeux pour cacher la lumière. Après la bénédiction, elle retire les mains de ses yeux, et alors apparaît comme une lumière toute nouvelle.

La femme entre ainsi dans la nouveauté du septième jour et dans la sainteté du temps. Le *chabbat* est nouveauté absolue, lumière qui se manifeste comme une fleur qui éclôt.

## Un arbre de lumière

Le mot « candélabre » est le terme utilisé dans les langues occidentales pour désigner la *ménora*, ce chandelier à sept branches qui brûlait en permanence au cœur du Sanctuaire, dans le désert, et plus tard dans le Temple de Jérusalem.

Le candélabre à sept branches est comme un arbre de lumière qui va fleurir, avec ses sept bougies et sa forme d'amandier. En Israël, l'amandier est le premier arbre qui fleurit. Il annonce la renaissance d'un « temps premier », d'un printemps. Le *chabbat*, où l'on allume le candélabre, est donc un sacre du temps, un « sacre du printemps » oserait-on dire, le temps où le monde se renouvelle, où il s'agit de regarder le monde éclore comme si on ne l'avait jamais vu. Le jour du *chabbat* est le temps du renouvellement de notre perception des choses, l'apprentissage de liens éthiques renouvelés entre les hommes, un réapprentissage de l'amour et du dialogue.

## Un morceau de temps dans un écrin de lumière

La description du candélabre d'or pur qui se trouve dans le livre de l'Exode (chapitre 25) précise de façon presque obsessionnelle sa composition : branches, boutons, fleurs, calices de fleur, avec leurs formes (forme d'amandier pour les calices) et leur nombre. Le candélabre d'or doit être modelé pour devenir un arbre ayant simultanément boutons, fleurs et calices. « Le candélabre aura quatre calices en forme de fleur d'amandier, avec leurs boutons et leurs fleurs. » Selon le commentaire de Rabbi Chimchon Raphaël Hirsch, cette présence simultanée signifie que, s'il n'y avait que des fleurs, il aurait déjà été fleuri, et s'il n'y avait eu que des boutons, il ne serait qu'en train de fleurir. Toutes les étapes de la floraison sont nécessaires pour faire du candélabre un arbre de lumière, cette lumière célébrée lors de Hanoukka, ou fête des Lumières.

La liturgie du *chabbat* commence par l'allumage de deux bougies. Elle se termine par la cérémonie de *havdala*, dans laquelle on n'allume plus qu'une seule bougie qui doit avoir au moins deux mèches entremêlées. Le *chabbat* est un temps qui baigne dans un écrin de lumière.

Mais que signifient ces deux bougies distinctes qui deviennent une seule, avec deux mèches entremêlées ? C'est évidemment toute la symbolique de l'amour et de son apprentissage qui est présente ici : d'abord dans la distance, où les deux sont étrangères l'une à l'autre, puis dans la conquête et enfin dans l'union. On pourrait résumer le *chabbat* en disant : un écrin de lumière – pour un temps devenu femme – dans une dialectique du visible et de l'invisible.

## Une pause pour renouveler le monde

La liturgie de la lumière, la veille du *chabbat* : on ferme les yeux ou on met les mains devant les yeux, pour mieux percevoir ensuite la nouveauté et la force de la lumière. Le monde est comme renouvelé par un regard neuf. Il se passe quelque chose de semblable l'année où on libère les esclaves et l'année du Jubilé, où même la terre est libérée puisqu'elle n'est pas cultivée. Ce sont ces pauses, ces moments de liberté qui renouvellent le monde.

En hébreu, le mot « liberté » contient la racine *h-f-ch*, « chercher ». Un homme est libre quand il continue de chercher, quand rien n'est acquis définitivement, quand il ne dit pas « je sais ». Le *chabbat* est ce jour où l'homme efface ce qu'il croit savoir, où il lâche ce qu'il croit avoir.

## Les trente-neuf travaux interdits

Tout travail est interdit ce jour-là. Mais comment définir le travail ? Qu'est-ce qui est permis, qu'est-ce qui est défendu ? Les maîtres du Talmud ont déduit d'un verset de la Tora que le travail interdit est celui qui fut mis en œuvre pour construire le tabernacle et plus tard pour faire le service du Temple. C'est comme s'il était défendu de construire l'espace pour privilégier le temps…

Comment comprendre les interdictions du *chabbat* ? « Tu ne feras pas… » est répété à plusieurs reprises. S'agit-il d'une loi qui enferme ? Cela contredirait tout ce que nous avons dit de la liberté et de la joie qui sont attachées au *chabbat*. En réalité, les interdits, qui peuvent paraître contraignants et pesants, sont des gestes de libération. Ce sont des lois qui rendent libre grâce à l'arrêt qu'elles imposent dans le flux ininterrompu – aujourd'hui plus que jamais ! – du travail, des habitudes, des nécessités. Le temps qui s'enfuit caractérise la finitude de l'homme. Le *chabbat* nous dit au contraire : vous pouvez donner un coup d'arrêt au temps qui passe, en cessant de « faire ».

C'est contraignant, il est vrai : on ne prend pas la voiture, on ne fait pas la cuisine, on n'allume pas de feu… Mais il faut y voir un cadeau accordé à l'homme, un moment où le temps s'arrête pour que l'homme puisse réfléchir. Sinon, nous ne prenons jamais le temps d'avoir du temps.

Dans un de ses poèmes, Paul Celan a exprimé magnifiquement cette idée du temps qu'il faut laisser au temps :

Il est temps que l'on sache !
Il est temps que la pierre veuille bien fleurir,
Qu'un cœur palpite pour l'inquiétude.
Il est temps qu'il soit temps.
Il est temps.

La pierre, matière inerte, devrait fleurir, nous dit Celan… Comment ne pas penser au candélabre d'or, qui lui aussi bourgeonne et fleurit simultanément ?

## Le chiffre 7 libère au-delà du visible

La symbolique du chiffre 7 est liée à la sainteté et à la liberté, la liberté par la sainteté ou la sainteté par la liberté. Pour le comprendre, il faut revenir à l'idée de serment, que nous avons évoquée dans le troisième commandement. Le serment aussi est en rapport avec le chiffre 7. « Jurer » veut dire « se soumettre au chiffre 7 ». Rabbi Chimchon Raphaël Hirsch commente ainsi : « La création du monde, le cosmos, qui est visible, a été terminée en six jours, et le septième jour a été mis en place pour se souvenir de l'Unique du monde [c'est-à-dire Dieu], qu'aucun œil n'a jamais vu, qui est le créateur et le maître du monde visible. » Cette phrase contient un jeu de mots en hébreu : *olam* (« monde ») contient trois lettres qui peuvent écrire aussi « ce qui disparaît de la vision ». Paradoxe étonnant : ce qui s'offre à la vue est de l'ordre du visible mais en même temps se soustrait à la vue.

Or, cette symbolique est présente dans le nombre 7 de la Bible. Chaque fois qu'il y a « sept », c'est dans le contexte de « six et sept », six jours de la création et le septième qui est le *chabbat* ; six années d'esclavage et la septième pour la libération ; six années de travail de la terre et la septième pour laisser reposer la terre ; six lumières sur le candélabre orientées autour de la septième bougie…

Le chiffre 6 correspond au monde visible, au monde créé offert aux yeux, le 7 à l'invisible, au « rien ». Le *chabbat* est une vigilance à l'égard de ce qui ne se voit pas : temps de liberté et de sainteté, temps pour donner sens à la vie, rentrer en soi, s'ouvrir à l'inconnu, renouveler le temps. Le visible n'est pas le tout. Il y a un au-delà du visible, soit parce que le visible se rend invisible (et il faut un nouveau regard, une nouvelle attention pour voir le visible sous un jour neuf), soit parce qu'il y a de l'invisible dans le monde : Dieu, le domaine des sentiments, la subjectivité de chacun…

Le serment est par nature dans l'ordre de l'invisible : s'il s'agit d'un témoin à un procès, qui « jure » que les choses se sont passées comme il le dit, il parle de ce qui a été mais n'est plus. S'il s'agit à l'inverse d'un serment pour promettre, on est dans un futur qui n'est pas encore. Passé devenu invisible ou futur encore invisible, on est dans la dimension du 7..

## Responsables du futur

Dans le don habituel, la réciprocité est presque toujours présupposée. Témoin cette histoire humoristique qu'on raconte en Israël : quelqu'un a fait un don énorme à l'État pour une construction, mais ne veut pas qu'on fasse mention de son nom. Quand la construction est finie, il fait un scandale parce qu'on n'a pas prévu une plaque où il serait écrit : « Don d'un anonyme »… Même dans l'anonymat, il avait encore le besoin de reconnaissance !

Le *chabbat* sort de cette réciprocité. Il plonge dans l'invisible du temps futur : « Souviens-toi de ton futur ! » Se souvenir de l'invisible, c'est se souvenir de ce que nous n'avons pas encore vu et ne verrons jamais, mais dont nous sommes responsables : Dieu, le Messie, mais aussi les générations à venir de notre descendance.

Le philosophe Hans Jonas a beaucoup contribué à éclairer cette idée de « responsabilité pour le futur lointain », un futur invisible par définition, mais qui sera un jour le visible de ceux qui nous suivent. Hans Jonas formule un nouvel « impératif catégorique » : « Agis de telle sorte qu'il existe encore une humanité après toi et aussi longtemps que possible ! »

On déborde ici du respect envers la personne qui fait face, envers l'autre qui est présent. On est bien au-delà d'une « éthique de la proximité » : on s'intéresse au plus lointain, à celui dont on ne peut attendre aucune réciprocité. Il s'agit de perpétuer l'histoire humaine, l'humanité future qui est fragile, périssable. Ce n'est pas seulement l'avenir de l'homme qui est en cause, mais celui de la planète, une planète où la vie puisse continuer et où il soit agréable de séjourner.

Jonas dit : auparavant, il fallait protéger l'homme de la nature. Désormais, il s'agit de protéger la nature de l'emprise dangereuse de l'homme. On peut comprendre ainsi le *chabbat*. « Tu ne travailleras pas », c'est-à-dire : tu dois laisser du travail pour la suite ; ou encore : tu dois laisser reposer la terre, ne pas l'exploiter au-delà de ce qui est convenable et utile… pour que les autres générations aient encore de quoi produire, travailler, vendre. Le *chabbat*, c'est du vide, de la place laissée à l'autre.

## Une loi universelle

L'impératif catégorique de Hans Jonas veut signifier qu'aujourd'hui l'exercice de la mesure, de la retenue, et parfois de l'abstention, est capital si l'on veut qu'il y ait un avenir vivable pour les générations futures. Toute cette philosophie pourrait être considérée comme un excellent commentaire du *chabbat* ou de la dimension messianique du temps : des six jours du profane et du visible, et du septième jour de l'invisible et de la sainteté. Il s'agit, certes, avec cette vigilance et cette responsabilité pour le plus lointain, d'une éthique et d'un devoir universels, qui ne sont pas spécifiques au judaïsme. Mais on voit là à l'œuvre la dimension universelle des Dix Paroles.

## Sortir du chemin tout tracé

Le *chabbat* invite à sortir de l'habitude, des voies toutes tracées. En hébreu, « habitude » se dit *hèrguèl*, mot qui vient de *réguèl*, « pied ». L'habitude, c'est le chemin où le pied me conduit sans que la tête ait besoin de lui dire où aller. Dans la marche, le corps fonctionne tout seul, sans le cerveau.

Mais on peut donner une autre interprétation de l'habitude en partant de la lettre *lamed*. Celle-ci a un statut spécial dans l'alphabet hébraïque. Contrairement aux alphabets occidentaux, où les lettres sont posées sur la ligne, les lettres hébraïques sont accrochées à la ligne. Or, aucune des vingt-deux lettres hébraïques ne déborde la ligne d'écriture, sauf, précisément, le *lamed*. Cette lettre signifie « aller au-delà de l'écriture », « aller au-delà du chemin tracé » ; donc, si l'on interprète symboliquement, elle « sort de l'habitude ».

Mais le *lamed* veut aussi dire « enseigner », « étudier ». La forme graphique de la lettre indique dans quel sens il faut la comprendre : enseigner, étudier, c'est aller « au-delà du verset », pour reprendre l'expression d'Emmanuel Lévinas, sortir des voies trop connues. N'est-ce pas d'ailleurs le sens du mot français « éduquer » ? Il vient du latin *ex-ducere*, « mener dehors », « sortir du chemin tracé d'avance ».

Ainsi, si l'on fait une « lecture aux éclats » du mot « habitude » en hébreu, on peut littéralement y voir comme un « meurtre du *lamed* ». L'habitude serait donc la fin de cette capacité d'aller au-delà du verset, d'inventer et de créer, donc la fin ou l'impossibilité de la « poésie ». On n'aurait plus que la pensée raisonnante, sans surprise, sage (la « philosophie »), et non la pensée un peu folle de la poésie (qu'on pourrait appeler la « foulosophie »).

Qu'est-ce donc que le *chabbat* par rapport aux six jours profanes ? C'est le lieu de la sainteté, qui ne fonctionne pas dans le registre de l'habitude mais dans celui de l'innovation, où l'action se fait selon la juste relation entre la pensée et le geste. Durant ce jour saint, il est possible de reconstruire les liens qui existent entre ma manière d'agir et ma manière de penser. Le *chabbat* suspend les certitudes, il fait sortir de l'habitude, du chemin tout tracé et trop connu : est-ce que je vois vraiment ce que je vois ? Est-ce que je pense vraiment ce que je pense ? Une phrase de Rabbi Nahman de Braslav est particulièrement éclairante à ce sujet : « Ne demande jamais ton chemin à quelqu'un qui le connaît, car tu ne pourras pas t'égarer. »

S'égarer, trouver de nouveaux chemins : souviens-toi de ton futur, de ta capacité à engendrer du nouveau, à percevoir encore le monde comme au moment de sa création ! Tel est le sens du *chabbat*.

*

## A LIRE

Heschel, Abraham, *Les Bâtisseurs du temps*, Éd. de Minuit, 1969.

Jabès, Edmond, *Le Livre des questions*, Gallimard, coll. « L'imaginaire », 1988.

Jonas, Hans, *Le Principe Responsabilité*, *op. cit.*

Nahman de Braslav (Rabbi), *Liqouté Moharane*, *op. cit.*

Neher, André et Renée, *Histoire du peuple juif*, *op. cit.*

Ouaknin, Jacques, *De génération en génération, être juif*, *op. cit.*

5

# Apprends la gratitude !

**CINQUIÈME COMMANDEMENT :**
**« Honore ton père et ta mère,**
**afin que tes jours se prolongent sur la terre**
**que le Tétragramme [Dieu] te donne. »**
**(Exode 20,12)**

Ce commandement s'ouvre sur une injonction : « Honore ton père et ta mère… » Il aurait pu s'arrêter là, comme les précédents : « Je suis l'Éternel, ton Dieu… » « Tu n'auras pas d'autres dieux que moi… » « Souviens-toi du jour du *chabbat*… ». Or – originalité par rapport aux autres –, voici qu'une récompense est directement liée à ce commandement d'honorer son père et sa mère : « … afin que tes jours se prolongent sur la terre que Dieu te donne ».

Le texte diffère un peu dans le livre 19 du Lévitique, verset 3 : « Que chacun craigne sa mère et son père, et vous observerez mes *chabbat* : je suis le Tétragramme, votre Dieu ! » Le verset commence ici par la mère, et ensuite vient le respect du *chabbat*.

## Le respect est infini

Pour l'ensemble des commentaires talmudiques, ce commandement d'honorer son père et sa mère entre dans la première catégorie des commandements, ceux qui concernent la relation entre l'homme et Dieu. Honorer ses parents, c'est une manière d'honorer Dieu. Ne pas le faire, c'est Le mépriser. Comment entendre cette injonction ?

Et d'abord, qu'est-ce que le « respect », qu'est-ce qu'« honorer » ? Pour le Talmud, il constitue, au départ, une attitude très prosaïque : il consiste à fournir aux parents aliments, vivres et boissons, vêtements et gîte, à les aider à sortir et à entrer dans la maison.

Qu'est-ce en revanche que la crainte ? « C'est ne pas prendre la place du père, ne pas occuper son siège, contredire ses paroles, et aussi ne pas les appuyer publiquement. » Le livre des Lois, qui précise ces comportements, en donne une très longue liste, aussi prosaïque que celle du respect : ne pas les appeler par leur nom, aller au-devant d'eux pour les accueillir, ne pas se séparer d'eux sans les en aviser, leur écrire quand ils sont dans une autre ville, prendre conseil auprès d'eux, rechercher leur bénédiction, redoubler d'attention quand ils prennent de l'âge, éviter les comportements qui leur feraient honte, les actes qui leur donneraient du chagrin (comme une dispute entre frère et sœur), attribuer la considération qui vous échoit à vos parents et non à vos propres mérites...

Le respect doit résider dans le cœur et s'exprimer dans les paroles et les actes. Il faut continuer à honorer ses parents même quand on subit un affront ou un préjudice par leur faute. Il s'agit aussi de manifester du zèle concernant cette obligation, et d'accomplir soi-même ses devoirs plutôt que de passer par un intermédiaire. A leur mort, il faut observer un deuil d'un an (alors que pour tous les autres membres de la famille, c'est trente jours). Voilà des comportements très concrets, très simples, dont il faut comprendre l'esprit ou la philosophie.

## Quelques histoires

Le Talmud est riche en histoires à propos du respect dû aux parents. Notons cependant que plus que leurs deux parents, c'est leur mère que les sages honorent.

Ainsi, Rabbi Tarphon avait une vieille maman. Chaque fois qu'elle voulait se coucher, il s'agenouillait de telle sorte qu'elle puisse se servir de lui pour monter sur son lit. Et elle faisait de même pour descendre. Un jour, à la maison d'étude, il se vante de son action. Ses collègues lui rétorquent : « Tu n'es pas encore parvenu à la moitié du respect que tu lui dois !... »

Une autre histoire : la mère de Rabbi Tarphon descendait dans sa cour un jour de *chabbat*, quand une de ses chaussures se déchira complètement. Rabbi Tarphon plaça ses mains sous les pieds de sa mère, et ainsi elle put marcher jusqu'à son lit. Mais un jour il tomba malade. Les sages vinrent lui rendre visite, et sa mère leur dit : « Priez pour mon fils, car il me traite avec plus de déférence qu'il ne m'en doit. »

Les sages lui demandèrent ce qu'il faisait pour elle, et elle leur raconta ce qu'il avait accompli. Ils lui répondirent : « Même s'il l'avait fait un million de fois, il n'aurait pas encore accompli la moitié de ce que la Tora commande pour l'honneur à rendre aux parents ! »

Autrement dit, l'honneur dû aux parents est en soi infini. Et il faut se demander ce que signifie cet infini.

## La reconnaissance est essentielle

Tout d'abord, l'honneur rendu aux parents n'est que la reconnaissance pour le bien que nous avons reçu d'eux, et en premier lieu pour la vie qu'ils nous ont donnée et le soin qu'ils ont mis pour nous faire grandir. Cette idée de reconnaissance est au centre de la tradition biblique et de l'éthique hébraïque. Chacun connaît l'histoire de Joseph vendu par ses frères et amené en Égypte (Genèse 37 et 39– 49). Joseph, qui est « bien fait et beau à voir », dit le texte, arrive dans la maison de Poutiphar, un eunuque qui commande la garde de Pharaon.

La femme de Poutiphar est en train de festoyer avec une amie. Elle est tellement frappée par la beauté de Joseph qu'elle se mord la langue. Selon la tradition, sa vie durant elle va zozoter à cause de cet éblouissement éprouvé à la vue de Joseph, qu'elle a tenté ensuite de séduire avec toute sa passion et toute son ardeur. Tous les jours elle lui disait : « *Chikva imi* », littéralement : « Couche avec moi ». Signalons que Thomas Mann a proposé, dans *Joseph et ses frères*, une version humoristique des faits, revue et corrigée par Milan Kundera dans *Les Testaments trahis*.

## L'enseignement de la gratitude

Joseph avait été nommé intendant de Poutiphar, qui lui avait donné tout ce qu'il pouvait lui donner, sauf, dit le texte, « le pain qu'il mangeait ». Les commentateurs se sont demandé ce que signifie cette expression ; leur réponse est que la femme de Poutiphar était la seule chose que Joseph n'avait pas le droit de « consommer ». Le texte dit encore : Joseph vint pour « faire son travail ». Les commentateurs concluent que son « travail », c'était rendre hommage à sa maîtresse, car il avait fini par se laisser séduire. Seulement, au moment d'accomplir l'acte, Joseph s'interrompit et se sauva en abandonnant son vêtement, et donc il courut nu dans les rues. Pourquoi n'est-il pas allé jusqu'au bout de sa passion et s'est-il interrompu ?

C'est que, au moment où il va succomber, il voit devant lui, dit Rachi, l'image de son père. Ou encore, l'image de son père lui apparaît ; autrement dit, toujours selon les commentateurs, ce sont les enseignements de son père qui apparaissent, et plus particulièrement un enseignement essentiel qui se trouve au chapitre 37 du livre de la Genèse, quand Jacob dit à son fils Joseph : « Va, mon fils, va voir comment se portent tes frères et comment se porte le bétail. » Le même terme (*shalom*, « comment se porte(nt) », et aussi « la paix ») est employé pour les frères et le bétail. Comment est-ce possible ? se demandent les commentateurs. Comment assimiler les frères au bétail ?

C'est que le bétail accorde de très nombreux cadeaux à Jacob : lait, laine, viande, peau… Et Jacob a conscience qu'il doit être reconnaissant au troupeau pour ces dons qu'il reçoit de lui. Cette reconnaissance du bien reçu, cette nécessité de rendre le bien pour le bien est essentielle, et Jacob tient à le souligner. L'ingratitude est l'un des comportements qui, dans la tradition juive, exclut du peuple juif ou ne permet pas d'en faire partie. A l'inverse, la capacité de gratitude rend possible l'intégration au peuple juif. Celui qui se convertit doit posséder cette qualité : la gratitude.

Et de cet enseignement Joseph se souvient alors qu'il est en train de tromper la confiance de Poutiphar en succombant aux avances de sa femme. Il aperçoit le visage de son père. Car Poutiphar lui a tout donné, sauf « le pain qu'il mange », c'est-à-dire sa femme. Joseph n'a pas le droit de voler ce qui appartient exclusivement à son maître, de franchir la limite que celui-ci lui a imposée. Au-delà de la tromperie, il tomberait dans l'ingratitude. Il sera d'ailleurs récompensé de sa loyauté puisqu'il épousera la fille de Poutiphar.

## L'ingratitude de Lot et de ses descendants

Dans le livre du Deutéronome (23,4), il est dit que l'Ammonite et le Moabite, les descendants de Lot, même à la dixième génération, n'entreront pas dans l'assemblée de Dieu. Pour quelle raison ? L'explication donnée par le texte est qu'au moment où les enfants d'Israël sont arrivés en Terre promise, ni les Ammonites ni les Moabites ne sont venus au-devant d'eux avec du pain et de l'eau. Au contraire, ils ont même loué les services d'un prophète, Biléam, pour maudire Israël.

Pour comprendre cette explication, il faut revenir à l'épisode de Sodome et Gomorrhe (Genèse 19) et à la naissance de ces deux peuples. Lot s'enfuit avec ses deux filles et sa femme avant que les villes ne soient détruites. Les envoyés de Dieu avaient dit : « Fuyez et surtout ne vous retournez pas. » La femme de Lot, incapable de résister à la curiosité, se retourne et est transformée en statue de sel, tandis que ses filles s'enfuient dans la montagne avec leur père. Croyant que toute l'humanité a été détruite, elles s'entendent pour enivrer leur père, coucher avec lui et « ainsi donner vie à une descendance ». Le père ne se rend compte de rien.

Les deux filles mettent au monde chacune un fils, appelé le premier Moav, « ce fils qui vient de mon père », et le second Ammon, « le germe du peuple ». Les peuples issus d'eux sont les Moabites et les Ammonites, descendants de Lot. Auparavant (chapitre 14), la Bible a raconté comment Lot, fait prisonnier par les quatre rois, a été délivré immédiatement par son oncle Abraham. Le texte ne précise pas si Lot a dit quoi que ce soit à Abraham pour le remercier…

Lot est présenté comme un personnage ingrat, il ne sait pas dire merci. Et cette ingratitude se transmet aux peuples issus de lui, incapables eux aussi de reconnaître les dons reçus. Ils seront donc exclus de l'assemblée de Dieu, du peuple hébreu, « jusqu'à la dixième génération ».

## Don et pardon

Se pose ici, certes, une question très grave : celle du pardon. Ne doit-on pas pardonner aux enfants, qui n'ont pas à porter la faute de leurs parents ? Ne peut-on pardonner même à ceux qui ont commis une faute ? Y a-t-il des choses impardonnables ?

Dans les langues européennes, « don » et « pardon » sont liés, comme en français. C'est le cas aussi en anglais (*give*, « donner », et *forgive*, « pardonner ») ou en allemand (*geben* et *vergeben*). En anglais, *get*, « prendre », et *forget*, « oublier », suggèrent également que l'idée de prendre, le contraire du don, est de l'ordre de l'oubli, qui s'oppose au souvenir et à la gratitude.

Qu'en est-il des Ammonites et des Moabites, qui ont été incapables ou qui ont oublié d'apporter du pain et de l'eau aux Hébreux arrivant en Terre sainte ? Ne seront-ils jamais pardonnés ? La réponse, indirecte, est étonnante.

## Ruth la Moabite, femme symbole

En effet, d'où viendra le Messie ? D'après les maîtres, il descendra de Ruth, une Moabite. Réponse étonnante : le peuple des Moabites est exclu, il descend de Lot l'ingrat et de l'inceste commis avec lui par ses filles. Comment donc Ruth, une étrangère, fille de Moav, a-t-elle pu entrer dans le peuple d'Israël ? Parce que, disent les commentaires, son comportement a transformé la Loi d'Israël.

Souvenons-nous : Lot a été incapable de la moindre reconnaissance à l'égard d'Abraham quand ce dernier l'a libéré. Ses descendants n'ont eu aucune reconnaissance pour les enfants d'Israël entrant en Terre sainte. Mais Ruth, elle, s'est attachée à sa belle-mère Naomi, qui venait d'Israël. Elle lui a dit : « Là où tu iras, j'irai ; là où tu te reposeras, je me reposerai ; ton peuple sera le mien ; ton Dieu sera mon Dieu. Seuls la mort et le tombeau feront une séparation entre nous. »

Ruth s'inscrit dans le don et le dévouement sans limites ; elle transforme ainsi la Loi pour les femmes de Moab et d'Ammon. Alors que les hommes descendants de Moab et d'Ammon ne peuvent faire partie du peuple d'Israël, les femmes ne sont plus touchées par cette interdiction. Ruth devient le symbole de la gratitude.

Notons que le jour de la fête de Chavouot, qui commémore le don de la Tora, le livre de Ruth est lu à la synagogue et les trois lettres de ce nom (*rèch-vav-tav*) entrent dans le mot Tora (*tav-vav-rèch-hé*). Pour l'anecdote, disons encore que David et Ruth sont les deux prénoms bibliques les plus répandus dans les pays anglo-saxons…

## La reconnaissance de David

Honorer son père et sa mère, c'est donc rendre avec simplicité le bien pour le bien reçu. Un autre exemple est très parlant à cet égard. Il concerne David. Quand celui-ci s'enfuit devant son fils Absalon, il est accueilli par Barzilaï le Galaadite (2 Samuel 17).

Or, que lit-on dans le testament de David (1 Rois 2) ? David, au moment de mourir, appelle Salomon pour lui faire entendre ses dernières volontés : « Je m'en vais sur la route de toute la terre [je vais mourir]. Renforce-toi, sois un homme ! » Il lui demande d'observer les commandements, d'être sage, de faire régner la justice… et, outre des instructions à l'encontre de ses ennemis, il lui donne une seule consigne positive : témoigner de la fidélité aux descendants de Barzilaï le Galaadite, les accueillir à sa table, car ils ont secouru David quand ce dernier était poursuivi par Absalon. Le bien qu'ils lui ont fait leur sera rendu à l'infini.

Cette histoire n'est pas terminée. Le Midrach ajoute que lorsque la reine de Saba vient visiter le roi Salomon, le fils de David donne un grand festin en son honneur. Salomon y présente tous les dignitaires à la reine. Quand elle arrive auprès de Barzilaï, elle demande de quoi il est ministre, et on lui répond : de rien.

A la reine qui s'étonne, Salomon explique l'ordre donné dans le testament par son père. Et la reine de Saba est tellement impressionnée par cette capacité de rendre le bien pour le bien, cette gratitude de génération en génération, qu'elle veut appartenir à ce peuple. Elle épouse ainsi Salomon, à cause de la reconnaissance ordonnée par David en dehors de toute considération politique. Rappelons que les juifs d'Éthiopie revenus en Israël sont considérés comme les descendants de la reine de Saba et de son union avec Salomon…

## L'honneur dû aux parents, le meurtre et l'adultère

Les maîtres du Talmud posent la question : pourquoi le commandement d'honorer son père et sa mère vient-il juste avant celui de ne pas tuer ? Pour t'apprendre que si un homme disposant de grands biens n'en fait pas profiter son père et sa mère aux jours de leur vieillesse, il est comme un assassin tous les jours de sa vie ; il tue des âmes devant Dieu. C'est pourquoi il est dit : « Honore ton père et ta mère. Tu ne tueras pas. »

Le Talmud va plus loin encore : pourquoi le commandement d'honorer son père et sa mère précède-t-il l'interdiction de l'adultère ? Parce que si tu épouses une femme et que dans le même temps tu n'honores pas ton père et ta mère aux jours de leur vieillesse, c'est comme si tu commettais l'adultère tous les jours de ta vie ! Ne pas réaliser le cinquième commandement, c'est comme tuer ou commettre l'adultère, voler, produire un faux témoignage !

## « Aux jours de leur vieillesse… »

La précision du Talmud est intéressante. Il dit « aux jours de leur vieillesse ». Le bien à rendre, le respect à apporter, c'est aux jours de leur vieillesse.

Dans son livre, *Un rabbin dans la cité*, Gilles Bernheim parle de la perception actuelle de la vieillesse. Il évoque les problèmes très lourds qui se posent aux familles ayant des personnes âgées à charge, mais aussi la condition des « vieux » ou des « personnes âgées », comme on dit pudiquement. La vieillesse est souvent considérée comme une maladie à guérir par le médecin gérontologue. Mais comme tôt ou tard on ne guérit pas de la vieillesse, nombre de vieillards finissent au fond d'un hospice, où ils meurent abandonnés, oubliés, fût-ce dans des institutions de luxe pour les plus fortunés… On ne dit plus « vivre et mourir », mais, après un certain âge, « vieillir et mourir ».

Pour la Tora, vieillir est un devenir. Sara a enfanté au moment de sa vieillesse : il lui reste une bénédiction, elle demeure ouverte au futur et garde la possibilité de créer, d'innover, d'enfanter (nous avons déjà évoqué ci-dessus, au troisième commandement, le sens et la bénédiction de la vieillesse).

Rachi a beaucoup insisté sur cette dimension : la bénédiction « Dieu est avec toi » passe par ce respect non seulement des parents, mais de la vieillesse des parents. Et, selon le livre des Lois, il est impossible de déléguer à d'autres cette obligation ; il importe de l'accomplir soi-même et donc de donner de son temps.

## Offrir du temps

Selon le Talmud, l'homme qui voit ses parents devenus vieux se dit parfois : Si je m'occupe d'eux, je vais perdre du temps pour moi. Quand pourrai-je vivre pour moi ? Honorer ses parents, n'est-ce pas du temps perdu ?

Le Talmud donne cette très belle réponse : Le temps donné pour t'occuper de tes parents et respecter ce commandement te sera rendu intégralement. En agissant ainsi, tu investis dans le temps, ce qui est exactement le sens de la promesse « … afin de prolonger tes jours sur la terre que Dieu te donne ». Car cette promesse n'a pas seulement un sens mystique ou symbolique, ce n'est pas du monde futur qu'elle parle, mais de l'ici-bas, du temps ici-bas. Il y a un rapport entre l'inscription dans le temps et l'éthique. S'inscrire dans le temps, avoir un devenir et prolonger ses jours implique la capacité d'être responsable d'autrui. Avoir du temps, c'est s'occuper de l'autre, notamment au temps de sa vieillesse. Le temps est éminemment éthique, c'est-à-dire tourné, tendu vers un sens donné au futur d'autrui.

Le cinquième commandement pourrait sans doute se résumer ainsi : apprends à offrir de ton temps à l'autre, sans même attendre sa vieillesse. Il est souvent si facile d'offrir des objets inutiles pour ceux qui les reçoivent. Mais le temps ? On passe ainsi à côté d'une chose fondamentale : « Aimer, c'est donner ce que l'on n'a pas. » Formule énigmatique de Lacan, qui prend toute sa force dans le contexte de ce commandement.

## « Si, par hasard, en chemin, tu rencontres un nid d'oiseaux... »

Le commandement d'honorer ses parents est-il vraiment le seul qui appelle la « récompense des jours prolongés » ? Non, car parmi les six cent treize autres préceptes, il en est deux qui se terminent par cette expression : « et tes jours seront prolongés ». Il y a la *mitsva* des *tephiline*, c'est-à-dire le rite des phylactères (Deutéronome 11) et le rite du renvoi du nid d'oiseaux.

Dans le Deutéronome, chapitre 22, nous lisons en effet : « Si, par hasard, en chemin, tu rencontres un nid d'oiseaux avec des petits ou des œufs, et la mère qui couve le nid, tu n'as pas le droit de prendre les petits ou les œufs. Tu renverras d'abord la mère, et ensuite tu pourras prendre les petits ou les œufs... » Et le texte poursuit : « ... afin de te faire du bien, afin de prolonger tes jours sur la terre que Dieu te donne ».

Comment comprendre cette *mitsva*, appelée « *mitsva* du renvoi de la mère » ? On peut commencer par prendre l'expression au mot : il faut vraiment « renvoyer la mère ». Le langage biblique est tout sauf abstrait. Quelle est la signification de ce rite ?

Dans le nid sont réunis la mère et les enfants : la présence de petits implique inéluctablement une mère, ainsi qu'un père, certes, mais le père est celui que la mère désigne tel, autrement dit c'est une parole qui fonde sa paternité. Tout enfant, et par suite tout individu, est un « effet » par rapport à une « cause » : la mère.

Ainsi, entre les petits oiseaux et leur mère existe un lien de causalité (appelé plus tard *bina* par la tradition). C'est pourquoi de nombreuses interprétations, celle de la Kabbale et celles de maîtres hassidiques comme Rabbi Nahman de Braslav et Rabbi Nathan de Nemirov, voient dans cette *mitsva* une rupture du principe de causalité. Si le nid d'oiseaux représente le lien entre la « mère-cause » et les « enfants-effets », le renvoi du nid signifie la coupure de ce lien et une invitation à découvrir une autre logique, qui sera non pas causale, mais beaucoup plus ouverte et plus interrogative : celle de la *hokhma*, la « force du quoi ? », que j'ai traduite en français par « quoibilité » : rôle de l'interrogation et de la surprise – de toute l'inquiétude de la vie, qui ne laisse ni mettre le monde en équations ni l'enfermer dans la logique des causes et des effets.

Éduquer, c'est aider l'enfant à trouver *son* chemin à lui, à découvrir le sens de sa vie à lui, à sortir de la répétition qui l'empêche de vivre.

## Le nid dans la tête

Dans une page du traité *Houlin*, le Talmud pose une question qui peut faire sourire et donner à penser que l'homme dont on parle a plus de chances d'être du côté de la démence que de la sagesse : « Les habitants de la ville de Papoun ont demandé à Rav Matna : "Si l'on trouve un nid d'oiseaux dans la tête d'un homme, que faut-il faire ?" » Question incompréhensible, hors contexte ! Dans le contexte du rite du renvoi de la mère, elle semble en apparence tout simplement marquée du signe de la folie. Mais dans la ligne du commentaire qui précède, elle peut prendre un sens surprenant, que voici :

« Si tu rencontres un homme avec un nid d'oiseaux dans la tête, c'est-à-dire un homme qui fonctionne avec son intellect et dans sa vie selon le principe de causalité, c'est-à-dire uniquement selon les principes de la logique déductive ou inductive, ou encore avec sa règle à calcul et ses théorèmes, que faire ? Faut-il le laisser tranquillement continuer son chemin ou faut-il lui rappeler qu'il existe une autre logique ? Faut-il, autrement dit, lui rappeler qu'il doit "renvoyer sa mère" ? »

En face d'hommes et de sociétés qui ne fonctionnent que selon le principe de raison et qui sont dominés par la logique binaire ou technologique, ne faudrait-il pas opérer parfois des coups d'État poétiques, mettre au premier plan l'importance de la *hokhma*, du questionnement ?

## Logique et poésie

La Kabbale considère qu'il y a trois dimensions essentielles de l'esprit : la *hokhma*, la *bina* et le *daat*. La *bina* représente l'esprit logique, la capacité de déduire, de saisir les relations cause-effet. La *hokhma*, au contraire, indique la fracture de la causalité, l'ouverture au rêve, à l'imaginaire, aux émotions. C'est aussi le questionnement, car, selon les maîtres de la Kabbale, le mot *hokhma* peut être analysé comme *koah-ma*, la « force du quoi ? ». Le *daat* est le ressenti, l'intelligence émotionnelle, la joie ou la tristesse éprouvées.

Curieusement, dans le langage de la Kabbale, la *hokhma*, sagesse interrogative, est appelée *aba*, « père », tandis que le lien de cause à effet, la capacité de déduction (*bina*) est dite « mère » (*ima*). Par un renversement imprévu de nos représentations courantes, la langue dite maternelle serait la langue de la logique, de la causalité et de la philosophie, tandis que le père ouvrirait au poétique ! En demandant d'honorer le père *et* la mère, le cinquième commandement rappelle que nous devons également respecter *deux* langages fondamentaux qui constituent l'essence de l'homme : celui de la logique *et* celui de la poésie. Tout oubli de l'un des deux est mutilation de l'être.

Dans la civilisation actuelle, c'est assurément le commandement « N'oublie pas d'être poète ! » qui mériterait d'être revu à la hausse…

Découvrir la dimension logique et philosophique du langage, mais aussi son sens poétique, que j'ai appelé ci-dessus « foulosophique ». S'inscrire dans le monde en renvoyant de temps en temps la mère, et découvrir aussi la poésie, l'émotion qu'elle suscite, le monde qu'elle permet de découvrir sous de nouveaux aspects…

## Le livre perdu qui rendit malade Adam

Un texte du Zohar raconte qu'Adam, le premier homme, possédait un livre qui s'intitulait le *Livre des généalogies*. Un jour, à cause de la faute originelle, il lui fut dérobé. Privé du *Livre des généalogies*, Adam se couvrit de plaies, sa luminosité se ternit. Heureusement, Raphaël, l'ange de la guérison, le lui rapporta, et Adam le transmit à ses descendants, ce qui permit sa guérison.

Que faut-il comprendre ? Il a perdu le livre par sa faute, et il s'en est trouvé mal ! Pas n'importe quel livre : le *Livre des généalogies*, c'est-à-dire celui qui parle de la filiation. La faute, puis la maladie, puis la guérison sont donc rattachées à un livre et non seulement à un fruit... qui, selon les maîtres du Talmud, n'a jamais été une pomme, mais du blé, du raisin ou une figue.

## Une histoire de fruits

Cependant ne faut-il pas penser aussi à un autre fruit, le « fruit des entrailles », une expression courante de la Bible (par exemple Deutéronome 7,13) ? L'homme lui-même n'est-il pas appelé « arbre des champs » (par exemple Psaumes 1,3) ? L'homme-arbre fruitier donne des enfants-fruits... mais le premier interdit est celui d'en manger, donc de manger ses propres enfants !

C'est une métaphore pour dire aux parents d'offrir une place à leurs enfants dans la structure généalogique, une place différente de la leur : offrir à l'enfant sa différence, qui lui permettra d'échapper à la répétition mortifère de l'histoire parentale, comme le rappelle ce récit hassidique :

> Un jour, un rabbi réunit tous ses disciples et les invite à questionner et même à émettre des critiques. Les disciples lui dirent :
>
> – Maître, ta conduite nous étonne. Tu ne fais jamais comme ton père et maître que nous avons connu avant

qu'il ne te choisisse comme son successeur. Comment considères-tu son héritage, où est ta fidélité ?
Le rabbi posa sur eux un regard grave, mais au fond de ses yeux brillait une étincelle de joie et de malice. Il leur répondit :
– C'est simple : il n'y a pas plus fidèle que moi ! Je fais exactement et en tout ce que mon père a fait avant moi : il n'a jamais imité personne : eh bien, moi non plus !

## **« J'ai mal à mon père ! »**

Encore un sujet d'étonnement : comment écrit-on en hébreu « comme le père » ? C'est le mot *ké-av*, qui contient la racine du mot « souffrance », « douleur » (*kéèv*). Il y a une douleur existentielle d'être ou de pouvoir être seulement « comme le père ». Comment ne pas rappeler ici la réponse extraordinaire faite à Françoise Dolto par un enfant ? Elle lui demandait : « Où as-tu mal ? » Pas de réponse. Françoise Dolto énuméra différentes parties du corps. Moment de silence encore. Puis elle entendit l'enfant lui dire : « Ah non, madame ! Moi, je n'ai pas mal à des choses ! – Alors, à quoi as-tu mal ? – Moi, j'ai mal à mon père ! »

## **Donner du poids à l'histoire de ses parents**

La cinquième parole dit d'abord et avant tout : « Honore ton père et ta mère afin que se prolongent tes jours sur la terre que YHVH ton Dieu te donne. » Que veut dire le mot hébreu *kabèd*, qu'on traduit par « honorer » ou « respecter » ? Dans le dictionnaire, le sens littéral qu'on trouve est « donner du poids ». Et on ne peut que revenir ici au beau commentaire de cette traduction fait par Daniel Sibony dans son livre *Les Trois Monothéismes*. Voici ce qu'il écrit :

> Commençons par les Paroles qui touchent aux *conduites* envers d'autres ; notamment la cinquième, si complexe à vivre : « Respecte ton père et ta mère afin que tes jours se prolongent sur la terre que l'être [YHVH] te donne. » C'est souvent pris comme un ordre étrange : il faut *aimer* ses parents. Ce n'est pas ce qui est dit. Il n'est pas dit d'« aimer » ses parents, mais de les respecter. Littéralement, de leur donner du « poids ». C'est le mot employé.

Il faut donner suffisamment de poids à leur histoire pour n'avoir pas à la répéter soi-même, les « alourdir » assez pour les tenir à distance.

Mais Sibony ne cache pas que cette divergence avec les parents ou avec l'itinéraire des parents – ils ont leur vie, qui « pèse » sur la nôtre – est une épreuve :

> Cette Parole donc ouvre une épreuve, elle n'est pas un mode d'emploi pour bien vivre ; elle indique la question. Elle semble un curieux appel : ne sois pas névrosé. Ou : ne souffre pas à cause de ce que *sont* tes parents. Comment faire ? Tant de souffrances de l'homme ont transité par ses parents... Justement cette parole pose une barrière, fait une coupure. Elle est elle-même un recours contre des parents abusifs : les respecter, c'est pouvoir les mettre à distance...

Les parents ont droit à *leur* histoire : il faut donc éviter de consacrer sa vie à refaire *leur* vie : « Ça vous raccourcit la vie que de vivre dans le fantasme et le symptôme une partie de la leur. » Il s'agit au contraire de « prolonger ses jours », dit le cinquième commandement. « Ce respect en poids d'être accordé, supposé et offert à la génération qui a précédé, ce cadeau de "leurs jours", te laisse à toi le temps de vivre pour ton compte. »

Et Sibony ajoute ce commentaire suggestif :

> Respecter le père indigne, c'est donner du poids au père qu'il n'a pas été, ou qu'il n'a pu être. Cela per-

> met d'avoir un père qu'on puisse quitter. Parfois, il faut inventer à chaque parent l'amour de soi qu'il n'a pas eu, qu'il ne s'est pas accordé, quitte à le laisser avec cet amour en friche, inutile, inexploité. Mais c'est le rendre à son histoire, en lui donnant ce poids qu'il n'a pas su porter.

Si les parents ont du poids, il arrive qu'ils pèsent lourdement sur les enfants, mais du moins n'a-t-on pas, en apparence, de difficulté pour les reconnaître, les respecter. S'ils ne « font pas le poids » ou s'ils sont indignes, il n'est pas si simple de leur en donner, c'est une épreuve que de supposer de la consistance à leur place, à leur fonction de passeurs. Car si les parents n'ont pas de poids, les enfants n'en sont pas allégés ; au contraire, ils risquent de porter, eux, le poids qui a manqué aux parents ; ils risquent de passer leur vie à réparer leurs manques, à être ce qu'ils n'ont pas réussi à être. « Reconnaître aux parents le droit aux manques qui sont les leurs ; le droit à leur histoire… », dit Sibony. Mais, aussi, « ne pas passer sa vie à réparer ce qui semble être un manque de leur être, de leur vie. Car alors on passe sa vie à "vivre" ce qu'ils n'ont pas vécu, à répéter leurs manques en projetant de les réparer ; en vain ».

Et Sibony souligne que « ça raccourcit la vie » que de vivre en réparant ce que les parents ont fait (ou ce qu'ils n'ont pas fait). Cela, justement, empêche de « prolonger ses jours ». Chacun doit vivre à son compte, sans porter des « blocs d'angoisse », qui viennent chaque fois qu'on se rappelle l'autre ou qu'il se rappelle à vous.

Dans le commandement de respecter son père et sa mère il y a celui de demander aux parents de raconter leur histoire, de connaître assez leur histoire pour n'avoir pas à la répéter. Il s'agit de construire leur être à partir du récit, de leur donner une « identité narrative », comme dit le philosophe Paul Ricœur. Le respect, c'est ce poids accordé à l'histoire des parents : eux aussi ont été des enfants, avec la même « épreuve » à traverser avec leurs parents.

## L'insoutenable légèreté de l'être

En hébreu, le mot « léger », le contraire de « lourd », se dit *qal*, qui est très proche de *qalal*, « maudire ». Maudire quelqu'un, c'est ne pas lui donner suffisamment de poids, l'alléger, dit Sibony. Donner du poids, de la reconnaissance et de la gratitude : c'est ainsi que l'enfant, fils ou fille, offre sa bénédiction à ses parents !

*

### À LIRE

Abergel (Rabbi) (rabbin de Baqa-Jérusalem), *Conférence sur la gratitude*, prononcée à Jérusalem en 1998.
Bernheim, Gilles, *Un rabbin dans la cité*, Calmann-Lévy, 1997.
Frankel, A., « Du père au père », *in* Méïr Tapiero (éd.), *Les Dix Paroles*, Éd. du Cerf, 1995.
Kundera, Milan, *Les Testaments trahis*, Gallimard, 1993.
Morin, Edgar, *Amour, poésie, sagesse*, Éd. du Seuil, 1997.
Ouaknin, Jacques, *De génération en génération, être juif*, *op. cit.*
Ouaknin, Marc-Alain, *Lire aux éclats*, *op. cit.* ;
–, *Bibliothérapie. Lire, c'est guérir*, Éd. du Seuil, 1994.
Sibony, Daniel, *Les Trois Monothéismes*, *op. cit.*
Tapiero, Méïr, « Honore ton père et ta mère », *Les Dix Paroles*, *op. cit.*

6

# « Je suis », ou l'unique qu'il est interdit de tuer

**SIXIÈME COMMANDEMENT :**
**« Tu ne tueras pas. »**
**(Exode 20,13)**

Au cœur des Dix Commandements, nous trouvons l'injonction célèbre : « Tu ne tueras pas. » Pour certains, elle en constitue le centre, le message par excellence.

Rachi, le grand commentateur dont j'ai déjà mentionné à plusieurs reprises l'interprétation qu'il donne des commandements précédents, a une attitude étonnante à l'égard de celui-ci. Alors qu'il était très prolixe pour les précédents, il ne dit rien quant au sixième. Son commentaire de « Tu ne tueras point » consiste à se taire, à garder le silence. Est-ce que Rachi n'a rien à dire sur ce commandement ? Ce serait vraiment étonnant !

Peut-être doit-on comprendre ceci : le silence est à l'origine du meurtre et de la violence en général. Le silence de Rachi nous enseigne qu'il y a meurtre, ou du moins risque de tuer, quand « rien n'a pu être dit », quand aucune parole n'a pu avoir lieu. Si nous faisions comme Rachi, nous pourrions passer au commandement suivant… Mais, justement, son silence est très éloquent, et il a beaucoup à nous dire.

## Tu ne tueras pas le « je suis »

Tout d'abord, avec ce sixième commandement nous tournons la page. Il ouvre en effet la deuxième table, celle de gauche en hébreu, celle de droite en français. Selon les maîtres, cette disposition des deux tables de pierre portant chacune cinq commandements les met en relation ou en correspondance deux à deux, d'un à cinq et de six à dix. Le sixième commandement correspond donc au premier, « Je suis l'Éternel ton Dieu… ». C'est pourquoi les commentateurs disent : « Tu ne tueras pas » signifie : « Tu ne tueras pas la manière particulière dont s'est révélé l'Éternel ton Dieu, qui a dit "je suis" ». Ainsi donc, le sixième commandement pourrait se traduire par : « Tu ne tueras pas le "je suis" ».

## La parole, fondement de l'humain

L'homme peut dire « je suis ». Mais qu'est-ce qui distingue l'homme, l'*humain* dans l'homme ? Dès le livre de la Genèse, au moment de la création de l'homme (2,7), on lit : « Et Dieu créa l'homme poussière de la terre… » En hébreu, le rapport entre l'homme et la poussière est évident puisque « l'homme » se dit *adam* et « la terre » *adamah* : les deux mots ont la même racine. Mais suffit-il d'être issu de la terre pour être un homme ? Le texte continue : « Il lui insuffla une âme de vie, alors l'homme fut un être vivant. »

Des commentateurs comme Rachi se sont demandé : qu'y a-t-il de particulier chez l'homme, puisque l'animal aussi est appelé une âme vivante ? L'homme a-t-il quelque chose de plus que l'animal ? Rachi répond : l'homme a reçu en plus la connaissance, l'émotion et la parole. L'essentiel de l'homme est là : il est capable d'émotion et de parole.

## La main ouverte

En hébreu, il y a deux manières de dire « je suis » : d'abord le mot *ani*, qui est invariable ; ensuite *anokhi*

– c'est le même mot, sauf qu'il a en plus la lettre *kaf*. Comme on sait, chaque lettre hébraïque a une signification particulière. La lettre *kaf*, c'est « la paume de la main ».

Contrairement au *yod*, qui signifie « la main qui se ferme et qui prend », le *kaf* renvoie à « la main qui s'ouvre et qui donne ». *Anokhi* pourrait donc se traduire « je suis la lettre *kaf* », autrement dit : « je suis celui qui porte la lettre permettant de recevoir et de donner ». Et donc précisément ce qu'il est interdit de tuer.

## « Je suis » est unique

Dans toute cette réflexion, nous essayons de comprendre ce qui est à la source du meurtre, non pas seulement les raisons évidentes et visibles, mais l'être même, les fondements de la violence qui aboutit au meurtre.

L'une des raisons essentielles, c'est que le meurtre repose sur une vision de « l'homme en général ». Autrement dit, le meurtrier a oublié « je suis ». Entre le terme général et neutre « un homme » et *anoki*, « je suis », la différence, c'est la vie, le vivant qui s'exprime avec sa subjectivité. Commettre un meurtre, c'est tuer la subjectivité, empêcher la subjectivité de s'exprimer. Car c'est elle, le soi personnel, qui fait que chacun est unique. Le Talmud pose la question : pourquoi l'homme a-t-il été créé comme un être unique ? Pourquoi Adam a-t-il été créé unique ? D'abord on a eu Adam, puis Ève, puis tous les hommes singuliers de l'humanité… Pourquoi ?

Selon le Talmud, c'est pour qu'aucun homme ne puisse venir dire : « Mon ancêtre est mieux que le tien », ou : « Ma famille est mieux que la tienne. » Chaque humain, quelles que soient sa couleur, sa religion ou sa nationalité, descend du même homme tout en étant unique. Unicité, égalité : c'est ainsi que le Talmud affirme que le racisme est impensable. Qu'un homme puisse dire : « je suis », cela veut dire : « Je suis un être totalement unique, et pourtant, en moi réside l'ensemble de l'humanité. » Tuer un homme revient, à certains égards, à tuer le monde entier.

## « Je suis » avec les autres

Rappelons-nous : la lettre *kaf*, présente dans *anoki*, signifie « la paume de la main ». C'est la main ouverte ou la main qui s'ouvre. Selon les kabbalistes, la paume de la main, qu'elle prenne ou qu'elle donne, signifie l'échange, le don. Mais qu'est-ce que donner ? Quand je saisis un objet dans ma main, elle se ferme comme un poing. En prenant l'objet dans ma main, je ne suis pas dans l'ordre du don. Pour donner, je dois ouvrir la main, passer du *yod* au *kaf* pourrait-on dire, du poing à la paume ouverte. Mais les maîtres de la Kabbale ne disent pas que cela. Ils considèrent aussi que l'on passe ainsi de la main fermée, qui constitue une unité, à la main ouverte, qui déploie les cinq doigts, une pluralité…

En hébreu, les chiffres sont aussi des lettres. Ainsi, les cinq doigts sont représentés par la lettre *hé*, qui a pour valeur 5. Si on l'écrit après la lettre *yod*, on a l'ouverture de la main, avec les cinq doigts étendus, mais est-on dans l'ordre du don ? Non, car il faut encore tendre la main pour donner. Or, si on analyse la forme du bras, on aboutit à la lettre *vav*. Une fois la main ouverte avec l'objet qu'elle tient et le bras tendu, a-t-on le don ? Pas encore, car il faut que l'autre en face reçoive. Il faut que lui aussi ouvre la main avec ses cinq doigts. On est de nouveau devant le 5, le *hé*. Dans cette explication qui met en scène à la fois les chiffres, les lettres et la forme de ces dernières, « donner » revient à écrire les lettres *yod*, *hé*, *vav*, *hé*, autrement dit le Tétragramme, le nom de Dieu.

Ce nom s'écrit à partir de l'échange entre deux personnes. Il ne se prononce jamais dans la solitude. D'ailleurs, il ne se prononce pas du tout, comme on sait, puisqu'il reste dans le silence. Mais lire ce nom implique cette idée d'échange. Réciproquement, dire « je suis » signifie : « Je suis porteur de la possibilité d'écrire le nom de Dieu à partir de l'échange. »

## Offrir le monde à autrui grâce à la parole

« Je suis » se révèle être une subjectivité d'emblée engagée dans une relation d'échange avec autrui, c'est-à-dire dans une relation éthique. Le « je suis » n'est jamais seul ; en face de lui, il y a toujours un « tu ». En disant « je suis », je dis en même temps « tu ». Le philosophe juif Martin Buber le dit très bien dans son livre *Je et Tu* : il n'y a pas de « je » tout seul ; il y a toujours un « je-tu » ou un « je-il », le même et l'autre. Je ne peux dire « je » s'il n'y a pas un « tu » ou un « il ». Aucun des deux termes ne peut être supprimé ; l'un n'existe que par rapport à l'autre ; ils sont inséparables tout en demeurant séparés, car l'intervalle entre eux ne peut être supprimé.

Voici donc le point central du sixième commandement : l'interdiction, c'est de tuer le « je suis », ce qui fait à proprement parler la vie d'autrui, la parole, l'« âme de vie », la bonté qui sont en lui. Mais cela justement implique distance et intervalle. La bonne distance avec autrui est un gage de respect : il n'est pas englobé alors en nous, ni dans le grand tout du monde et de l'Histoire. Il est « lui », avec son « je suis ».

Comment maintenir la distance ? En (se) parlant. Comme le dit Emmanuel Lévinas, le monde prend sens à partir d'autrui, de mes relations avec autrui. Si autrui existe pour moi, s'il est respecté dans la juste distance, le monde s'ouvre à nous. « Offrir le monde à autrui par la parole », dit encore Lévinas. « Offrir », c'est-à-dire sortir de la relation purement utilitaire ou fonctionnelle avec les choses pour les faire entrer dans un monde humain de relations. Si je me promène tout seul dans un bois et que je vois une fleur, je n'ai pas besoin de la nommer : je peux la humer, la cueillir, sans la moindre parole. Si je suis avec un autre, il en va autrement : je vais en parler avec lui, la nommer, partager avec lui mon plaisir, donc la signification que je donne à cette fleur. Parler, c'est toujours inclure l'autre ; il est toujours déjà là.

Même un monologue est finalement pour les autres. En tout cas, il n'existe pas s'il n'est pas entendu ou lu par quelqu'un, ou encore celui qui parle se parle à lui-même comme s'il était un autre.

Quand on dit : « L'essence de l'homme, c'est le langage », on ne veut pas seulement affirmer que le langage permet aux hommes de se parler et d'échanger des mots entre eux, des mots qui ont une signification, on veut souligner que l'un et l'autre participent d'un monde qui est tout entier signifiant, sensé. Quand je parle à quelqu'un, je donne, pour lui et avec lui, sens à tout ce qui nous entoure, donc au monde dans lequel nous vivons. En nommant les choses qui nous entourent, à la fois nous les détachons de nous, nous prenons distance avec elles et nous nous les « offrons » mutuellement, pour reprendre la belle expression d'Emmanuel Lévinas.

## L'intervalle vital

Prenons l'exemple de notre rapport à la transcendance. Dans une vision classique des choses, le monde transcendant est le monde d'en haut, le monde de Dieu, qui s'oppose au monde d'en bas, celui des hommes. Comment penser les rapports entre les deux ?

On peut imaginer, comme l'a fait une partie de la philosophie, que l'homme tente de s'élever petit à petit vers la transcendance, dans une élévation liturgique ou mystique ; l'homme voudrait alors minimiser, voire supprimer son propre moi. Ou encore, au moment de la mort, l'homme espère aller dans un autre monde, le monde transcendant, où tout sera réparé par rapport à l'ici-bas : les pauvres seront riches, les malades seront guéris, les derniers seront les premiers… Cette philosophie de la consolation dit, au fond, que la vraie vie est ailleurs. Cette mauvaise manière d'affirmer et de vivre la transcendance voudrait annuler la vie ici-bas, la subjectivité, s'immerger dans la vie cosmique, entrer dans un grand Tout... donc aussi supprimer l'intervalle qui sépare les deux mondes, combler pour ainsi dire le fossé, supprimer le sujet et donc, selon la tradition hébraïque, commettre le meurtre de l'individu.

En sens inverse, il y aurait des philosophies, celles de Nietzsche ou de Sartre par exemple, qui suppriment le monde de la transcendance pour se réfugier dans la seule immanence. Dieu est mort, ou Dieu est la nature ; seul existe le monde concret où nous vivons, et surtout pas d'arrière-mondes cachés derrière notre monde des hommes. Là aussi, l'intervalle est supprimé.

Mais la vraie philosophie, ou la vraie métaphysique, telle qu'un philosophe comme Emmanuel Lévinas l'a développée, consiste à maintenir les deux réalités, et plus encore à garder l'intervalle, la séparation, la tension. Car dans cet intervalle se joue toute la relation du Même et de l'Autre, de l'Immanent et du Transcendant. Il faut refuser de célébrer uniquement le Transcendant, ou uniquement l'Immanent, mais se maintenir dans l'entre-deux, qui ouvre au questionnement, à l'infini de la présence d'autrui. C'est là que se joue l'éthique entre les hommes. Et c'est ainsi qu'on reste fidèle à la pensée hébraïque.

Plus fréquemment qu'on ne croit, et subrepticement, cette dimension de l'intervalle est oubliée. Ainsi, l'Histoire – l'Histoire racontée aujourd'hui dans les livres ou les manuels – met tout et tous dans le même sac. Elle englobe les hommes dans un récit neutre, impersonnel, et en ce sens elle est souvent cruelle et injuste, ne fût-ce que par ses oublis, par tous les hommes oubliés, sans visage, dont elle traite. Il est légitime que l'Histoire s'exprime ainsi : elle n'est pas celle des subjectivités, mais des nations, des sociétés et des rois. On voit bien alors pourquoi elle n'est pas dans l'ordre de l'éthique, qui concerne toujours la relation, la polarité entre deux sujets, entre deux « je suis ». C'est l'histoire des « hommes sans nom ». Elle ignore la relation « personnelle », celle du moi avec l'autre. Elle ignore que tout homme, qui est toujours l'autrui d'un autre homme, est « infini », transcendant.

Que veut dire « parler » ? C'est d'abord maintenir ouvert l'écart, la distance entre le même et l'autre. Quand je parle à l'autre et quand il me parle, la juste distance est maintenue entre nous. Et, à l'inverse, il y a vraiment parole, relation vraiment éthique, quand cette distance est respectée. Dans le trop grand éloignement, il n'y a aucune relation éthique entre les humains. Mais dans la trop grande proximité non plus : la différence est alors supprimée, il y a tentation de mainmise, d'absorption de l'un par l'autre, injustice et cruauté toujours menaçantes, « meurtre » en puissance. Deux personnes qui ne se connaissent pas et ne se parlent pas sont indifférentes l'une à l'autre. Au contraire, supprimer tout ce qui les sépare tue la différence entre elles. Il faut donc trouver la juste distance, celle qu'Emmanuel Lévinas a appelée la « proximité ».

## Le complexe d'Abel

Il y a eu un premier meurtre dans la Bible, bien connu : c'est celui d'Abel par Caïn (Genèse, chapitre 4). Ce premier meurtre permet de comprendre l'origine de la violence meurtrière. Une relecture minutieuse de cet épisode, en particulier des rapports entre les deux premiers frères de l'humanité, nous fera entrer plus avant dans le sens du sixième commandement. Le cas d'Abel, ou le « complexe d'Abel », la victime, est particulièrement éclairant.

Dès les premiers versets du chapitre 4, nous sentons, à travers la tonalité générale du texte, la difficulté d'exister d'Abel : « Et Adam connut Ève, sa femme. Elle fut enceinte et enfanta Caïn. Et elle dit : "J'ai acquis un homme avec Dieu" » (4,1). « Et elle ajouta d'enfanter son frère, Abel… » (4,2).

Ayant connu un homme (c'est-à-dire, au-delà d'Adam, toute l'humanité), Ève dit : « J'ai acquis un homme avec Dieu. » Voilà une phrase très ambiguë ! En hébreu, *èt* signifie soit « avec », soit une préposition avec un complément d'objet direct. On pourrait donc traduire aussi, littéralement : « J'ai acheté un homme : Dieu. » Peut-être Ève voulait-elle dire, comme toutes les mères, que son fils est un petit dieu, ou beau comme un dieu ? On ne le sait pas… Le texte continue : « Elle enfanta encore son frère, Abel. »

Si nous lisons bien, pour la naissance de Caïn (verset 1), se déroule la séquence normale de tout enfantement : rapport sexuel, grossesse, accouchement. Abel n'a pas droit à ce temps normal de la création : il est d'emblée et seulement le frère du premier… Il n'a pas d'existence propre. Ève explique le nom qu'elle donne à Caïn : en hébreu, « j'ai acquis » se dit *qaniti*, d'où *Qayin* (Caïn). Pour Abel, rien.

Certes, Caïn, elle l'a « acquis » au lieu de le mettre au monde… et de surcroît elle l'a acquis « avec Dieu ». Elle ne nomme pas le père humain, qui ne compte pas… Pauvre père, géniteur inexistant !

Mais pour Abel, le second, elle ne dit rien du tout : elle ne conjugue pas son nom, elle ne dit rien de son désir à son égard, elle ne parle ni à lui ni de lui. D'où lui vient son nom ? Peut-il vivre avec ce nom ? Trouve-t-il quelque aide dans le langage ? Ce qui est sûr, c'est qu'on ne l'entend pas « vivre » dans le discours – ou le désir – de sa mère. D'où lui vient ce nom, « Abel » ? Le texte, pour ainsi dire, le nomme à la place de la mère, qui se tait à ce sujet.

Le récit lui-même nous invite donc à renverser notre vision courante des choses : le méchant Caïn et le bon Abel, le tueur et la victime… D'après le texte, en effet, c'est sa mère qui aurait d'avance tué Abel en en faisant un « rien », tandis qu'elle a acquis Caïn pour qu'il soit à elle, c'est-à-dire « tout ».

### Caïn et Abel : le fils qui est tout et le fils qui n'est rien

Cette interprétation est confirmée par la langue elle-même. En hébreu, toute la famille de mots autour du nom

« Abel » tourne autour de la destruction, de la disparition, de l'inanité, du néant. *Hévèl*, « ne pas », veut aussi dire « buée » (c'est le mot qui est employé au début du livre de Qohélet ou Ecclésiaste, où on le traduit par « vanité » : « Vanité des vanités, tout est vanité »). La buée est vouée à disparaître, de même que les vanités de ce monde…

Ainsi, Abel est lui aussi « buée », « souffle du néant ». Il est mort, tué par son frère, mais, préalablement, il comptait pour rien. Il ne comptait pas pour autrui, et d'abord pour sa mère : il n'était pas inscrit dans son désir. Sa naissance est celle d'un « ne pas »…

Il importe de noter les mots qui concernent les deux fils. Caïn, Ève l'a « acquis », comme on acquiert un objet. Sans doute est-il « tout » pour elle. Mais on est dans le monde des objets, dans le monde de l'« immanence », comme le disent les philosophes.

Or, ni l'un ni l'autre ne sont viables. Dans les deux cas – tout ou rien –, on est dans la symbiose entre mère et fils, dans la non-séparation. La mère n'ouvre pas la porte pour que ses fils puissent sortir à l'extérieur. Elle ne leur offre pas la possibilité de la *bar mitsva*, c'est-à-dire ce moment où le père et la mère disent à leur enfant : « Maintenant, sors et vole de tes propres ailes ! »

## Du bien au mieux

Notre texte continue : « Abel était berger de troupeaux et Caïn travailleur de la terre. Ce fut à la fin des jours et Caïn apporta des fruits de la terre comme offrande à Dieu… » Mais « Abel présente les premiers-nés de son troupeau, ainsi que leur graisse », c'est-à-dire ce qu'il y a de meilleur. Dieu agrée l'offrande d'Abel, mais pas celle de Caïn. Alors « Caïn s'est énervé et ses visages sont tombés. Dieu dit à Caïn : “Pourquoi t'énerves-tu et pourquoi tes visages sont-ils tombés ? Si tu fais le mieux, tu pourras t'élever…” » Autrement dit, l'homme peut faire mieux que le bien, il peut évoluer en mieux.

Le mieux est l'au-delà du bien, et non pas son ennemi,

comme le dit le proverbe. Je peux toujours être mieux que ce que je suis. Je peux me mettre à distance de moi-même, et donc aussi me défaire de certains aspects de mon être. Il se peut aussi que je n'aie pas encore réalisé toutes les potentialités de mon être. Ou encore, je croyais être, mais je ne suis pas encore… Le temps doit encore faire son œuvre. Dire qu'il reste du mieux à faire, c'est dire : je ne suis pas le tout. Mon être reste ouvert à son futur !

Relisons notre texte et sa suite : « Si tu fais le mieux, tu pourras t'élever. Mais si tu ne fais pas le mieux, la faute est-elle tapie à ta porte ? Vers toi se porte son désir, mais toi, tu le domineras. »

La faute consiste à se satisfaire d'une situation, quelle qu'elle soit, et à y rester, à ne pas même tenter le changement vers le mieux. La vie n'est pas quelque chose qui « est », mais qui devient ou advient. Il ne faudrait pas dire « je suis », mais « j'ai à être ». Je dois m'améliorer et, pour ce faire, me défaire de ce que je suis. Refuser cette construction incessante de soi, ce recommencement de la vie, même sans faire le mal : voilà la vraie faute !

## Le silence et les mots qui tuent

« Caïn dit à Abel son frère : "…" Et ils étaient dans le champ. Caïn s'est levé vers Abel et l'a tué. » Voilà donc le premier meurtre. En lisant le texte, on se rend compte que Caïn s'adresse à Abel pour lui dire… rien ! Les guillemets s'ouvrent et se referment sur… rien. On peut se demander s'il lui a dit « rien » (= Abel), ou s'il ne lui a rien dit du tout. Dans le premier cas, il a bien dit quelque chose, en l'occurrence « Abel »/« rien ». Caïn, qui est tout (pour sa mère), considère l'autre en face de lui comme rien, et sa seule possibilité de s'adresser à lui est de lui dire « rien » : une violence extrême ! Le résultat est que Caïn se lève et tue Abel.

Nous l'avons évoqué : Rachi, le grand commentateur, ne dit rien sur ce commandement. Silence pédagogique, pour nous indiquer, peut-être, que l'origine du meurtre, c'est la non-parole, c'est d'être incapable de parler. Le premier meurtre a eu lieu parce que deux hommes étaient ensemble et ne se sont rien dit. Et s'ils se sont dit quelque chose, ils ne savaient pas comment parler pour éviter les mots qui tuent. Leur parole était une non-parole, un silence finalement, d'une violence telle qu'il a conduit au meurtre.

## Que se sont dit les frères ?

Le Midrach reprend cependant le verset et part de l'idée que les deux frères se sont bel et bien parlé. Ils ont discuté ensemble et se sont disputés, mais cette parole n'était pas une vraie parole. Le Midrach interroge : « Quelle était donc leur discussion ? »

« Ils ont dit : "Allons et partageons le monde." L'un a pris le sol et l'autre a pris les biens mobiliers. Caïn a dit : "La terre sur laquelle tu te trouves est à moi." Abel lui a dit : "Les peaux de mouton que tu portes pour t'habiller sont à moi." Abel dit à Caïn : "Déshabille-toi." Et l'autre lui dit : "Envole-toi !" » Autrement dit, une fois qu'ils se sont partagé le monde, chacun revendique ses possessions. Ils ne sont pas dans le langage qui prend distance par rapport aux choses et les « offre » à l'autre, au contraire. Donc : ou bien ils ne se sont rien dit, et il y a violence ; ou bien ils se sont dit quelque chose, et ce n'est pas une parole qui offre, qui ouvre, une parole de transcendance, de Tétragramme (la main fermée qui s'ouvre et se tend pour donner…).

## Le langage de la poésie

Revendiquer ses possessions, c'est rester dans une parole d'immanence, une parole d'acquisition, de prise et de violence. Quand le langage revendique la possession, il concourt à la violence qui conduit au meurtre. Quand il sert à dire : « C'est à moi ! », il est aux antipodes de son « fondement ontologique » : offrir les objets du monde à l'autre.

C'est peut-être le sens même de ce langage qu'on appelle poésie. Écrire de la poésie, c'est offrir quelque chose à l'autre, des mots dont je me défais et que je donne à l'autre. C'est une parole de transcendance. Mais tout livre, toute parole peuvent devenir poème : paroles offertes pour faire vivre ! Façon de dialoguer avec soi-même d'abord, puis avec tous ceux qui lisent.

« Le poème est une bouteille jetée à la mer, abandonnée à l'espoir – certes souvent fragile – qu'elle pourra un jour être recueillie sur quelque plage, sur la plage du cœur peut-être » (Paul Celan). Caïn et Abel sont très éloignés de ce stade poétique du langage ; ils restent prisonniers du langage de la violence qui conduit au meurtre.

## Mon Dieu est meilleur que le tien !

Dans le *midrach* que nous avons lu, un autre maître dit : les deux se sont partagé le sol et aussi les biens immobiliers. Ils ont donc chacun la moitié. Mais alors, de quoi discutent-ils ? Et pourquoi se disputent-ils ?

> C'est que l'un d'eux dit :
> – Dans mon domaine se trouvera le Temple.
> Mais l'autre dit :
> – Non, c'est dans mon domaine que se trouvera le Temple.
> A ce moment, Caïn s'est levé pour tuer Abel.

Ce dernier ne serait donc pas une victime, comme on l'enseigne toujours. Sa mort est le résultat d'une dispute, d'une querelle toujours actuelle, hélas, et dont les retombées détestables n'ont cessé de gâcher le monde des hommes. En effet, que veut dire, au fond, cette prétention que le Temple soit construit dans *mon* domaine ?

C'est la prétention théologique de posséder la vérité, d'avoir la vérité religieuse ou spirituelle.

Quand deux groupes s'affrontent en prétendant chacun posséder la vérité religieuse et théologique, leur « dialogue » ne peut que devenir un discours de violence. Pour en sortir, ils doivent essayer de comprendre la religion, le divin, la vie spirituelle, non pas en termes de vérité, mais de signification, de sens. Être juif ne veut pas dire : je détiens la vérité religieuse et spirituelle. Être juif veut dire : je donne du sens au monde, j'investis le monde de significations. C'est prendre un chemin qui s'appelle la Tora, mais sans refuser aux autres de prendre une autre voie, d'entendre une autre Révélation.

Il y a un sens juif et un sens chrétien des Écritures. Tous deux sont légitimes. Si je suis juif, je peux certes rester vigilant et critique quant aux nouvelles interprétations données par les chrétiens, mais en énonçant mes raisons, sans rejeter les leurs comme « fausses » parce que moi, je serais dans le « vrai ». Dès lors que quelqu'un revendique comme seule vérité la sienne, on entre dans une violence infinie, et le dialogue, à supposer qu'il ait lieu, ne peut mener qu'au meurtre. Il faut refuser absolument les guerres de religion, le *djihad* et autres guerres « saintes » : il n'y a de sainteté que dans le respect d'autrui !

La leçon que le Midrach tire du récit d'Abel et Caïn est donc très claire : la « vérité » est une illusion dangereuse si l'homme n'est pas protégé par la bonté.

## Chaque homme est libre

Dans le Midrach apparaît une troisième opinion à propos du meurtre d'Abel : leur dispute n'aurait porté ni sur la propriété de la terre ni sur la propriété spirituelle, mais sur la propriété d'une femme. Selon le Midrach, en même temps qu'Abel était née une femme, sa jumelle, et Caïn aurait dit : « Cette femme est à moi, car je suis l'aîné ! » Mais Abel aurait répondu : « Non, elle est à moi parce qu'elle est née en même temps que moi. » Notons d'abord que, dans les trois interprétations, le conflit naît d'une « parole d'immanence », où chacun revendique la propriété – matérielle (celle des champs et celle des biens mobiliers), spirituelle (celle de la construction du Temple), humaine (celle de la femme).

A qui appartiennent les hommes ? Les hommes n'appartiennent qu'à eux-mêmes. Ils ont chacun leur individualité, qui leur est propre. L'usage de l'adjectif possessif pour les hommes est une utilisation violente du langage, qui peut aboutir au meurtre. Il y a meurtre à cause d'une perversion dans l'emploi des mots, parce que les hommes ont oublié le bon usage du langage. Au lieu d'*offrir* grâce au langage, ils prennent et se servent. Ils restent dans l'immanence, « incurvation » sur soi et égoïsme, qui aboutit au meurtre.

Rappelons l'ouverture capitale des Dix Commandements : « Je suis l'Éternel, ton Dieu, qui t'ai fait sortir du pays d'Égypte, d'une maison d'esclavage. » Cette parole signifie que tous ont le même droit à la liberté. Chacun est libre et *compte* pour lui-même, sans être annulé par les possessifs qui affirment haut et fort : « C'est à moi ! », « C'est ma femme ! »…

## Je compte quand je relève la tête

Comment la Bible parle-t-elle de la nécessité du compte ou du comptage ? Dans le livre de l'Exode, au chapitre 30, Dieu demande à Moïse de dénombrer les enfants d'Israël, c'est-à-dire de procéder à un recensement. Le texte contient deux expressions pour dire « compter ».

La première signifie littéralement « lever, relever la tête » de quelqu'un. Ainsi, dans Exode 30,12, le texte dit littéralement : « Quand tu lèveras la tête des enfants d'Israël selon leur nombre, chacun d'eux paiera le recouvrement de sa personne à Dieu lors du dénombrement et il n'y aura pas parmi eux d'épidémie mortelle quand on les dénombrera. » Dans Nombres 1,2, on lit : « Levez la tête de toute l'assemblée. » Dans les deux cas, se trouve l'expression « lever la tête », qui est utilisée à la place de « compter », « dénombrer », « recenser ».

L'autre expression est un verbe, dont le sens est « compter », « se souvenir de quelqu'un », « rendre fécond ».

Le texte d'Exode 30,12 est essentiel : il indique à la fois la nécessité de compter et l'extrême danger d'un dénombrement. Il faut effectuer un comptage, certes, mais il ne doit pas se transformer en une sorte d'opération anonyme, qui effacerait le « visage », c'est-à-dire l'originalité de chaque être humain. Lorsque les êtres humains sont transformés en numéros, l'horreur est proche… Il faut compter, soit ! Mais, par ce compte, chacun doit pouvoir relever la tête et faire montre ainsi de sa dignité.

## Quand les hommes n'ont plus de visage

Le recensement ne suscite pas de lui-même un monde de « numéros sans visage », un univers où tous les hommes sont entassés, homogènes et interchangeables. Mais il crée la tentation de ramener les hommes à des cases, des calculs mathématiques, des décomptes, des échantillons. Dénombrer, pour le pouvoir, c'est aussi avoir prise… Il y a quelque chose de contagieux dans le dénombrement des hommes, dont chacun est par principe irremplaçable.

Pour éviter l'« épidémie mortelle » dont parle le texte de l'Exode, chaque personne doit fournir un demi-sicle, une pièce donc, qui vaut la moitié d'une unité de la monnaie courante. Cette pièce représente une « protection-recouvrement » pour chacun : elle rachète ou expie ne serait-ce que le risque d'effacement des visages que constitue le dénombrement, le calcul des êtres humains.

Avoir un visage, être reconnu dans mon unicité, implique une reconnaissance réciproque. Si je suis non interchangeable, cela veut dire qu'autrui ne l'est pas non plus, que son visage aussi exprime une différence, une singularité infinies… D'où le « demi-sicle » : la « protection-expiation » de la moitié d'une unité rappelle à chacun que, s'il est unique, cette individualité unique ne doit pas se transformer en individualisme hautain : l'existence est partage, ouverture, écoute et responsabilité. Être, c'est être soi, mais aussi « être avec » et, surtout, « être pour autrui ».

Le sixième commandement rappelle avec force ce fait essentiel : chacun est unique, dans la diversité des peuples, des terres, des langues et des cultures. Le fils, le petit-fils, l'arrière-petit-fils ne sont pas moins importants que le père et le grand-père, chaque frère se distingue d'un autre frère… Et cette unicité de chacun se dit dans « je suis », *anokhi*.

D'où la gravité du commandement de ne pas tuer : la victime est toujours unique ! Les hommes ne sont jamais des numéros, dont on pourrait supprimer non seulement l'un ou l'autre, mais un seul, en croyant, ou en faisant croire, que cela ne change rien, que cela n'a pas d'importance..

## Les hommes sans visage et la peste

Les leçons du dénombrement ne s'arrêtent pas là. Le texte insiste sur l'argent qui est versé. En effet, le demi-sicle est une sorte d'« argent de substitution » : il permet de compter des pièces – des signes – en évitant de compter des êtres.

Or, dans le deuxième livre de Samuel (chapitre 24), on trouve un autre dénombrement. Là, le roi David décide de compter ses sujets sans recourir à l'argent de substitution : « … Recensez la population, pour que je connaisse le chiffre de la population. » Yoav, le chef de son armée, rétorque : « Que YHVH, ton Dieu, ajoute à la population cent fois ce qu'elle est actuellement et ce que voient les yeux de mon seigneur le roi ! Et pourquoi mon seigneur le roi désire-t-il cette chose ? » Malgré cet avertissement, David insiste. Le général et les autres chefs de l'armée obtempèrent et parcourent tout le pays pour compter la population. Le peuple est dénombré sans la technique de la substitution. David regrette son ordre, mais il est trop tard : « J'ai commis une lourde faute en faisant ce que j'ai fait ; et maintenant, Seigneur, daigne pardonner la faute de ton serviteur, car je me suis comporté en véritable insensé ! »

Suit un épisode étonnant. Le lendemain, à son réveil, Dieu adresse la parole au roi par l'intermédiaire du prophète Gad et lui demande de choisir son châtiment. Puisqu'il a gravement fauté en comptant les hommes, ne s'ouvrent à lui que trois possibilités : ou bien sept années de famine, ou trois mois de fuite devant ses ennemis, ou trois jours de peste dans le pays. David répond : « Mon angoisse est grande… Mais tombons plutôt entre les mains de l'Éternel, car il est plein de miséricorde, plutôt qu'entre les mains des hommes ! » Et il choisit la peste, qui survient effectivement. A cause d'elle, meurent parmi le peuple soixante-dix mille hommes.

Quand il aperçoit l'ange de l'extermination, David comprend qu'il a détourné le châtiment sur autrui : « C'est moi qui ai péché et moi qui ai commis une faute ! Mais Tes brebis, qu'ont-elles fait ? De grâce, que Ta main soit contre moi et contre la maison de mon père ! »

Nous avons affaire à un texte remarquable, qui est dans la continuité de celui que nous venons de lire. David veut compter son peuple, mais pour quel motif ? Le texte ne le dit pas. Apparemment, c'est sans raison précise, simplement pour savoir. Inquiétude d'un roi qui désire se rassurer sur le nombre des hommes qu'il « possède » ? Expression d'une volonté de puissance qui s'intéresse plus aux choses qu'aux hommes ? Non seulement David ne répond pas à la question de Yoav qui insiste : « Pourquoi mon seigneur le roi désire-t-il cette chose ? », mais il s'enferme dans sa décision. Il n'a aucune raison de faire ce recensement et, en outre, il ne respecte pas le demi-sicle substitutif.

David transforme ainsi son peuple en une foule de « sans-visages », simples numéros, comptables comme des objets, instruments de sa puissance. Les États totalitaires ne font pas autrement…

Le choix de sa punition est révélateur. Le juste choix aurait été la deuxième proposition : les trois mois de fuite ne le concernaient que lui, le fautif, ils n'impliquaient personne d'autre. Dans son angoisse, il a choisi la solution la plus rapide, mais aussi la plus violente et la plus symbolique. Il désirait une « chose » insensée, et le résultat, c'est la peste de son peuple : au *davar*, qui signifie la « parole » mais aussi la « chose », répond le *dévèr*, la « peste ».

Les deux mots sont composés des mêmes lettres : *dalet*, *bèt*, *rèch*. La peste, *dévèr*, devient le symptôme d'une parole, *davar*, fermée sur elle-même, ignorant les autres hommes, indifférente à leur sort. Et une telle parole chosifiante provoque une épidémie mortelle, elle contamine les autres paroles, elle ferme tout dialogue possible. La peste survient quand la parole de l'homme est infidèle à ce qu'elle doit être. La parole n'est pas donnée à l'homme pour compter, réduire l'homme à des possessions, capitaliser : elle est faite pour l'échange.

## Et la légitime défense ?

Dans Exode 22,1, on trouve un autre passage, essentiel pour notre propos : « Si un homme, un voleur, rentre par effraction chez quelqu'un et qu'il soit frappé par l'homme qui se défend… », qu'est-ce qui se passe ? Que dit le droit hébraïque quand, pour se défendre, quelqu'un frappe un autre homme, qui meurt ? Va-t-on condamner l'auteur de cette mort pour meurtre alors qu'il s'est défendu ? Réponse de la Tora : « Il n'y a pas pour lui de sang. »

Autrement dit, il n'a pas de sang sur les mains et n'a donc pas commis de meurtre. C'est une situation de légitime défense, que la Tora explicite ailleurs : « Celui qui vient pour te tuer, lève-toi pour le tuer avant qu'il ne te tue. » Cette loi a des applications multiples. Par exemple, elle concerne même le dilemme que pose un accouchement difficile. Si la vie de la mère est mise en danger par l'enfant qui va naître, on considère que la mère est en état de légitime défense. Il vaut mieux sauver la mère ; on peut trouver là des éléments de réflexion sur la question de l'avortement.

Cependant, à partir du moment où la tête de l'enfant est engagée, la *halakha* (le droit hébraïque) estime que la mère et l'enfant sont à égalité de droit : tous deux sont des êtres vivants et, selon Maïmonide, il faut laisser faire la nature.

## « Il n'y a pas pour lui de sang »

Dans Exode 22,1, nous venons de lire quelque chose d'essentiel : « Il n'y a pas pour lui de sang. » Rachi en donne un commentaire révolutionnaire, qui s'oppose à celui de tous les autres commentateurs. Selon lui, il ne faut pas comprendre que celui qui a surpris et tué un voleur n'a pas de sang sur les mains, mais plutôt ceci : ce n'est pas un meurtre, parce que celui qui est venu pour voler est considéré comme mort d'avance !

Autrement dit, celui qui vient pour voler en sachant très bien qu'il pourra être tué s'est déjà mis d'emblée en situation non éthique, non humaine ; il a effacé en lui-même le « fondement ontologique » d'être humain et de vivant. Il a déjà décidé de ne plus avoir de visage humain et, en ce sens, celui qui le tue ne commet pas de meurtre.

N'importe qui peut apercevoir aussitôt le côté ambigu et dangereux de cette interprétation : qui va décider et à partir de quel moment quelqu'un va-t-il décider qu'un homme n'a plus de visage humain, donc que le tuer ne constitue pas un meurtre ? L'objection est juste, et il faut évidemment éviter de l'appliquer pratiquement, par exemple en rendant justice soi-même.

Cependant, l'idée de Rachi donne à penser, surtout si on l'élargit pour en tirer les conséquences : d'un côté, le meurtrier s'est condamné d'avance, il a déjà perdu son visage humain ; mais, de l'autre, celui qui commet un meurtre ne considère plus celui qu'il va tuer comme un être humain. Pour un maître du XIIe siècle, c'est là une approche psychologique remarquable : il est impossible selon Rachi de commettre un meurtre si on ne s'est pas arrangé d'abord, fût-ce intérieurement, pour dévaloriser et abaisser la victime en lui retirant son visage humain.

## Le système nazi et le visage des hommes

La philosophe Hannah Arendt exprime une idée similaire à propos du nazisme. Elle s'est demandé comment des milliers d'êtres humains avaient pu sans hésitation en tuer des millions d'autres. Ces meurtriers manquaient-ils de toute fibre morale ? En réalité, dit Arendt, ces gens n'avaient pas l'impression de commettre des meurtres car ceux qu'ils éliminaient n'étaient pas humains à leurs yeux. Ainsi, les victimes qui arrivaient dans les camps étaient par avance dépouillées de tout statut juridique. Elles n'avaient commis aucune faute, elles n'étaient là que pour être tuées. C'est un peu comme dans *Le Procès* de Kafka. Un beau matin, un homme se trouve en état d'arrestation sans savoir pourquoi. Il n'a commis aucune faute, mais il est puni. Cet homme n'a plus de personnalité juridique. Il est annihilé comme homme.

Hannah Arendt montre aussi comment la personnalité morale, puis la personnalité psychologique des gens emmenés dans les camps étaient annihilées avant qu'on les élimine. Les prisonniers n'étaient plus des hommes, mais des numéros, des matricules, des objets, et ceux qui les tuaient n'avaient même pas conscience d'être des meurtriers.

## Voir son visage pour rester un homme

Dans son très beau livre relatant sa détention dans le camp de Buchenwald, *L'Espèce humaine*, Robert Antelme a écrit une page magnifique sur les prisonniers dépouillés de leur personnalité, celle que confère le visage. Ils tentent de se retrouver en se regardant dans un miroir :

> René possède un morceau de miroir qu'il a trouvé à Buchenwald après le bombardement d'août. Il hésite à le sortir parce que, aussitôt, on se précipite et on le lui réclame. On veut se regarder.
> La dernière fois que j'ai eu le miroir, il y avait longtemps que je ne m'étais pas regardé. C'était un dimanche ; j'étais assis sur la paillasse, j'ai pris mon temps. Je n'ai pas examiné tout de suite si j'avais le teint jaune ou grisâtre, ni comment étaient mon nez ou mes dents. D'abord, j'ai vu apparaître une figure. J'avais oublié [...]
> Ce dimanche-là, je tenais ma figure dans la glace. Sans beauté, sans laideur, elle était éblouissante. Elle avait suivi et elle se promenait ici. Elle était sans emploi maintenant, mais c'était bien elle, la machine à exprimer. La gueule du SS apparaissait nulle à côté. Et la figure des copains qui à leur tour allaient se regarder restait réduite, elle, à l'état fixé par les SS. Celle du miroir était seule distincte. Seule, elle voulait dire quelque chose qu'on ne peut pas recevoir. C'était sur un mirage que s'ouvrait ce morceau de verre.
> On n'était pas comme ça ici. On n'était comme ça que dans la glace, tout seul, et ce que les copains attendaient avec envie, c'était ce morceau de solitude éclatant où devaient venir se noyer les SS et tous les autres...

## Le visage des enfants de Buchenwald

On a une autre illustration de ce sentiment que la personnalité a été tuée avant le meurtre du corps dans le livre de Judith Hemmendinger *Les Enfants de Buchenwald*. Cette assistante sociale a accueilli des enfants revenus de Buchenwald (parmi eux Élie Wiesel et le rabbin Lau, l'actuel grand rabbin d'Israël).

Elle raconte qu'un jeudi, alors qu'elle veut sortir avec

les enfants, elle ne les trouve plus. Elle les cherche en vain, téléphone à la police, et finit par les retrouver chez un photographe de la petite ville d'à côté. Quand elle leur demande ce qu'ils font là, ils répondent qu'ils veulent se voir, « se regarder dans la glace ». Ils veulent retrouver leur visage. Ils ont besoin de reconstruire leur visage.

Émue, elle comprend l'importance de ce désir de regarder son visage. Elle organise alors tous les jeudis des « expéditions » en train pour permettre aux enfants de se faire photographier.

En lisant ce livre, j'ai éprouvé le besoin de rendre visite à cette femme, qui vit aujourd'hui à Jérusalem. Elle m'a montré les photos des enfants : visages, visages, visages…

## Le visage, pour ne pas tuer

Les Dix Commandements – et, en leur centre, le commandement « Tu ne tueras pas » –, ainsi que le commentaire du Talmud sont un plaidoyer pour le *visage*. Ils n'ont pas d'autre « philosophie » : reconnaître la dignité de tout homme dans son infinie particularité, son infinie différence. Aucun visage n'est pareil à quelque autre.

Cette différence ne signifie pas repli sur soi, mais ouverture, écoute, responsabilité. Autrui est une question infinie pour moi du simple fait qu'il existe, que je vois son visage. Tous les systèmes risquent d'effacer les visages, de noyer les individus dans l'indifférencié, l'impersonnel, la foule, ou de les ranger dans de grands ensembles, comme la race, la classe… Cela leur permet d'oublier non seulement ceux qu'ils ont tués, mais le meurtre lui-même.

## Corps et parole

L'essence de l'homme est la parole, avons-nous dit. Mais il importe d'articuler cette parole avec le corps.

Dans le judaïsme, cette articulation a lieu à travers la circoncision : elle inscrit en effet le langage dans le corps, elle fait en sorte que le corps soit un corps parlant. Nous l'avons dit : en hébreu, « circoncision » ou « coupure » se disent *mila*. Et ce terme signifie aussi « mot ». Le mot est une manière de se séparer, de faire coupure, d'avec le corps de la mère et d'avec sa propre corporéité.

L'inscription du langage dans le corps est une autre manière de ne pas entrer dans la violence, car le langage signifie une vigilance de la parole qui empêche le corps de l'homme d'être un simple corps rempli de pulsions.

Selon Pierre Legendre, qui a étudié la naissance de l'homme occidental, en particulier à travers le droit, le nazisme a été porté par cette « conception bouchère de l'Histoire » qui ne voit dans autrui qu'un corps justement, de la viande en quelque sorte. Toute la conception nazie de l'homme repose sur l'idée biologique de race ; les hommes ne sont que des corps. L'important est de savoir de quelle race ils sont, et non pas leurs paroles. Peu importe qu'ils affirment chacun : « Je suis. » Peu importe qu'ils disent qui ils sont, que chacun « interprète » ce qu'il est, qu'il se raconte comme un homme, qu'il ait sa manière à lui d'être homme. Comme si le corps avait un sens par lui seul, comme si la parole n'était d'aucun secours pour humaniser l'homme ! Comment s'étonner alors qu'il y ait eu meurtre ?

Le judaïsme doit montrer que la matière seule, le corps seul n'ont pas de sens humain. Un corps prend le sens qu'on lui donne. Il n'y a ni bonnes ni mauvaises races mais seulement des hommes qui ont pleine liberté de se définir comme ils veulent. C'est cela, la philosophie issue du sixième commandement : respect fondamental pour le « je suis » de chacun ! Chez l'homme, la parole porte toujours secours au corps et empêche toute définition purement biologique, qui le ramène à l'état animal.

Parler, c'est mettre une parole entre le corps et le monde qui l'entoure. C'est se donner la possibilité non seulement d'être, mais d'avoir à être, de vivre et d'exister avec des projets pour le futur. L'humain s'ouvre au-delà des corps, dans le partage et le don de la vie, la capacité de vivre non pas dans le bien en général, mais dans la bonté très concrète.

*

**A LIRE**

Antelme, Robert, *L'Espèce humaine*, Gallimard, coll. « Tel », 1979.

Buber, Martin, *Je et Tu*, Aubier, 1957.

Celan, Paul, *La Rose de personne*, Le Nouveau Commerce, 1979.

Derrida, Jacques, « Violence et métaphysique », in *L'Écriture et la Différence*, Éd. du Seuil, coll. « Points Essais », 1979.

Finkielkraut, Alain, *La Sagesse de l'amour*, Gallimard, 1985.

Hemmendinger, Judith, *Les Enfants de Buchenwald,* Favre, 1984.

Lévinas, Emmanuel, *Noms propres*, *op. cit.* ;

–, *Totalité et Infini*, *op. cit.*

Lévy, Benny, *Le Visage continu. La pensée du retour chez Emmanuel Lévinas*, Verdier, 1998.

Roviello, Anne-Marie, *Sens commun et Modernité chez Hannah Arendt,* Bruxelles, Ousia, 1987.

7

# Être capable d'entendre la parole de la filiation Septième commandement :

**« Tu ne commettras pas d'adultère. »**
**(Exode 20,13)**

Comment parler de ce commandement ? Ses conséquences, dans la tradition biblique et hébraïque en général, sont graves. Mais c'est une infraction que notre culture permissive considère aujourd'hui plutôt avec une certaine légèreté. De plus, on va dire qu'elle relève purement de la vie privée, dans laquelle chacun prétend, à juste titre, être maître chez soi aujourd'hui.

On se souvient que Rachi, le grand commentateur, ne disait rien du commandement précédent. Son silence était une forme de commentaire, car l'origine et le fondement du meurtre résident dans le silence et l'absence de parole. La parole nécessaire que nous avions alors évoquée est de l'ordre de la transcendance : parole du partage qui « offre » le monde à autrui, parole du « je suis » qui définit mon identité.

Cette problématique de la parole n'est certes pas absente du septième commandement et de l'interdiction de l'adultère.

## Comment définit-on un homme ? Parole et identité

Question : les juifs sont-ils juifs parce que nés juifs, parce que biologiquement juifs (comme l'avaient décrété les nazis) ou parce que leur parole va les définir comme juifs ? D'une façon générale, un homme est-il homme parce qu'il a un corps d'homme ou parce qu'il parle la langue des hommes, que sa parole le fait entrer dans la culture et la possibilité non seulement d'*être*, mais aussi de se dire, de se raconter, de dire ce qu'il *désire être* ?

Il se trouve que ces questions ne sont pas sans rapport avec celle de l'adultère. Nous avons vu à propos du sixième commandement que le meurtre est fondé sur l'incapacité à dire une parole transcendante. Une certaine parole est devenue impossible, ou pervertie, et la conséquence en est le meurtre. C'est aussi une parole, ou plutôt une non-parole, qui intervient dans l'adultère, et il importe d'en comprendre la nature.

Une fois encore, Rachi nous vient en aide. Nous avons dit que les commandements pouvaient se lire deux par deux : les deux tables se correspondent, et il y a corrélation étroite entre les cinq premiers commandements et les cinq suivants. Si le sixième (« Tu ne tueras pas… ») est en rapport avec le premier (« Je suis l'Éternel, ton Dieu… »), le septième correspond, lui, au deuxième : « Tu n'auras pas d'autres dieux que moi… »

Rappelons-nous que, selon Rachi, ces « autres dieux » sont ceux qui ne répondent pas quand on crie vers eux. Ce sont des dieux étrangers à l'homme. Un dieu qui ne répond pas sera considéré comme « étranger » et, même, on ne le considérera pas comme un dieu. Ce qui définit Dieu, c'est Sa capacité à répondre à l'invocation, à la question qui Lui est posée. « Répondre » : le mot évoque la *responsabilité*. Et, en effet, on peut dire que le Dieu biblique se définit par sa responsabilité pour les hommes.

## L'adultère et les questions sans réponses

Si nous mettons en rapport les septième et deuxième commandements, alors nous pouvons dire que l'adultère implique une absence de réponse, c'est-à-dire de communication, une absence aussi de responsabilité.

Le fondement de l'adultère, c'est que la parole ne passe

plus dans la relation entre l'homme et la femme, dans le couple, ou, plus largement, dans les relations entre parents et enfants ; silence et non-réponse prévalent. La rupture de la communication rend chacun étranger à l'autre. Elle rend impossible la réponse à la question que lui pose l'autre. Il n'y a plus de « responsabilité ».

Si le « fondement ontologique » de l'homme est la parole, le fondement de la parole est la question. Je parle pour avoir à être, disait Emmanuel Lévinas, pour me défaire de mon identité figée et pouvoir continuer à être et à devenir. Je parle en m'inscrivant dans le futur, comme projet : question et remise en question permanentes. Mais, ce faisant, je me pose continuellement, ou plutôt je suis et je vis une série de questions : « Qui suis-je ? », et donc aussi : « D'où je viens ? » et « Où je vais ? ». Cette capacité de « mettre en question(s) » son existence est une forme de dignité. Le « je suis », que nous avons longuement évoqué avec le commandement précédent, est donc un « qui suis-je ? ». Il pose la question de mon futur et y répond à partir de la question de mon origine.

## Adultère et « généa-logique »

Notre thèse est celle-ci : il y a adultère dans la relation entre un homme et une femme quand cette relation implique qu'ils ne seraient pas en mesure de répondre du futur de l'enfant qui pourrait naître de leur union… Il y a adultère chaque fois qu'à cause de cette union il pourrait y avoir rupture dans la communication et impossibilité de répondre au « qui suis-je ? » de l'enfant, chaque fois qu'il serait impossible de répondre aux questions fondamentales d'un enfant à venir.

Autrement dit, dans le commandement qui interdit l'adultère se pose d'abord la question de l'enfant adultérin, c'est-à-dire des conséquences de cet acte pour la filiation. La filiation sera pour nous le critère de l'adultère.

Ce faisant, nous restons dans la logique des Dix Paroles :

celle de la *transmission* et de la génération. Nous nous inscrivons ici, au sens propre, dans une « généa-logique ».

## Il n'y a d'adultère qu'avec une femme mariée !

Rachi pose la question : si un homme marié trompe sa femme lorsqu'il va avec une autre femme, commet-il l'adultère ? (Rappelons qu'en hébreu les verbes « aller » et « venir » sont des expressions pour dire le rapport sexuel ; *bia*, la « venue », est le nom de l'acte sexuel.) La réponse est surprenante pour des Occidentaux peu habitués au droit hébraïque.

En effet, contrairement à ce qu'on pourrait penser, l'adultère ne consiste pas à tromper sa femme avec une autre femme en général (que le lecteur, de grâce, n'en tire aucune conséquence pour lui-même !). Ce n'est pas d'abord une question de tromperie, bien que celle-ci soit aussi un élément de la situation. On pourrait en effet supposer une situation – c'est déjà arrivé – où une femme est d'accord pour que son mari la trompe avec une autre.

L'adultère a lieu, selon la Loi, si cette autre femme est mariée. Il ne concerne que la relation d'un homme, marié ou non, avec une femme mariée.

Une femme mariée, qu'est-ce à dire ? C'est une femme engagée par sa parole dans l'ordre de la filiation, celle qui désigne le père aux enfants qu'elle aura. Il est évident que la forme du lien matrimonial importe peu ici : des concubins qui vivent officiellement comme s'ils étaient mariés et qui ont des enfants (ou veulent en avoir) sont bien « mariés » et donc concernés par l'adultère.

Avoir un rapport sexuel avec une femme non mariée n'est donc pas un adultère, car, d'après la tradition hébraïque, du moins celle des sépharades (les juifs du Sud, de l'Espagne, du Maghreb et du Proche-Orient, ou encore des pays balkaniques), la polygamie est permise. Un grand rabbin ashkénaze, Rabénou Guershon Méor Hagola, a décrété en l'an mil que l'interdiction de la polygamie serait levée aussi pour les ashkénazes après mille ans : les juifs ashkénazes ont donc encore environ 365 jours… à rester monogames ! Je comprends pourquoi certains de mes amis ashkénazes se disent sépharades d'honneur…

En Israël même, jusqu'à il y a peu, certains rabbins avaient plusieurs femmes, bien que la loi de l'État d'Israël l'interdise. Bien entendu, tout homme polygame commet un adultère s'il a une relation avec une femme mariée à un autre homme. Selon la Tora, une femme mariée est sanctifiée et n'appartient qu'à son mari.

## La parole, le temps, la vie

« L'homme et la femme adultère mourront. » Cette citation est tirée du Lévitique (20,10). Ce livre contient aussi, comme on le sait, les lois de pureté et de sainteté. Ainsi, au chapitre 18, verset 20, le texte insiste sur la pureté : « Tu n'auras pas commerce avec la femme de ton prochain, pour en devenir impur. » Mais surtout, dans le Lévitique, l'interdit de l'adultère est situé dans un ensemble de commandements qui concernent les rapports sexuels ; d'autre part, contrairement à l'énoncé du commandement dans le livre de l'Exode, où l'on n'en sait pas plus, une foule de précisions sont apportées ici. Dans le livre de l'Exode, en effet, on ne trouvait pas le lien avec la parole. Ici, dans le Lévitique, un point est frappant : à plusieurs reprises, les injonctions autour de la sexualité sont suivies de l'affirmation : « Car je suis Dieu, le Tétragramme, YHVH. »

Le Tétragramme (nous l'avons vu à propos du premier commandement) signifie à la fois le présent, le passé et le futur. Selon la traduction d'Henri Atlan, on pourrait dire qu'il est l'« Être du temps ». Il est Celui qui permet qu'il y ait vie et histoire, qui empêche d'oublier toutes les dimensions du temps.

Le texte du Lévitique 18, qui parle des relations sexuelles interdites, commence précisément par cette réaffirmation solennelle : « Je suis l'Éternel votre Dieu.

Comme on fait au pays d'Égypte où vous avez habité, vous ne ferez pas. Et comme on fait au pays de Canaan vers lequel je vous mène, vous ne ferez pas. » Quand cette parole est prononcée, on est dans le désert, dans le pays « entre deux », entre Égypte et Canaan. Il ne faut pas faire comme les habitants de ces deux pays. « Leurs lois sociales, vous ne les suivrez pas. Mes lois sociales vous ferez. Mes rituels privés vous ferez et observerez. Je suis le Tétragramme, YHVH, votre Dieu. Mes lois sociales vous ferez et vous garderez mes rituels privés, que l'homme fera et il vivra en eux : je suis le Tétragramme, YHVH ! »

Le texte du Lévitique enchaîne immédiatement sur les relations interdites, à savoir les relations incestueuses, pour finir par l'adultère.

Dans ce que nous venons de lire, une phrase est particulièrement importante : « Mes lois sociales vous ferez et vous garderez mes rituels privés, que l'homme fera et il vivra en eux… » On s'attendrait, après « vous garderez mes rituels privés », à lire « et vous vivrez ». Or, il est écrit « que l'homme fera et il vivra en eux ». On passe donc de la deuxième personne du pluriel, adressée aux juifs, à « l'homme » en général.

Ce n'est pas seulement l'homme juif, c'est l'humain, l'homme de l'humanité, qui « fera et vivra en eux ». Et donc l'ensemble des lois qui concernent les relations sexuelles, énoncées dans ce chapitre 18 du Lévitique, concerne les relations humaines en général, qu'il s'agisse de juifs ou de non-juifs. Ce sont des lois universelles pour vivre. Ou plutôt, pour permettre de vivre humainement, pour rester dans l'ordre de l'humain, des lois sont données, qu'il importe de ne pas transgresser.

### Responsabilité pour la vie dans le futur

« Il vivra en eux… », dit notre texte. On est transporté dans le futur. Rachi commente : le verbe a la forme d'un « présent éternel », c'est-à-dire qu'il vivra « dans le monde futur ». Littéralement, l'hébreu dit *olam haba*, une expression qu'il faudrait traduire par « le monde qui vient », « le monde qui est en train d'advenir » : c'est la capacité de m'inscrire dans l'Histoire en train de venir qui est en cause. Le « monde futur » n'est pas un monde de l'au-delà, mais le monde qui vient vers moi, le monde en train d'advenir.

Rachi se pose la question : puisque l'expression « et il vivra en eux » est sous la forme du « présent éternel », comment vivrai-je éternellement ? N'est-il pas dit qu'à la fin l'homme mourra ? Rachi répond : tu vivras, toi et ta descendance, parce que tu transmettras un principe de vie à ton enfant, lui-même capable de transmettre à son tour un principe de vie, et ainsi indéfiniment.

Que signifie au fond « vivre dans la Loi » ? Ce n'est pas suivre la Loi et vivre ensuite. C'est bien plutôt comprendre que la Loi qui a été donnée propose un principe de vie qui est d'abord de l'ordre de la transmission et de la filiation. Vivre veut dire transmettre la vie – qui est évidemment bien au-delà de la vie biologique : c'est transmettre les lois sociales et les rituels privés. Faire en sorte que ceux qui viennent après moi soient eux aussi capables de donner un sens au monde, de l'investir de significations.

« Vous vivrez », c'est-à-dire vous marquez votre responsabilité pour le futur, dans le sens où en parlait ci-dessus Hans Jonas : vivre pour que les générations futures puissent elles aussi mener une vie bonne et juste. Et les lois concernant les relations sexuelles, en particulier, maintiennent dans ce principe de transmission de la vie.

Rachi ajoute une remarque intéressante. Si la Loi dit : « Observe la Loi et tu vivras », cela veut dire que chaque fois que la Loi s'opposera à la vie, c'est la vie qui devra l'emporter. Par exemple, s'il y a danger de mort à ce que j'observe le *chabbat*, je n'ai pas à observer le *chabbat* mais à sauvegarder la vie. Les lois données pour la vie priment sur la Loi en cas de danger.

## Insémination artificielle ?

Dans ce chapitre 18, au verset 20 est ensuite énoncée l'interdiction de l'adultère. Littéralement, le verset dit ceci : « Et vers la femme de ton prochain tu ne donneras pas ta semence pour qu'il y ait une descendance et pour qu'il y ait une impureté en elle. »

Une fois encore, Rachi souligne fortement ici le lien entre l'interdit de l'adultère et l'enfant, qui pourrait être la conséquence d'un tel acte et qui s'insérerait difficilement dans l'existence. Dans cette perspective, la Loi juive interdit l'insémination artificielle avec un donneur qui ne serait pas le mari : c'est évidemment un adultère, puisqu'un autre homme vient inséminer une femme mariée. L'ordre de la filiation, qui est un ordre de vie, n'est pas respecté.

## Jusqu'où vont les désordres de la filiation ?

Pour illustrer mon propos, je voudrais raconter une histoire, que rapporte Pierre Legendre. C'est celle d'un enfant québécois, dont le père a disparu peu après sa naissance. Il prend, à l'âge de quatorze ans, le nom de famille de la mère. Par la suite, cette femme change de sexe grâce à la chirurgie, devient un homme et demande d'être désignée comme « père » qui adopte ce garçon. Lequel accepte cette demande d'adoption par son ancienne mère devenue un homme. Le voilà donc avec deux pères, tandis que sa mère est « morte », selon ses propres dires, et qu'il a décidé d'en faire le deuil. Cet enfant aura-t-il des problèmes ? On peut s'interroger sérieusement…

Il se pourrait, hélas, qu'il ait plus que des problèmes. Comment trouverait-il ses repères, et en particulier une inscription juste dans la filiation ? Le voilà nanti d'un père qui est une mère – *sa* mère –, d'une vraie mère devenue père adoptif, d'un vrai père qui est absent et rejeté par la vraie mère, elle-même morte comme mère, et ainsi de suite… On s'y perdrait à moins !

## Laisser vivre la terre

Il importe de noter la formulation de l'interdit dans le Lévitique : non pas « tu ne coucheras pas avec la femme de ton prochain », mais « vers la femme de ton prochain tu ne donneras pas ta semence qui la rendrait impure », c'est-à-dire : « qui produirait une filiation impossible à assumer ». Plus loin, le texte précise encore : « Si vous ne pratiquez pas ces lois, si vous ne les respectez pas, alors la terre sur laquelle vous venez vous vomira. » Et encore (au verset 28), « le pays ne vous vomira pas parce que vous ne le rendrez pas impur, comme elle a vomi le peuple qui était avant vous ».

Il y a une sorte de correspondance invisible entre l'homme et la terre, un contrat moral qui font que si l'homme a une conduite permettant la vie, la terre aussi continuera à apporter la vie. Pour prendre une formule semblable à celle de Hans Jonas, que nous avons déjà évoqué à plusieurs reprises, on pourrait dire : comporte-toi par rapport à la terre de manière telle que ce que tu lui prends permette aux générations suivantes d'en profiter. Si tu épuises la terre sans permettre aux générations futures de vivre, tu n'es pas dans l'éthique du futur, et la terre te vomira.

Il ne faut pas voir là une « mystique de la terre », mais bien une éthique et un réalisme. Si la terre est détruite, l'homme ne pourra plus y vivre. Or la terre est détruite, entre autres, par les relations illicites que nous évoquons à propos de ce septième commandement.

## Ce que « pèsent » les parents

L'interdit de l'adultère est repris au chapitre 20, verset 10 (celui que commentait Rachi) : « L'homme qui commet l'adultère avec une femme mariée, celui qui commet l'adultère avec la femme de son prochain sera mis à mort, lui, l'adultère, ainsi que la femme adultère. » Comme les versets du chapitre 18, dont nous avons utilisé le contexte pour montrer le rôle de la filiation, il nous faut regarder le contexte de ce verset du Lévitique 20,10. Le verset 9 qui précède dit ceci : « Car un homme qui maudira son père et sa mère, il mourra. Son père et sa mère il a maudits : son sang est en lui. »

Pour comprendre ce passage, rappelons-nous le cinquième commandement : « Honore ton père et ta mère… » Nous avions dit que le sens littéral était : « Lourds ton père et ta mère… », c'est-à-dire : donne suffisamment de poids à l'histoire de tes parents pour pouvoir assumer le fait d'être leur enfant. Pour qu'il y ait réellement filiation, il faut avoir un respect qui leur donne du poids. Or si le mot hébreu « honorer » veut dire « lourd », « maudire » vient au contraire de la racine *qll* (*qalal*), qui signifie « léger ». Maudire ses parents, c'est les rendre légers : ils n'ont alors plus le poids qui leur permet d'assurer la filiation ou qui permet à la filiation de bien se faire. Il y a une sorte d'impossibilité à dire et à assumer le lien généalogique. Ce lien est *mal dit*, il est poursuivi par une *malédiction*. Quand les parents ne peuvent être honorés, il n'y a pas accès à la parole, pas de corps parlant, d'inscription dans un ordre symbolique. Ayant du « mal à dire », je suis en difficulté pour me situer dans la filiation, je ne suis pas en mesure de la dire correctement.

Le verset dit que ceux qui maudissent leurs parents « mourront ». Cela signifie-t-il qu'on va les tuer ou qu'on doit les faire mourir ? Non, cela veut dire que la transgression de la loi entraîne l'impossibilité de s'inscrire dans l'ordre de la vie. Vivre, c'est s'inscrire dans un projet, dans un futur. Or il n'y a pas de futur si le lien avec le passé est rompu, si l'homme est dans l'incapacité de se raccrocher à un passé.

Dans le verset 9, le verbe « maudire » est répété : d'abord il est au futur, ensuite au passé : « Un homme qui maudira… Il a maudit… » Autrement dit, que ce soit avant ou après la mort des parents, le problème est le même : qu'ils soient maudits en leur présence ou non, de leur vivant ou après leur mort, peu importe ; c'est le lien symbolique avec eux, ma relation avec eux et la manière de la dire qui sont inadéquats.

Le texte déclare à plusieurs reprises : « Car ceux qui font ces abominations [ces détournements] seront exclus [exactement : "passibles d'exclusion"] de leur peuple. » Je comprends ceci : ils sont passibles d'exclusion dans l'ordre de la filiation. Il y a certes filiation physique, mais non symbolique. L'enfant issu des unions illicites n'a pas accès à un langage qui permet de l'insérer dans l'ordre de la vie, avec ses relations symboliques importantes. Sortir l'enfant des liens symboliques qui unissent l'homme et la femme mariés risque de mener à une conception « bouchère », c'est-à-dire une conception purement physique, de la filiation. Autrement dit, à une filiation sans paroles.

Il en va de même de l'adultère. Dans le verset 10, l'homme et la femme adultères sont « mis à mort », mais cela veut dire avant tout l'impossibilité de continuer à vivre, parce que le fruit de cette union, l'enfant adultérin, ne sera jamais dans l'ordre de la filiation.

## Entendre l'histoire de sa naissance

La vision courante associe l'adultère à un problème de relation, d'amour, de passion… et elle le juge sur le registre de l'infidélité. Autrement dit, on en fait un problème de morale. Mais la vraie question est celle du statut de l'être humain comme corps parlant, comme articulation d'un corps avec sa parole. Cette dernière ne vient pas de n'importe où ni de nulle part : elle est ancrée dans un désir, elle est transmise, et elle s'inscrit dans une histoire !

L'avenir d'un individu – son nom – ne peut se construire sans cet ancrage à tous les niveaux de sa mémoire. En particulier, il doit accéder à ce temps où il ne parlait pas encore, ce moment où il était *in-fans*, non parlant, mais où d'autres – ses parents – se parlaient et se désiraient, le désiraient et lui parlaient. Grâce à la psychanalyse des tout-petits, en particulier grâce à Françoise Dolto, nous connaissons mieux aujourd'hui cette nécessité de dire, de raconter la « vérité » du passé, même lorsque cette vérité est difficile à entendre. Ignorer cette vérité, vivre dans le « non-dit », risque de peser lourdement sur le futur…

## Importance des contes : la bibliothérapie

On peut ajouter qu'ainsi se comprend l'importance des contes et des histoires que les parents racontent à leurs enfants. Ce sont souvent des contes et des histoires que leurs propres parents avaient déjà entendus de la bouche de leurs parents, sous une forme semblable ou modifiée. Comme le dit Pierre Fédida, ces récits ou ces mythes s'inscrivent eux aussi dans une parole et une tradition, ils apprennent le sens de l'amour, du travail, de la vie et de la mort, de la relation aux autres, du rêve, ils enseignent un rapport aux choses…

Souvent, dans la tradition orale des contes, le secret de la naissance et de la mort est révélé, dans une parole cachée où s'exprime l'inconscient des hommes. La disparition d'un mythe, l'affaiblissement de la tradition orale signifient non seulement une désorganisation des sociétés, de leur rapport à la fête, au travail, à la vie en commun, mais encore un véritable déracinement au niveau de l'être. Les contes, les mythes, les histoires s'inscrivent eux aussi dans un ordre généalogique.

Certains maîtres de la pensée juive, comme Rabbi Nahman de Braslav, remontent très loin dans ce voyage de la mémoire, jusque dans la « nuit utérine » et même au-delà, dans le désir parental. Nous avons appelé *bibliothérapie* cette pratique généalogique du récit.

## Faire naître un enfant

L'adultère implique la possibilité de l'enfant à venir, et donc il pose un problème de généalogie. Cette conviction est en tout cas présente chez les commentateurs juifs, en particulier Rachi. Il déclare logiquement que si un mineur couche avec une femme mariée, il n'y a pas adultère, ni de l'un ni de l'autre. Il en va de même si un homme marié couche avec une mineure. L'adultère n'est « constitué » que si un homme majeur couche avec une femme mariée et majeure.

Pourquoi n'y a-t-il pas adultère en cas de faute avec une mineure ? Les maîtres de la tradition raisonnaient à partir d'un principe : un mineur ne peut pas procréer. Et ils raisonnaient ainsi à cause de l'âge du mariage à leur époque : aux temps de la Bible et du Talmud, une fille était fiancée à trois ans et mariée à douze ans et demi. Auparavant, elle restait chez son père. Un garçon était fiancé à neuf ans et marié à treize, au plus tard quatorze ans. Les limites entre « majeur » et « mineur » sont donc fluctuantes. La minorité, pour les maîtres du Talmud, réside dans l'impossibilité d'avoir des enfants.

Ils font aussi la différence entre « légal » et « moral ». Concernant les relations sexuelles en général, le problème pour eux, encore une fois, est celui de la filiation, non celui de la moralité – qui se pose aussi, certes, mais ne qualifie pas l'adultère ou l'inceste. Ou encore sont interdites par la Loi toutes les relations qui constituent un brouillage, une interruption de la parole. Celle-ci ne se transmet pas biologiquement, comme s'il y avait un « gène de la parole », mais dans le cadre d'une éducation, d'une relation qui transmet la parole de vie. Sinon, on reste dans le registre de la biologie ; mais l'adultère et même l'inceste ne se posent pas d'abord en termes de biologie.

Est-il besoin de dire que tout ce qui précède n'autorise en aucun cas l'adultère avec une femme mariée qui ne peut plus avoir d'enfant, ni l'adultère avec des moyens contraceptifs !

Le couple, la parole dans le couple ont une valeur infinie. Les Dix Commandements sont des lois pour le vivant qui parle, pris dans un tissu symbolique. L'adultère n'est pas un problème de fidélité ou de tromperie, mais de structure liée à la filiation. C'est pourquoi coucher avec la femme de son ami (même avec son accord) est aussi un adultère.

## L'enfant adultérin : le cas du *mamzèr*

Mais puisque dans l'adultère il est question d'abord et avant tout de l'*enfant*, il importe de réfléchir maintenant au statut de l'enfant qui naîtrait de cette union interdite. Quel est le statut de l'enfant adultérin ?

Dans le livre du Deutéronome, au chapitre 23, verset 1, il est dit : « Tu ne coucheras pas avec la femme de ton père ; tu ne découvriras pas la nudité de ton père. » Le verset 2 aborde le problème d'un homme qui aurait les testicules mutilés ou la verge coupée (pour être eunuque, par exemple). Le verset dit que cet homme n'entrera pas dans l'« assemblée de Dieu », c'est-à-dire la communauté réunie autour de la Loi d'Israël.

Vient ensuite, au verset 3, le cas du *mamzèr*, c'est-à-dire de l'enfant né de l'une des unions illégitimes citées précédemment. Lui non plus ne pourra pas entrer dans l'assemblée de Dieu. Rachi précise qu'il ne pourra se marier avec une juive. Le *mamzèr*, qu'on traduit à tort par « bâtard », est un citoyen hébraïque à part entière. Seule restriction, mais elle est de taille : il ne peut se marier au sein de la communauté.

Il fait pleinement partie de la communauté. Un proverbe dit même qu'« un *mamzèr* sage vaut mieux qu'un grand prêtre ignorant ». Pourtant, de par sa filiation, il ne peut entrer dans l'assemblée de Dieu. Il est en même temps dedans et dehors, à la frontière et sur le seuil. Le texte dit ensuite que « même à la dixième génération, il ne pourra réintégrer le peuple ». Non seulement lui, mais aussi sa descendance sont donc exclus du peuple d'Israël. Il gardera tous ses droits, mais ne pourra se marier dans le cadre de la communauté.

## Les exclus de la filiation

Il est intéressant de comparer le cas du *mamzèr* à celui des Moabites et des Ammonites de la Bible (nous avons parlé d'eux à propos du cinquième commandement). Ce sont les descendants des filles de Lot, c'est-à-dire des descendants d'un inceste (entre le père, Lot, et ses filles). Eux non plus ne peuvent intégrer l'assemblée de Dieu, fût-ce à la dixième génération.

Cependant, ce n'est pas pour l'inceste de leurs ancêtres qu'ils sont exclus, mais (selon notre texte) pour n'avoir pas offert du pain et de l'eau quand les Hébreux sont sortis d'Égypte. Ils ont manqué à la générosité, qui est une des qualités essentielles pour faire partie de l'assemblée de Dieu.

En l'occurrence, la générosité consistait à donner avant même que les Hébreux demandent quoi que ce soit. Emmanuel Lévinas a ainsi défini la responsabilité : non pas répondre de quelque chose qui est passé, mais anticiper sur le désir d'autrui, répondre avant même que sa question ne soit posée. Nous avons vu que Ruth la Moabite a été réintégrée parce qu'elle a réparé la faute de ses ancêtres. La générosité de Ruth fera même dire aux talmudistes : « Les mâles de Moab et d'Ammon ne pourront entrer dans le peuple d'Israël, mais les femmes le pourront ! »

Il y a donc trois types de personnes qui ne peuvent rejoindre l'assemblée de Dieu : l'eunuque, le *mamzèr*, les descendants des Ammonites et des Moabites. A certains égards, il s'agit de trois cas identiques : mais le premier, l'eunuque, ne peut avoir de filiation pour des raisons physiques ; le *mamzèr* ne peut s'inscrire dans la filiation pour des raisons symboliques ; les troisièmes sont exclus de la filiation pour des raisons morales : ils sont incapables de transmettre parce que incapables de donner, d'entrer dans un mouvement de transcendance, celui de la main ouverte, de la parole qui offre les choses du monde à autrui.

## L'étymologie du mot *mamzèr*

D'où vient le mot *mamzèr* ? D'une racine très rare, *mzr*, elle-même proche d'une autre, *mzl*, qui signifie « astre ». Le mot ne revient que deux fois dans le livre de Job. Le *mamzèr* est celui qui vient de l'« astre ». Pour l'astrologie, les constellations astrales influencent le monde et les hommes. Selon les sages, le *mamzèr* est comme un rouage purement physique dans une constellation, un corps en mouvement sans liberté propre, un être purement corporel, parce qu'il n'a pas accédé à la parole qui aurait pu lui donner une identité.

On objectera que cette étymologie est risquée. Mais je rappelle ici que le mot est un véritable musée, qui protège l'histoire du sens contre l'oubli. Par le jeu des étymologies, vraies ou fausses (peu importe pour une pensée rieuse), mais toujours « justes », les mots peuvent être réveillés, ranimés, réinventés…

En latin, deux mots existent pour dire l'astre : *aster* (pluriel *astra*) et *sidus* (pluriel *sidera*). Dans *L'Écriture du désastre*, Maurice Blanchot rappelait que si les gens sont liés à l'astre et si leur comportement en dépend sans aucune possibilité de liberté, c'est un dés-astre ! En revanche, *sidus-sidera* a donné « sidération », qui évoque la fascination, l'arrêt devant un objet ou un événement. Un individu a une histoire propre justement quand il n'est pas « destiné » d'avance à être ceci ou cela. L'homme est capable de ruptures, de cassures qui infléchissent le cours de son histoire.

Rester lié aux astres et à ce qu'ils disent est donc un

« désastre » si l'on ne parvient pas à s'en arracher, si on reste comme « sidéré » et pris dans le destin. Mais dès que l'on s'en dégage, on entre dans la « dé-sidération », du latin *desiderare*, « désirer ». Ce serait donc la libération des astres, la sortie de la sidération qui donneraient accès au désir. Celui-ci est arrachement à l'astral, retrouvailles avec la vie et le mouvement, la liberté et la subjectivité.

## Dire non au mensonge

Prenons le problème autrement, par « les chiffres et les lettres ». On peut noter que dans le mot *mamzèr* se trouve deux fois la lettre *mèm*, dont la valeur numérique est 40 selon la *guématria*. Ensemble, les deux lettres donnent donc 80, le nombre de la lettre *pé*, qui signifie la « bouche ».

Le mot *mamzèr* pourrait donc signifier « celui pour qui la bouche est quelque chose d'étranger » (le mot *zar*, qui termine le mot *mamzèr*, signifie « étranger »). L'étranger est celui qui n'accède pas à la bouche, au langage d'autrui, ou encore, il est celui dont on ne comprend pas la langue.

L'autre sens du mot *zar* est « dispersé » : le *mamzèr* serait celui dont l'identité est impossible parce que complètement dispersée ; celui dont le langage ne parvient pas à construire l'identité, dont on n'arrive pas à recoller les morceaux d'histoire épars, pour en faire une vie qui puisse être racontée.

Tout le contexte du mot *mamzèr* évoque finalement l'idée suivante : l'adultère crée une situation où la responsabilité est oubliée. Plaisir du corps, oui, mais irresponsabilité devant les conséquences de la relation. La responsabilité pour l'autre, c'est répondre à la question qui m'est posée par lui de son identité. L'enfant né d'un adultère appellera « papa » un homme qui ne peut répondre de la filiation qu'au prix d'un mensonge.

En hébreu, « mensonge » se dit *chéquèr*, mot qui contient

les mêmes lettres que *quéchèr*, « nœud » et, par extension, « lien ». Mentir, c'est tordre le lien de la filiation entre les géniteurs et l'enfant. Le mensonge vient de l'impossibilité de dire le lien ; par sa nature même, l'adultère met dans une situation telle qu'à l'enfant éventuel né de ce lien il n'est pas possible de répondre s'il pose la question de son identité : « Qui suis-je ? », « D'où je viens ? ». On ne peut lui répondre qu'au prix d'un mensonge. Comment assumerait-il le lien, le *quéchèr* ?

## Pouvoir dire ou non la filiation : l'enfant adopté

Certes, la position du *mamzèr* ne va pas sans poser des questions. Ainsi, qu'en est-il des enfants adoptés ? De nos jours, on insiste à juste titre sur l'idée qu'il faut dire à l'enfant adopté très vite ce qu'il en est, et donc que ses parents, qu'il appelle « papa » et « maman », se sont substitués aux parents absents, pour une raison bonne ou mauvaise. En disant à l'enfant qu'il est adopté, on sort précisément de ce qui serait une situation de mensonge. L'enfant sait alors que sa filiation vient d'ailleurs, que le « lien », le *quéchèr*, a été rompu, mais d'une certaine manière renoué par la vérité du récit.

Ainsi, contrairement à l'adultère, le *chéquèr* n'existe pas ici. C'est une différence essentielle pour l'enfant adopté par rapport à l'enfant né d'un adultère : la filiation peut être dite, même si le lien avec les parents biologiques a été rompu ; l'adultère est entouré, lui, d'un tabou, d'un épais silence, qui ressemble au silence préparant le meurtre, que nous avons étudié dans le chapitre précédent.

## Les autres doivent pouvoir me dire qui je suis

Cette forme de silence auquel se heurte l'enfant adultérin crée une situation de violence, car il ne pourra entendre la réponse à la question de son identité. Non qu'il soit condamné à devenir un meurtrier, mais son lien de filiation sera mal dit, ou non dit, ce qui risque de poser problème. Il est important pour chacun d'entendre son histoire, l'histoire de sa filiation, racontée par un autre.

Ce que je peux dire moi-même, ma propre parole, est certes important pour dire mon identité, mais c'est insuffisant. Un autre doit pouvoir me dire qui je suis. Mon identité doit être établie pour lui aussi, et donc par lui, dans la mesure où il est capable de me la dire, de (me) construire une « identité narrative », de faire le récit de mon histoire avant moi. J'existe en étant porté par la parole de la génération précédente, par la force de la parole généalogique. Le *mamzèr* ne peut avoir accès à cela. La parole fait défaut, ou bien reste dans l'ordre du mensonge.

## Grand-père, raconte-moi une histoire

En Israël, au cours du cursus scolaire (souvent en classe de troisième donc à 12-13 ans), au moment où l'enfant accède à l'âge adulte, il fait un dossier sur ses « racines », les *chorachim*. Il doit aller interviewer toute sa famille et établir son arbre généalogique pour dire d'où il vient, lui, ses parents, ses grands-parents…

L'auteur de ces lignes est allé avec sa fille interviewer son grand-oncle (donc l'arrière-grand-oncle de sa fille), âgé de cent un ans. Il a raconté ses souvenirs, avec en bonne place la guerre de 14… A la question « Quel est ton meilleur souvenir ? » il répondit « Maman ! ».

Mais il ajouta : « Je vais aussi vous raconter mon souvenir le plus triste : maman est morte le lendemain de ma *bar mitsva*… » La joie ou la tristesse compréhensibles de ces histoires sont essentielles pour construire l'« identité narrative » de soi et des générations suivantes.

## « A toi j'offre mes histoires » : un enseignement très profond du Baal Chem Tov

L'histoire de la mort du Baal Chem Tov prend tout son sens dans le contexte de cette identité narrative dont nous essayons d'esquisser les contours. Cette histoire se passe dans les Carpates.

Sentant sa mort prochaine, le Baal Chem Tov, « Maître du Bon Nom » (1700-1760), fondateur du hassidisme, décida de distribuer à ses disciples le peu de richesses qu'il possédait.

A l'un il fit don de son châle de prière, à l'autre il offrit son livre de psaumes, un troisième reçut sa tabatière en argent. Son serviteur le plus fidèle, Rèb Chmouel, attendait que vienne son tour, mais quand le maître eut tout distribué, il n'avait rien reçu. Alors le Baal Chem Tov se tourna vers lui avec un grand sourire et lui dit : « A toi j'offre mes histoires. Tu parcourras le monde pour les raconter. » Surpris, Rèb Chmouel remercia le maître en qui il avait toujours eu une confiance totale, sans comprendre vraiment le sens d'un tel héritage.

Le maître mourut. Rèb Chmouel resta seul. Il se disait au fond de lui-même : « Est-ce là un héritage ? Des histoires que personne ne voudra entendre ? » Pauvre il était, pauvre il resterait…

Mais un jour, il entendit dire qu'un homme, en Russie, était prêt à payer des sommes énormes pour entendre des histoires sur le Baal Chem Tov. Rèb Chmouel se renseigna et fit savoir qu'il était l'homme de la situation. On lui fit parvenir une invitation et, après un long voyage, il arriva, un vendredi matin, dans une grande ville où il fut accueilli par le président de la communauté juive, l'homme qui l'avait invité, et une foule de fidèles.

Le soir même, à l'occasion du *chabbat*, toute la communauté se réunit autour d'un repas somptueux préparé en l'honneur de l'invité de marque. Au milieu du repas, le président se lève et annonce aux convives que le disciple et secrétaire du Baal Chem Tov, Rèb Chmouel, est venu spécialement raconter des histoires sur la vie de son maître. Et il lui donne la parole.

Rèb Chmouel se lève, tout heureux de pouvoir enfin parler de son maître. Il veut commencer à raconter, ouvre la bouche et… rien ! Il ne se souvient de rien. Il est incapable de raconter la moindre histoire. Il se rassied, confus. Le président pense qu'il est fatigué par le voyage et l'envoie se reposer après avoir levé la séance.

Mais le lendemain, au milieu du deuxième repas chabbatique, la même scène se reproduit : Rèb Chmouel se lève, aucune histoire ne lui revient en mémoire, et il doit se rasseoir encore, plein de confusion. Le troisième jour, ce n'est pas mieux. Dès le lendemain, le président raccompagne discrètement mais froidement Rèb Chmouel, au comble de la honte. Peu de personnes sont là pour lui souhaiter bon retour. Déjà, en ville, on l'appelle « l'homme sans histoires »…

La voiture s'ébranle déjà quand Rèb Chmouel se dresse et crie : « J'ai une histoire, arrêtez ! » Depuis la voiture, il s'adresse au président, qui a une lueur d'espoir dans les yeux. « Il s'agit juste d'une petite anecdote, je ne sais si elle vous intéressera… » D'un léger signe de tête, le président l'invite à raconter.

> « Par une nuit d'hiver, le Baal Chem Tov me réveilla et me dit : “Rèb Chmouel, vite, attelle les chevaux, nous partons !” Dans le froid et la neige, nous avons traversé de profondes forêts et, après quelques heures, nous sommes arrivés devant une grande et belle demeure. Le Baal Chem Tov y entra, et après une demi-heure seulement, il en ressortit et me dit : “Nous rentrons !” »

En entendant cette histoire, le président se mit à pleurer toutes les larmes de son corps. Rèb Chmouel le regarda, stupéfait. A travers ses larmes, le président lut l'étonnement sur le visage des gens présents. Il leur dit :

> « Laissez-moi vous expliquer. La personne à qui le Baal Chem Tov vint rendre visite, c'était moi. A

l'époque, j'étais un personnage important de la hiérarchie ecclésiastique. Mon rôle était alors d'organiser les conversions forcées, qui s'accompagnaient toujours de violences et de persécutions contre les juifs. Quand le Baal Chem Tov fit irruption chez moi cette nuit-là, j'étais en train de préparer un des décrets les plus cruels de ma carrière... A peine entré, le maître se mit à dire d'une voix de plus en plus forte : "Jusqu'à quand ? Jusqu'à quand ? Jusqu'à quand vas-tu faire souffrir tes propres frères ? Ne sais-tu pas que tu es un enfant juif rescapé d'un pogrom, recueilli et élevé dans une famille polonaise qui t'a toujours caché tes origines ? Le moment est venu de revenir vers tes frères et vers la tradition." Profondément bouleversé, je décidai immédiatement de tout abandonner et de recommencer ma vie. Je demandai au maître : "Mais quand saurai-je que j'ai été pardonné de mes crimes ?" Le Baal Chem Tov me dit alors : "Le jour où quelqu'un viendra et te racontera cette histoire, tu sauras que tu as été pardonné." »

Cette histoire extraordinaire illustre de façon exemplaire la nécessité de pouvoir entendre sa propre histoire pour continuer à exister. C'est justement à ce récit que le *mamzèr* a peu de chances d'accéder. Et c'est pour éviter les souffrances de cette absence de récit que la Tora est si dure à propos de l'enfant adultérin. Il ne s'agit pas de punir, mais de mettre en garde, et d'enseigner le sens infini de la responsabilité.

## Juif par la mère ? Révolutionnons nos habitudes de pensée !

Cette histoire pose une question simple : comment réintégrer la communauté, comment accéder de nouveau à son identité ? Ce qui pose à son tour la question préalable : comment devient-on juif ? Les quelques réflexions qui suivent ne sont pas revêtues du sceau juridique, et elles ne sauraient donc faire jurisprudence. Je les livre pour donner à penser.

Le judaïsme a-t-il une filiation passant par le père ou la mère ? A cette question tout le monde répond : par la mère. Pourtant, je prétends ceci : la religion juive ne propose pas une filiation matrilinéaire mais patrilinéaire ! La filiation, chez les juifs, passe légalement par le père ! C'est ce que dit une *michna* : « Dans un mariage entre un juif et une juive où il n'y a pas d'interdit et où le mariage est légal, la filiation passe par le père. Si le mariage est légal, mais interdit, l'enfant porte le "défaut" du parent qui porte un "défaut". Quand le mariage n'entre pas dans le cadre du droit hébraïque (c'est le cas du mariage mixte), la filiation passe par la mère » (*Traité Quidouchin* 3, michna 12).

Il faut bien distinguer ce qui est légal et ce qui est permis, ce qui est illégal et ce qui est interdit. Il y a des mariages légaux, mais interdits : *a priori* on ne doit pas célébrer de tels mariages, mais, si on le fait, ils sont légaux. Par exemple, le mariage d'un *cohen*, un prêtre, avec une femme divorcée ou veuve est légalement possible. En revanche, il est frappé d'interdit, et les enfants qui naissent de cette union ne sont plus *cohanim*. Ils s'appelleront *cohanim*, mais ne pourront exercer la fonction de *cohanim* dans la communauté.

Il en va de même pour un *mamzèr* qui épouse une juive : le mariage est légal bien qu'interdit. L'enfant prend le défaut, si l'on peut dire, du parent qui porte le défaut (donc l'enfant sera *mamzèr*). Il en va de même d'une *mamzérèt* qui épouse un juif : le mariage est légal bien que frappé d'interdit. Et l'enfant portera le défaut du parent porteur du défaut, il sera *mamzèr*.

Certains mariages, en revanche, ne sont pas légaux, et l'interdit n'entre pas en ligne de compte : dans ce cas, la filiation passe par la mère. C'est le cas du mariage d'un juif et d'une non-juive, ou d'un non-juif et d'une juive. Le mariage n'est pas légal, ou plutôt il n'entre pas dans le cadre de la légalité hébraïque, puisqu'une autre législation vient en concurrence. En d'autres termes, quand la légalité hébraïque n'est pas respectée, le judaïsme devient « matrilinéaire ». Et il faut donc dire que la matrilinéarité dans le judaïsme, dont on parle toujours avec assurance, est un préjugé à revoir.

## Comment réparer ?

Ce point est important précisément pour le *mamzèr*. La question qui vient forcément à l'esprit en lisant ce qui le concerne est celle-ci : peut-on réparer cette situation et comment ? Après tout, le *mamzèr* est innocent de ce qui lui arrive.

Pour répondre, il faut reprendre le problème des filiations légales dans la tradition hébraïque. Qui est « fils de qui » aux yeux de la Loi hébraïque ? Comme il est illégal, pour le *mamzèr*, de se marier avec une juive, il cherchera sa femme en dehors de la communauté, et donc son enfant ne sera ni juif, ni *mamzèr*, puisque cette catégorie ne concerne que les juifs à l'intérieur de la communauté. Cet enfant non juif pourra donc se convertir au judaïsme et devenir juif à part entière, en passant par la circoncision et le bain rituel. Sera possible à partir de lui une filiation qui échappera à la catégorie du *mamzèr*.

Paradoxalement, voilà un cas où le mariage mixte entre juif et non-juif permet au *mamzèr* de restaurer la filiation et la responsabilité perdues. A travers la circoncision, le corps est réarticulé à la parole. A travers le symbole de l'eau du bain rituel, son identité est réinterrogée.

## Le rituel de la conversion

Nous venons ainsi d'évoquer la conversion. Dans le judaïsme, la conversion est une étape théoriquement facile et concrètement très difficile. Les maîtres du Talmud, puis les rabbins ont établi qu'il ne fallait pas accepter facilement les personnes qui désiraient faire partie de la communauté juive. Aujourd'hui, il reste relativement difficile de se convertir dans les milieux qui se disent « orthodoxes ». Les courants libéral et conservateur (ce dernier est surtout représenté aux États-Unis) sont plus ouverts à cette démarche – ce qui ne signifie pas qu'ils sont plus souples ou laxistes.

Quoi qu'il en soit, le candidat à la conversion prend sur lui d'accepter la Loi et les principes fondamentaux du judaïsme, auxquels il s'initie pendant plusieurs années. Il entre dans le judaïsme par la circoncision et le bain rituel (*miqvé*) pour les hommes, uniquement par le bain rituel pour les femmes. Le christianisme a gardé la mémoire du bain rituel dans la cérémonie du baptême.

Le bain rituel ou *miqvé* se fait dans une sorte de petite piscine qui contient de l'eau de pluie, de rivière ou de mer. Ce qu'il faut, c'est de l'eau « vivante » (et non pas de l'eau du robinet ou de l'eau stagnante), dans laquelle la personne doit se tremper entièrement. Cette eau peut donc être une rivière, ou la mer, ou un lac dont l'eau s'écoule.

En hébreu, *mayim*, « eau », est le pluriel de *ma*, qui veut dire « quoi ? ». Il est curieux que dans d'autres langues aussi, le mot indiquant le questionnement soit en relation avec celui qui veut dire « eau » : ainsi *was* et *Wasser* en allemand, *what* et *water* en anglais… peut-être existe-t-il d'autres exemples. Cette remarque nous mène à penser que le passage par l'eau, qui signifie la conversion, est un passage par la question ou le questionnement, par ce que j'ai appelé la « quoibilité » : cette capacité si fondamentalement humaine de poser des questions et de se remettre en question.

*

## A LIRE

Abehsera, Alain, *Babel, le langage du* XXI*e siècle* (conférence).

Atlan, Henri, *A tort et à raison*, Éd. du Seuil, 1986.

Blanchot, Maurice, *L'Entretien infini*, *op. cit.*

Dolto, Françoise, *Séminaire de psychanalyse d'enfants*, t. 1, Éd. du Seuil, 1982.

Fédida, Pierre, « Le conte et la zone d'endormissement », in *Corps du vide et Espace de séance*, Éd. universitaires, 1977.

Krygier, Rivon, *La Loi juive à l'aube du XXI^e siècle*, Laurens, 1998.

Legendre, Pierre, *Le Crime du caporal Lortie*, Fayard, 1989.

Ouaknin, Marc-Alain, *Bibliothérapie. Lire, c'est guérir*, *op. cit.* ;

–, *C'est pour cela qu'on aime les libellules*, *op. cit.*

8

# Ne pas s'accrocher aux seins

**HUITIÈME COMMANDEMENT :**
**« Tu ne voleras pas. »**
**(Exode 20,13)**

En littérature, certains font la distinction entre une période classique, une période moderne et une troisième, où nous serions parvenus, appelée post-moderne. A l'époque classique, on assiste au triomphe de l'œuvre : l'auteur écrit avec toute la liberté et la force de son génie les livres qu'il a envie d'écrire. Souvent, d'ailleurs, il s'inscrit dans un genre littéraire déjà existant, que ses œuvres portent à la perfection (il suffit de penser à Corneille ou Racine pour la tragédie). Dans les temps modernes, et alors qu'il s'agit toujours d'écrire une histoire avec un contenu, une nouvelle question se fait jour, qui est traitée dans le livre lui-même : qu'est-ce que la littérature ? Qu'est-ce qu'une œuvre littéraire ? Que fait, qui est l'auteur quand il écrit ? Il y a donc, au sein même de l'œuvre, un retour sur la question : « Qu'est-ce qu'écrire ? » ou « Pourquoi écrit-on ? ».

## Nous autres, post-modernes...

Dans la littérature qui serait vraiment post-moderne, en revanche, le texte et l'auteur disparaîtraient. C'est ainsi que j'ai vu un jour un livre surprenant : le haut des pages était blanc, dépourvu de texte ; il y avait les notes de bas de page, et au milieu, en guise de « texte », les appels de note : « 1, 2, 3, 4, 5... » Quoi qu'on pense du génie de cette invention littéraire, l'idée est claire : on est entré dans le temps de la littérature interactive, où le livre est à écrire, à récrire, à compléter… par le lecteur.

Cette définition post-moderne du livre renoue en fait avec la tradition du Talmud selon laquelle le livre est la « bouche du lecteur ».

Avec ce huitième commandement, je propose au lecteur d'entrer dans cet exercice post-moderne et de considérer mon commentaire comme des notes en bas de page : à lui de reconstruire une pensée en mouvement, celle des commentaires talmudiques, des philosophes, des écrivains et des poètes qui seront convoqués comme d'habitude…

## Le vol et l'adultère

La première question que pose ce huitième commandement (« Tu ne voleras pas ») est le rapport entre lui et celui qui précède (« Tu ne commettras pas d'adultère »). Leur position successive dans l'ensemble des Dix Commandements doit avoir un sens. Quel rapport entre eux ? Je suis longtemps resté perplexe à ce sujet, et la petite histoire qui suit, que me conta un vieux maître, ne nous éclairera pas vraiment, j'en ai bien peur.

> Un jour un homme va trouver le rabbin et lui dit : « Rabbi, on m'a volé ma montre. » Le rabbin lui répond : « C'est simple. Tu iras à la synagogue le jour du *chabbat* où on lit les Dix Commandements, et au moment où on arrivera à “Tu ne voleras pas”, tu regarderas chacun droit dans les yeux. A ce moment-là, celui qui rougira sera sûrement le voleur de ta montre. » L'homme va donc à la synagogue au jour indiqué. Il retourne ensuite voir le rabbin pour lui dire qu'il a bel et bien retrouvé sa montre. Ce dernier se réjouit de voir que ses conseils ont porté leurs fruits. Mais l'homme lui dit : « Non, ce n'est pas tout à fait cela. Car c'est au moment où on lisait “Tu ne commettras pas d'adultère” que je me suis rappelé que j'avais laissé ma montre chez M^me Cohen… »

Voilà le seul rapport que j'ai pu trouver entre le septième et le huitième commandement. Comme vous le voyez, lecture post-moderne oblige : à chaque lecteur de compléter ici les lacunes de l'auteur !

## Du rôle de l'humour

Pourquoi avoir commencé un commentaire par une histoire drôle ?

Un maître du Talmud, Rabba, commençait toujours son enseignement par une note d'humour, littéralement des « mots divertissants ». C'est là un trait général : impossible d'entrer dans la pensée juive sans humour ! Ce qu'on appelle l'humour talmudique ou encore l'humour juif, par opposition au sérieux de la philosophie ou de la théologie, c'est la mise en cause des vérités toutes faites, et d'abord la mise en doute de soi-même.

Vladimir Jankélévitch disait que l'humour exige aussi qu'on se moque de soi-même pour éviter de remplacer l'idole renversée – celle dont on rit – par une autre... Rappelons que l'histoire des juifs commence avec Abraham et son fils « Monsieur Humour » : c'est la traduction exacte du nom « Isaac » ou *Itshaq*.

L'humour empêche de s'enfermer dans une vérité unique. Dans les dialogues du Talmud, chacun peut exposer sa pensée, même si chacune de ces pensées est en contradiction avec les autres. Cette façon de faire crée du jeu, c'est une source d'humour extraordinaire, en rupture avec le discours philosophique où l'auteur expose une seule philosophie – la sienne – en critiquant éventuellement les autres. C'est une rencontre inédite du tort et de la raison, du « à tort et à raison », pour reprendre le titre du bel ouvrage d'Henri Atlan.

Ce livre s'ouvre sur une histoire qu'on attribue, sans doute à tort, au Talmud :

> Un maître rendait la justice entre deux plaignants devant ses disciples. Une fois que le premier eut

> exposé son cas, le juge, après mûre réflexion, lui donna raison. Quand le deuxième eut fini de plaider, le juge lui donna également raison. Comme ses disciples s'étonnaient, le maître, après une nouvelle réflexion, répondit : « Vous avez aussi raison. »

Dans *A tort et à raison* (des oreilles fatiguées et ayant de l'humour pourraient entendre : *La Tora a raison*), Atlan enseigne avec sérieux qu'il y a plusieurs rationalités, différentes façons d'avoir *raison* et de rendre compte du monde, qui sont toutes légitimes.

L'homme de l'humour refuse de s'enfermer dans un seul chemin, et il est toujours en chemin. Il refuse d'enfermer la vérité (et de s'emprisonner lui-même) dans une phrase définitive. Sa définition est de ne pas avoir de définition, elle consiste à ne pas s'identifier à une seule image de l'homme. Il n'y a que des identités possibles, mais pas d'identité donnée une fois pour toutes, ou encore il y a toujours plusieurs identités qui coexistent : impossible d'enfermer quelqu'un dans un seul schéma, comme le montre l'histoire qui suit.

> Nous sommes en Pologne en 1930. Un jeune juif sort de son *shtetl* [petit village] pour aller passer quelques jours à Varsovie, la capitale. Trois mois après, il revient au village et il raconte à ses amis ce qu'il a vu.
> – Varsovie, quelle ville extraordinaire ! Quelle richesse, quelle diversité ! J'y ai rencontré un juif orthodoxe, qui ne parle que de Talmud. Toute la journée, il médite les textes de la tradition, et dès que vous lui adressez la parole, il commence par citer un verset biblique. J'ai aussi rencontré un juif complètement athée qui ne veut pas entendre parler de Dieu et veut qu'on le laisse tranquille avec toutes ces histoires à dormir debout, bonnes pour les naïfs et les enfants. J'ai vu aussi un chef d'entreprise, qui dirige des usines avec des centaines d'employés et qui roule dans des voitures de luxe. J'ai encore rencontré un juif communiste enflammé, qui ne parle que d'égalité entre les hommes et de lutte des classes…

> Les amis autour du jeune homme l'écoutent avec étonnement :
> – Qu'y a-t-il de si extraordinaire ? Varsovie est une grande ville, une capitale avec des dizaines de milliers de juifs. C'est normal d'y voir des juifs très différents !
> – Vous n'avez pas compris, répond le jeune homme : c'était le même juif !

## Brouiller les images reçues

La grande différence entre une blague juive et une blague sur les juifs, souvent antisémite, vient souvent de ce que la première brouille, casse les images reçues. Elle n'enferme pas « le » juif dans des stéréotypes : l'argent, l'aspect physique... Au contraire, elle brouille ces critères, les retourne, les fait éclater pour provoquer le rire. Elle tourne en dérision les prétendus caractères attachés au juif. La blague antisémite, au contraire, fait des juifs ce que les auditeurs aimeraient qu'ils soient. On sait une fois pour toutes qui est « le » juif, et les blagues servent à enfoncer les juifs dans ces prétendues marques du juif... « Pourquoi les juifs ont-ils un grand nez ? – Parce que l'air est gratuit ! » : type de la blague antisémite, qui a certainement fait rire bien des juifs eux-mêmes... mais qui les chosifie, les fige dans une caricature définitive, les tue à travers les mots. La caricature stéréotypée est un cercueil linguistique. On est à l'opposé du véritable humour, comme dans l'histoire suivante :

> En Russie, un juif rencontre un jour un moujik sur la route.
> – Où vas-tu comme ça ? demande le moujik au juif.
> – A Kiev, répond le juif.
> – Comment ! Tu vas à Kiev ? Mais tu sais que Kiev est à trente verstes et tu es tout seul et à pied pour faire la route ! Qu'est-ce que tu vas faire à Kiev ?
> – Oh rien ! répond le juif. Je n'ai rien à y faire, mais je trouverai bien quelqu'un pour me ramener... !

L'humour juif ressemble à ce juif sur le chemin de Kiev, où il n'a rien à faire. L'humour est gratuit, mobile, toujours en route, jusqu'à la fin des temps. Le juif errant erre indéfiniment, en piéton qui ne va nulle part, mais en tout cas plus loin. Il va, sans aller ici ou là, selon un but fixé. Il va ailleurs, là où il n'est pas attendu, vers un ailleurs… infini.

## 2, 4, 5 : une étrange suite mathématique

> Un policier arrête un petit garçon sur la place Rouge et lui demande :
> – Comment t'appelles-tu ?
> – Moïchele.
> Le policier regarde l'enfant avec étonnement et dit :
> – Si jeune et déjà juif !

Il peut sembler surprenant d'ouvrir par une réflexion sur l'humour le commentaire sur l'interdiction de voler. Mais ne serait-ce pas justement l'humour qu'il est d'abord interdit de voler à autrui ? Ce qu'il est interdit de dérober, ne serait-ce pas sa capacité à sortir de lui-même et à s'inventer toujours autrement ? L'idée paraît étrange, mais est-elle si éloignée du commentaire de Rachi ?

Dans le verset qui interdit le vol (Exode 20,15), le terme hébraïque pour dire « voleur » est *ganav*. La première et la dernière lettre de ce mot donnent le mot *gav*, « dos » : ce qui suggère bien que le vol a lieu dans le dos de la personne volée, à son insu. L'objet est pris de telle sorte que son propriétaire ne peut apercevoir le voleur, les objets volés disparaissent, le vol est devenu invisible. Si l'animal ou l'objet volé n'est pas retrouvé, et donc reste invisible, le voleur attrapé doit rembourser quatre ou cinq fois sa valeur, selon le texte biblique. En revanche, lorsque l'objet volé est retrouvé intact, et donc qu'il redevient visible, le remboursement est seulement le double de sa valeur.

Dans Exode 21,37, on lit ceci : « Lorsqu'un homme volera un taureau ou un agneau, s'il l'égorge ensuite ou le vend, il paiera à la place du taureau cinq gros bétails et à la place de l'agneau quatre petits bétails. » D'après ce verset, le vol doit avant tout être réparé : pour le vol d'un taureau, par exemple, il sera remboursé cinq fois sa valeur si la bête est vendue ou si elle est consommée ; pour un agneau consommé ou vendu, ce sera quatre fois. Un peu plus loin, dans Exode 22,8, il est dit que pour n'importe quel vol d'un objet ou d'un animal retrouvé intact chez le voleur, le voleur devra payer le double à son propriétaire. Dans tous ces ca, le vol a été commis derrière le dos de la personne volée.

Si le vol lui-même est visible, on emploie un autre mot pour le désigner : *guézel*. Dans ce dernier cas, quand l'objet est retrouvé, le remboursement équivaut à sa valeur.

Le remboursement peut donc être de valeur 1, 2, 4 et 5, une suite qui n'est ni exponentielle ni linéaire. Quelle est donc sa signification ?

Notons d'abord que la Tora établit des sanctions qui ne sont pas des punitions, mais plutôt des façons d'éduquer le voleur et de rappeler à l'homme qu'il n'aurait pas dû commettre son geste. On est loin d'une punition qui porte atteinte à l'intégrité corporelle, comme c'est le cas dans certaines civilisations et parfois encore aujourd'hui dans certains pays. Il s'agit plutôt de remonter à la racine du vol, à ses causes psychologiques et philosophiques.

## Ne pas voler l'âme

Si nous suivons Rachi, qui reprend lui-même un commentaire talmudique, l'injonction « Tu ne voleras pas » ne concerne pas le vol des objets. Le huitième commandement se rapporterait avant tout au « vol des âmes ». Qu'est-ce à dire ?

Selon le Midrach et la tradition mystique de la Kabbale,

il existe cinq niveaux de l'âme. Le premier niveau, le plus bas, est celui du *néfèch*, le « corps ».

C'est lui qu'il est interdit de voler, précisément. Ce « corps » qui n'est pas le corps purement physique ou matériel, mais le corps-âme. Pour les kabbalistes, celui-ci possède sept portes : les deux oreilles, les deux yeux, les deux narines et la bouche. Ce niveau de l'âme concerne bien le corps, les portes du corps (de la tête en l'occurrence), mais on voit que ce n'est pas le corps réduit à une simple chose physique : c'est le corps en tant qu'il est ouvert sur l'extérieur, qu'il communique et reçoit. En d'autres termes, le corps possède une transcendance, au sens que nous avons déjà évoqué : est transcendant tout mouvement du corps et de la personne vers le monde extérieur. C'est ce qui fait qu'un homme ne se réduit jamais à son corps, à une sorte de sphère sans fenêtres, fermée sur elle-même, à une « monade » comme disent les philosophes : il est toujours en relation avec le monde.

Au premier niveau dont nous parlons ici, l'âme est constituée par les fenêtres du corps sur le monde, à savoir la manière d'entendre, de regarder, de sentir et de parler. On doit donc comprendre que « tu ne voleras pas l'âme de quelqu'un » signifie « tu ne voleras pas ce qui fait la transcendance spécifique d'autrui, la manière de parler, d'écouter, de regarder, de sentir qui lui est propre ». Chez beaucoup, la subjectivité est prisonnière de l'entourage : ils ne disent, ne voient, n'entendent, ne sentent que ce que le conformisme social commande. Ils ne parlent pas, mais sont parlés. Leur jugement copie celui du grand nombre. Un tableau est beau parce que tout le monde dit qu'il est beau. « Tu ne voleras pas l'âme d'une personne » veut donc dire « tu ne voleras pas ce qui fait la personnalité d'autrui, son originalité, ce qui lui permet d'être lui-même et non pas l'expression de la pression et de la répétition sociales ».

Comme on peut le constater sans peine, il s'agit en réalité des cinq sens, à l'exception du toucher. Mais le nez est bien présent : or, le mot hébreu pour dire « nez » (*af* ) signifie aussi « colère ». On pourrait dire que l'homme à qui on vole sa subjectivité est en droit de se mettre en colère ou de se révolter... Être, c'est être soi-même. Voler l'âme, c'est voler l'existence de quelqu'un, ne pas la laisser être elle-même.

## La quiétude du prochain

Le mot hébreu *néfèch* pour dire « âme » a un deuxième sens : « quiétude » ou « sérénité ». C'est le terme utilisé pour parler du repos chabbatique. L'injonction « tu ne voleras pas » voudrait donc dire « tu ne voleras pas la quiétude de ton prochain ». Mais qu'est-ce que la quiétude ?

Pour la pensée talmudique, l'homme est un être de désir, mû par le désir. Il faut cependant distinguer deux formes de désir. Nous pouvons désirer un objet qui nous manque, et dans ce cas on parlera plutôt de « besoin ». Mais nous sommes aussi habités d'un désir qui n'est tourné vers aucun objet, qui ne cherche à combler aucun manque, et qui est pourtant le désir proprement humain. C'est une force, un élan intérieurs qui mettent en mouvement. Aime-t-on une femme ou un homme, ou aime-t-on l'amour ? Nous aimons parce qu'il y a déjà ce désir en nous ; nous aimons l'amour et il nous pousse à aimer telle ou tel. C'est un désir sans objet, typiquement humain, un désir « métaphysique ». Même si tout manque était satisfait, ce désir-là resterait en nous.

## Malaise dans la civilisation

Nous cherchons cependant à satisfaire nos désirs. Qu'est-ce qui nous en empêche ? C'est la Loi, la civilisation ou la culture, qui a imprimé des limites à la réalisation du désir de chacun au profit de la vie en commun.

Freud a traité ce thème dans son livre *Malaise dans la civilisation*. D'un côté, la civilisation et la culture, qui comportent des interdits et des injonctions, manifestent l'évolution vers une société vraiment humaine. L'homme sort de l'animalité, du règne de la nature, pour entrer dans le monde humain de la culture. C'est la face positive de l'évolution. Mais elle se paie par le nécessaire renoncement à certains désirs : des comportements admis chez l'animal, qui n'a que des besoins ou dont le désir se rabat entièrement sur des objets vitaux (se nourrir, se reproduire), sont interdits à l'homme.

Selon Freud, il y a malaise dans la civilisation quand les deux forces – le désir et la Loi, ou le désir et la culture – ne sont plus équilibrées, ou quand leur contradiction devient si forte qu'elle produit des tensions chez l'individu et dans la société. Ces derniers ont perdu leur « quiétude », leur âme n'est plus en repos.

## On ne renonce jamais à l'enfance

Qu'il s'agisse de la société ou de l'individu, le corps et le désir sont essentiels : à l'origine, tout vient du corps, du désir, de la pulsion ; tout vient de l'animal que j'ai été et que je suis encore. A l'origine, « tout était ça », dit Freud, faisant allusion à l'histoire de l'humanité. Mais c'est vrai aussi de l'histoire de chaque homme : tout vient de l'enfance.

Ainsi, l'enfant qui naît reproduit l'histoire des hommes. Au début, il est pure pulsion, sans objet précis ; son corps est une machine à jouir, sans unité ; Freud parlait de lui comme d'un « pervers polymorphe ». Pervers, c'est-à-dire marqué par une sexualité pré-génitale, auto-érotique, homosexuelle et incestueuse, dont le destin normal est de devenir sexualité génitale, érotique, hétérosexuelle et extra-familiale. L'évolution de l'espèce va de la pure animalité à la civilisation, l'évolution de l'individu de la perversité infantile à la sexualité génitale « normale » de l'homme adulte.

Mais Freud n'était pas dupe : ni la civilisation ni l'individu n'évoluent de façon parfaitement harmonieuse et positive du stade animal au stade humain, de l'enfance à l'âge adulte. Aucune culture ne sort jamais totalement et harmonieusement de la nature, aucun homme adulte n'évacue totalement l'enfance. Pour Freud, on ne sort même jamais de l'enfance. Nous ne sortons pas de la perversion et du désir purement pulsionnel, nous ne renonçons jamais à notre première jouissance. Et si nous en sortons, nous n'avons au fond qu'une envie : y retourner.

*Grandir n'est pas renoncer à l'enfance, mais y substituer autre chose*. Selon Freud, nous ne savons renoncer définitivement à rien, nous ne savons qu'échanger une chose contre une autre ; ce qui paraît être un renoncement n'est en réalité que formation substitutive... On renonce d'autant moins à l'enfance qu'elle a été le moment et le lieu du plus grand bonheur.

Mais, dans ce cas, on imagine aussi la tension possible entre la pulsion et la Loi, entre le désir et la culture ou la civilisation, puisque cette dernière s'est constituée en refrénant, voire en réprimant le désir. Quand Freud dit qu'on ne renonce pas à l'enfance et qu'on ne cherche jamais que des moyens de lui substituer autre chose, il signifie qu'on n'a, en fin de compte, que le choix de son infantilisme, c'est-à-dire de la manière dont on veut rester un enfant ou protéger en soi ce noyau d'enfance... C'est dans ce cadre de l'« enfance » qui perdure qu'il faut trouver l'équilibre entre le désir et la Loi, cette quiétude qu'il est interdit de voler à autrui.

## Comment protéger son enfance ?

Comment le « pervers polymorphe » subsiste-t-il à l'âge adulte ? Que substitue-t-il à la pulsion toute-puissante de l'enfance ? De nombreux scénarios sont possibles, mais, à la suite de Freud, j'en évoquerai simplement trois.

### *1. La perversion*

Tout d'abord, le désir peut devenir perversion chez l'adulte, mais avec un sens bien autre que chez l'enfant

Une extrême jouissance a pu être liée, chez ce dernier, à une situation typique de l'enfance : s'il était applaudi par son entourage au moment où il faisait ses besoins sur le pot et s'il en éprouvait une formidable jouissance – ce qui est un stade bien normal et légitime de son évolution –, le besoin impérieux d'éprouver la même jouissance à l'âge adulte doit sans doute être considéré comme une perversion. Celle-ci est donc une régression ou, plus précisément, une survivance de l'enfance, puisqu'à travers elle l'enfant survit dans l'homme adulte. Le pervers est cet adulte qui n'a pas renoncé à ses jouissances d'enfant. On peut dire que sa sexualité est anachronique.

### *2. La névrose*

Le deuxième scénario est celui de la névrose. Les tendances perverses sont ici refoulées, mais elles s'extériorisent et se manifestent sous la forme de symptômes morbides. La névrose se substitue donc à la perversion, dont elle constitue le *négatif*. Mais l'« infantilisme » reste le même, et « les névrosés sont prisonniers de leur enfance ».

Le pervers a au moins un avantage sur le névrosé : il peut accéder à sa jouissance. Le névrosé, lui, y a renoncé, mais il est malheureux, parce qu'il n'arrive pas à résoudre la contradiction entre son désir et la Loi, et qu'il n'a pas trouvé une jouissance de substitution. Son désir est refoulé, mais ce refoulement « normal » est mal vécu et se traduit par des comportements ou des traits de caractère mal assumés par son entourage et par lui-même.

### *3. La sublimation*

Le troisième scénario est heureusement le plus fréquent. Il n'annule pas les tendances perverses de la sexualité infantile, mais il les « sublime » et fait ainsi l'économie de la perversion et de la névrose. Les pulsions infantiles ne sont ni satisfaites (perversion) ni refoulées (névrose), mais déplacées quant à leur but. Au lieu de jouir anachroniquement de son enfance comme le pervers ou d'en rester prisonnier comme le névrosé, l'homme qui sublime emporte, si l'on peut dire, son enfance avec lui. Il investit ailleurs, dans d'autres lieux et à d'autres niveaux de sa personnalité, l'énergie non apaisée de ses désirs infantiles. Il aménage les forces de l'enfance tout en se soumettant à la Loi (à la culture environnante, aux règles de la civilisation).

## Le désespoir et l'ascension

Dans *Le Mythe d'Icare*, André Comte-Sponville propose une très belle méditation sur le « destin de la pulsion ». Même quand il y a sublimation, il y a d'abord un sentiment de *désespoir*, car on se dit qu'on ne sortira jamais de la pulsion. Mais le désespoir n'est que le premier mot. Il en existe un second : *ascension*.

Pour Freud, quand le désir est sublimé, il se satisfait à un autre niveau, qui est supérieur ou plus élevé, ou d'une plus grande valeur que le niveau sexuel d'où il est issu. Il est important de noter les mots employés : « élévation », « plus grande valeur »... On passe de l'inclinaison à la verticalité : il y a humanisation-verticalisation du désir, qui se fait œuvre d'art. Avec la sublimation-ascension, on passe de l'abîme du désir au sommet de l'imaginaire. La psychanalyse débouche ainsi sur une « esthétique » de l'altitude : c'est le mythe d'Icare.

## De l'artiste...

Ce n'est pas le sexe qui est sublime : c'est le rêve que les enfants s'en font. « Icare – comme Léonard, comme tout artiste – est un enfant qui rêve de grandir – et le rêve en l'homme de cet enfant. Enfant qui rêve de grandir, adulte qui rêve son enfance, tout le sublime se joue dans ce double rêve et ce double rapport à l'enfance » (André Comte-Sponville).

Selon le père de la psychanalyse, tous les grands hommes gardent leur vie durant quelque chose d'enfantin. Pervers sans perversion, névrosé sans symptôme, l'artiste est celui qui a su préserver en lui intacte et neuve cette part rêvée de son enfance au lieu d'en répéter comme le pervers ou d'en mimer comme le névrosé les plaisirs réels (mais disparus, et peut-être plus amers qu'on ne croit) qu'en un autre temps ils goûtèrent.

Le pervers et le névrosé s'enferment dans leur enfance, mais en perdent l'essentiel, qui est le rêve et le jeu. Au contraire, l'artiste la prolonge, il continue son rêve, qui est de *voler*, de *s'envoler*. Il continue son jeu, qui est de faire comme les grandes personnes. Il touche ainsi au sublime de l'art : « Le sublime est le plus haut rêve en moi du désir. » « Il n'est d'issue que vers le haut. Icare ! Icare ! Je sens que des oiseaux sont ivres… Entre la terre et les murs, entre l'abîme et la prison, il n'est d'issue que vers l'azur ! » (André Comte-Sponville).

## Tu ne voleras pas l'espérance

L'enfant n'est pas seulement le « pervers polymorphe » dont a parlé Freud. Tout enfant porte en lui un rêve de futur, rêve auquel répond parfois la nostalgie de l'adulte.

La sublimation elle-même (dans l'art ou ailleurs) est une sorte de « régression ». Selon André Comte-Sponville, elle ne consiste pas à retourner et à se fixer à tel ou tel désir infantile particulier, mais « à ce désir, à la fois plus global et plus lointain (mais aussi plus puissant peut-être), de devenir grand et d'accéder à la pleine jouissance de la sexualité adulte ».

Devenir grand : ce désir global est la seule chose à laquelle un enfant ne peut renoncer. Tout enfant dit : « Quand je serai grand, je ferai… je serai… » Phrase magique, qui contient toute la force du rêve, de l'attente, de l'impatience, du temps à venir. Phrase magique, où se dissimule la formidable puissance de l'espérance. Tout enfant est porté par l'espérance, son temps est messianique. L'enfant *est* l'espérance.

Rêve et nostalgie nous disent que l'homme est marqué par le « principe Espérance » – c'est le titre d'un ouvrage du philosophe Ernst Bloch. L'espérance *sait* que tout reste toujours possible, ouvert... L'avenir est cadeau que nous offre la vie : il est toujours encore possible de changer, de sortir des rôles assignés aux « grandes personnes » que nous sommes devenus, rôles où nous sommes enfermés par notre faute ou celle des autres.

Est vieux celui qui a perdu l'espérance et qui en a la nostalgie. Il n'a plus assez d'énergie pour dire : « Demain ! » L'artiste est celui qui n'a pas renoncé à grandir. Il ne renonce pas à ses rêves d'enfant. Avec l'enfant, nul ne doit cesser de dire : « Quand je serai grand, je... »

## Le désir nous sauve en s'élevant

Quel est le rapport de tout ce qui précède avec l'interdiction de voler ? Nous avons fait allusion tout à l'heure à l'« envol » que représente la sublimation. En hébreu comme en français, on emploie le même mot pour le vol de l'oiseau et le vol d'un objet. Comment comprendre cette homonymie curieuse ? Elle signifie, peut-être, que le voleur, en volant un objet, tente de sortir de sa situation, du labyrinthe de ses pulsions, du désespoir où il est plongé. C'est « quelqu'un de bien » qui voudrait prendre son envol, mais se trompe d'objet. Comme le disait André Comte-Sponville à propos d'Icare, « il n'est d'issue que vers le haut ». Le désir nous sauve en s'élevant.

Dans ce cadre, le huitième commandement pourrait s'énoncer aussi : tu ne voleras pas l'espérance d'autrui, tu ne lui prendras pas sa quiétude, ce difficile équilibre entre le désir et la culture ; celle-ci n'est souvent qu'un moyen de faire rentrer l'homme dans un moule, un rôle où il perd toute créativité.

## L'enfance ou le désir du lendemain

> « Souviens-toi que les hommes, bien qu'ils doivent mourir, ne sont pas nés pour mourir, mais pour innover, pour s'ouvrir à la naissance et à la renaissance. »
>
> HANNAH ARENDT.

Il faudrait relever toutes les harmoniques de cette idée, qui rejoint aussi ce que nous avons dit de l'homme comme projet, comme futur messianique toujours à venir. Résonnent ici les magnifiques paroles de Louis-René des Forêts, comme un commentaire miniature du huitième commandement, sorte de *haïku* biblique en écho à Rabbi Nahman de Braslav :

> Dis-toi qu'aux deux extrémités du parcours, c'est la douleur de naître la plus déchirante et qui dure et s'oppose à la peur que nous avons de mourir.
> Dis-toi que nous n'en finissons jamais de naître, mais que les morts eux ont fini de mourir.

Le huitième commandement invite au fond à ne pas tomber dans le piège de l'*adultie* – qu'on peut prononcer *adulcie* : c'est la maladie d'un homme devenu adulte qui a oublié d'emmener avec lui le miracle de l'enfance, de la douceur de l'enfance. Le mot « adultie » a été créé par Alexandre Jardin, dans *Le Petit Sauvage*. Il y fait à sa manière un commentaire du huitième commandement.

Un jour, dit-il, il s'aperçoit qu'il est devenu une grande personne :

> Je m'aperçus avec effroi que j'étais devenu une grande personne, un empaillé de trente-huit ans. Mon enfance avait cessé de chanter en moi. Plus rien ne me révoltait. La vie et l'enjouement qui étaient jadis dans mes veines s'étaient carapatés.

Sans passions, déjà résigné, « mari domestiqué », portant « sur le visage un air éteint », lui qui a été autrefois un « petit sauvage » s'est assoupi, il est désormais dénué de toute fantaisie. Il « imite la pensée des gens morts », vit « un simulacre d'existence ». « A vingt ans, il n'était plus nécessaire de borner mes désirs, je n'en avais plus. »

Les sentiments décrits par Alexandre Jardin sont typiques de la nostalgie d'enfance évoquée plus haut. Apparemment, l'envol est venu d'abord, la désespérance ensuite. Au cœur de cette désespérance demeure pourtant l'envie, le désir de futur, d'une vraie vie, la vie de l'enfant tournée vers l'avant.

## L'enfance de l'art

Le vol devient ainsi une question sur le temps, le rapport de l'homme au temps. Ouvert sur le futur et la possibilité de se remettre sans cesse en question, l'homme est un « être infinitif ». Il est devenu en lui-même et pour lui-même question, pour reprendre une formule du Zohar.

La valeur numérique du mot *adam* (homme) est de 45, nombre qui s'écrit *ma*, « quoi ? ». L'homme est un « quoi ? », voué à ce que j'ai appelé la « quoibilité », au questionnement. Il est la sentinelle du questionnement. En préservant le « pourquoi ? », il fait constamment rebondir la parole qui le constitue.

Il ne peut accepter un avenir déterminé, ni un avenir bouché, ni une absence d'avenir. Il se fermerait ainsi sur lui-même, sur une clôture qui serait aux antipodes de sa vocation réelle – qui est celle de l'interrogatif, de la question permanente.

## Demain…

Au « principe Espérance » d'Ernst Bloch pourrait donc s'ajouter un « principe Demain » : faire qu'il y ait un lendemain, même quand tout est désespéré !

Dans *La Vie passante*, Christian Bobin l'exprime magnifiquement. Même dans un contexte tragique, on peut et l'on doit préserver le rêve, l'espérance, la dimension du « demain ». Bobin s'adresse à une femme nommée Nella.

> Je me souviens d'un carnet
> écrit par une juive quelques jours avant sa mort
> Elle est dans un camp de transit
> Hier la vie le travail l'amour
> Aujourd'hui la soif la faim la peur
> Demain rien
> Le train qui l'emmènera vers demain
> est sur les rails
> vérifié par des mécaniciens scrupuleux
> Le train qui filera dans un demain sans épaisseur
> dans un jour sans jour
> Cette femme regarde autour d'elle
> et vers le dernier matin
> décrit émerveillée
> le linge des enfants
> lavé dans la nuit par les mères
> et mis à sécher sur les barbelés
> Elle dit combien cette vue la réconforte
> lui donne un cœur
> contre lequel viennent battre
> en vain
> Les aboiements des chiens les cris des soldats
> le souffle lourd des trains plombés.

Selon Bobin, ce texte est « lumineux », et non pas seulement en raison du « voisinage de la mort ». Il ne connaît pas « de pensée plus noble plus simple / plus noblement simple » que ce qu'a écrit cette femme.

> La pureté n'est faite que de détails
> La bonté n'est faite que de gestes
> Ces gestes ne mènent pas à de grandes victoires
> aucune légende ne les retient
> Ces gestes sont gestes de tous les jours

bien plus héroïques
que tout héroïsme
Laver le linge pour que l'enfant demain
se sente léger confiant
dans des vêtements frais propres
Même si demain n'est plus
dans la suite des jours
Même si demain ne verra pas le jour…

Quand il n'y a plus de mots pour l'espérance, il reste des gestes humains que rien ne peut effacer. Le problème de la bonté, de la pureté, de la légèreté n'est pas pour autant résolu, mais il a du moins trouvé sa juste formulation. Retenir l'espérance, le rêve ; se dire que demain sera toujours possible, *même si demain ne verra pas le jour* ; ne jamais désespérer, comme le répétait inlassablement Rabbi Nahman de Braslav. Porter en soi cette force d'enfance, pour rendre possibles la naissance et la renaissance, deux mots français qui sont un seul en hébreu : *tikva* (devenu le nom de l'hymne national en Israël).

Celui qui vole la force d'enfance enfreint l'un des fondements de la Loi. Vol gravissime, car il vole non pas un objet mais l'être, l'« âme d'autrui », selon l'expression de Rachi.

## Le voleur se trompe d'objet

Ce qui fait l'homme, c'est le désir qui le pousse à être plus, à être mieux, à être demain. Le voleur est, au fond, animé de ce désir. La racine du vol est donc éminemment positive, même si le voleur se trompe d'objet pour son désir. Il confond l'être et l'avoir, ce qu'il *est* et ce qu'il *possède*. En hébreu, « désir » se dit *kessèf* ; or, c'est aussi le mot pour dire « argent ».

Ce double sens marque bien l'ambiguïté fondamentale en l'homme : il a à la fois le désir d'être et celui d'avoir. C'est dans ce contexte qu'on peut essayer de comprendre l'énigme du remboursement du double qui, selon le texte biblique, permet au voleur de réparer son vol.

Qu'est-ce qu'un voleur ? La réponse peut paraître étrange. C'est un homme habité par le désir d'être plus et d'être mieux, mais au lieu d'en rester à ce niveau de l'*être*, il réalise son désir sur le registre de l'*avoir*. Ne pouvant posséder ce qu'il désire avoir, il le vole. Cependant, nous l'avons dit, le commandement ne dit pas qu'il faut lui trancher la main, car la sanction, ici, n'est pas une punition : c'est une éducation qui est exigée.

Il doit réparer en payant, selon le cas, deux fois, quatre fois, cinq fois. Pourquoi « deux fois » ? C'est comme s'il s'agissait de lui faire comprendre ceci : ton essence, c'est le désir. Mais le désir est double. Tu étais animé par le désir, mais tu t'es trompé d'objet. Rembourse donc deux fois pour bien comprendre que tu agis sur ces deux registres de l'être et de l'avoir, qu'en pensant « avoir » tu portais en réalité atteinte à l'« être ».

## Au commencement était le vide

Mais il existe encore un autre mot pour dire « vol » en hébreu : *chod*. Or, avec une vocalisation un peu différente, ce mot signifie aussi le « sein » de la femme : *chad*. Pour comprendre cet étonnant rapprochement entre le vol et le sein, il faut faire un détour par la Kabbale, en particulier celle de Rabbi Itshaq Louria (1534-1572). Celle-ci contient une théorie très originale de la Création, appelée *Tsimtsoum*. En général, on dit que Dieu a créé le monde à partir de rien, *ex nihilo*. Par exemple, Il a dit : « Que la lumière soit ! », et la lumière fut. Et de même pour le reste de la Création. Or la Kabbale énonce exactement l'inverse : le monde a été créé comme *rien* à partir de quelque chose. Au lieu de dire, comme le philosophe Leibniz au XVII^e^ siècle : « Pourquoi y a-t-il quelque chose plutôt que rien ? », la Kabbale formule : « Pourquoi y a-t-il rien plutôt que quelque chose ? »

Pour elle, au début, il existe une seule réalité, absolue, infinie, qui remplit tout, de haut en bas et d'un côté à l'autre : c'est l'être de Dieu. Ce n'est donc pas le rien qui existe, mais « le tout absolu ». Et cette « lumière supérieure infinie », comme l'appelle la Kabbale, occupe tout l'espace existant. Il n'y a pas place pour autre chose. Logiquement, le monde n'est pas possible. Pourtant, nous sommes là et le monde existe.

Que s'est-il passé ? Selon Rabbi Itshaq Louria, la lumière infinie s'est rétractée, retirée, au centre de l'Infini. Cette contraction-retrait, c'est le *Tsimtsoum*. Dieu a laissé un vide, un espace vide, sans Dieu, a-thée. Pour la Kabbale, l'univers est né non pas parce que le Créateur a créé de l'être, quelque chose, à partir de rien, mais parce que Dieu, l'Infini, a laissé de la place, un vide à partir duquel la Création a pu avoir lieu. Rabbi Itshaq Louria se demande en outre quelles forces sont à l'œuvre à partir de ce moment pour maintenir l'Infini à la périphérie, pour qu'il ne revienne pas remplir l'espace vide qui s'est creusé en lui. Cette attention de Rabbi Itshaq Louria indique sa perception d'un monde toujours en devenir...

Une comparaison avec le travail du peintre peut aider à comprendre la pensée du kabbaliste. Kandinsky, par exemple, est connu pour ses tableaux avec des droites, des droites brisées, des demi-cercles... Si on demande à un spectateur ce qu'il voit sur un tableau de Kandinsky, il répondra : une ligne droite, une droite brisée, une courbe, et ainsi de suite. Mais Kandinsky répondra sans doute que son tableau représente les forces à l'œuvre, qui font que la ligne ou le cercle sont brisés. Autrement dit, il ne voit pas le monde comme une succession d'objets épars, mais le mouvement même de la genèse du monde, où des forces contraires sont à l'œuvre. La Kabbale ne dit pas autre chose. Elle interroge le monde en genèse, en voie d'être, et non pas le monde posé là, avec ses éléments dispersés.

Considérant l'Infini qui s'est rétracté pour faire de la place au monde, Rabbi Itshaq Louria pose la question : quelles forces sont à l'œuvre, qui interdisent à l'Infini de réinvestir l'espace vide et de l'annuler, et qui permettent inversement au monde de tenir et de subsister ? Les kabbalistes ont imaginé une force qui viendrait du vide lui-même, comme s'il y avait dans le vide cosmique une voix qui dirait à l'Infini : « Cela suffit ! Ne reviens pas ! »

En hébreu, cette force a pris le nom de *Chaddaï*. Ce mot veut dire « Assez ! », « Cela suffit ! ». C'est l'abréviation de l'expression : « Celui qui dit au monde : cela suffit ! » C'est aussi devenu un des noms de Dieu, la force qui interdit à l'Infini de réinvestir le vide qu'il a laissé se creuser. L'univers est basé sur ce vide, il ne peut exister sans lui. Pour résumer la théorie du *Tsimtsoum*, la Création s'est faite par un retrait, un évidement de l'Infini, maintenu désormais à la périphérie par une force nommée *Chaddaï*.

## Le voleur et le sein de la mère

Dans la Bible, Dieu est couramment désigné sous ce nom : *Chaddaï*. Mais, si étrange que cela puisse paraître, pour dire « mes seins », une femme dit aussi *chaddaï*. Autrement dit, le même mot désigne les seins de la femme et la force qui interdit à l'Infini de réintégrer le vide et donc permet à l'univers et à l'homme de subsister. Une fois encore, il s'agit d'une curieuse homonymie, à laquelle la Kabbale va donner un sens.

Quand la femme parle-t-elle de ses seins ? A bien des moments sans doute, dont le contexte érotique, mais il y a un moment essentiel, celui où elle allaite. Elle entend alors l'enfant pleurer parce qu'il a faim, mais elle peut aussi prévenir son appel, y répondre avant qu'il pleure. Nous l'avons déjà souligné : cette « pré-vention », cette manière d'entendre avant l'appel, Emmanuel Lévinas l'a désignée comme la « responsabilité ». Je suis responsable d'autrui avant qu'il m'ait sollicité ou imploré, je réponds avant d'avoir entendu sa question.

Le psychanalyste Winnicott a particulièrement étudié cette situation pour l'enfant. Celui-ci a un désir de sein. Sans l'avoir exprimé, il le voit arriver. Un sentiment de créativité extraordinaire émerge alors en lui, car il a l'impression qu'il suffit de désirer pour avoir. Il en retire un sentiment de toute-puissance extraordinaire.

Mais que se passe-t-il quand la mère décide d'interrompre l'allaitement ? Il y a deux possibilités : ou bien l'arrêt a lieu sans autre forme de procès, alors que l'enfant n'y est guère préparé : selon toute probabilité, il vivra mal cette rupture, perçue comme une violence imméritée et incompréhensible ; ou bien il y est préparé par le langage, accompagné de paroles : le sevrage est alors expliqué à l'enfant comme une coupure nécessaire pour lui-même et pour la mère, comme une séparation et une autonomie vitales pour chacun.

Le sevrage pourrait se nommer avec justesse *chaddaï* – bien que ce mot ne soit guère utilisé. Il signifie très précisément pour la mère : « Je me retire pour faire place à l'autre, à mon enfant. Finie la symbiose entre nous : chacun d'entre nous doit trouver lui-même son chemin. » Mais prononçant le mot *chaddaï*, « mes seins », la mère passe par la parole, par le langage : « J'en parle, car cet événement de séparation doit se faire avec la parole. »

Or, le nom hébraïque du « voleur », *choded*, pourrait se traduire littéralement par « celui qui est accroché aux seins », c'est-à-dire qui n'a pas reçu ou perçu la parole du sevrage, du *chaddaï*, celui donc qui n'a pas acquis son autonomie, qu'on pourrait aussi appeler *néfèch*, sa « quiétude », son « âme ». Le voleur est en quelque sorte un individu non sevré, et il se pourrait que le vol soit sa drogue pour survivre.

Du reste, on parle aussi des drogués qui sont « accro » et qui doivent être « sevrés », ou qui ne peuvent l'être brutalement sans tomber dans un manque insupportable. Pour eux aussi, le sevrage doit s'accompagner de paroles. Peut-être devrait-on repenser le problème de la drogue à partir de cette idée d'un sevrage mal fait…

## Des mots pour le dire

En hébreu, « sevrer » se dit *guémila* (où l'on reconnaît une fois encore la présence de *mila*, « mot ») qu'on pourrait traduire par « sois capable de dire la séparation, de parler de l'espace donné à l'enfant par le sevrage ! ». Il faut que l'enfant reçoive les mots qui instituent l'espace de vie alloué par le retrait de la mère…

De quoi parle-t-on alors, au juste ? On parle du désir. Françoise Dolto, qui est sans doute celle qui a su le mieux parler du désir chez l'enfant, disait : quand un enfant cueille une fleur pour vous, quand un enfant parle de tout et de rien, à quelqu'un qui est présent ou absent, il s'inscrit dans le registre du *désir*. S'il veut une glace ou un autre objet qu'il voit, que faut-il lui répondre ? Il faut lui demander : pour quoi faire ? pour être comme qui ? pour faire comme qui ?

Peut-être répondra-t-il uniquement : « Je veux ma glace ! » N'empêche : selon Dolto, ce registre du *besoin*, sur lequel il s'exprime, occulte celui du désir de s'identifier à quelqu'un ou de se construire à partir d'une image valorisante pour lui. Il est important qu'il puisse dire son désir, qu'il soit capable de l'interpréter, de le parler. Lui poser une question, c'est ouvrir une fenêtre sur son désir, sur la possibilité de passer du besoin d'un objet à un désir d'être. C'est lui ouvrir un chemin pour grandir, pour prendre son envol.

C'est l'éducation passant par le langage et l'écoute de la parole de l'enfant qui donne tout son « volume » au commandement « Tu ne voleras pas ». Entendre les paroles qui le constituent comme être vivant, grandissant, ouvert sur le futur, et non pas le couvrir d'objets qui lui donneront l'illusion de « combler » son désir.

En ce sens, l'explication du huitième commandement passe donc par une interprétation du désir en l'homme.

## L'énigme du « quatre et cinq fois »

Revenons au voleur. Il est habité par une volonté, un désir d'*être*, et cela est juste, mais il se trompe en cherchant à le réaliser avec un *avoir*. Sans le savoir, il reste « accroché aux seins » de sa mère, identifié à elle, et donc incapable de devenir lui-même dans l'espace qui est le sien, à la place qui lui a été offerte quand sa mère s'est séparée de lui au moment du sevrage. Il ne sait pas interpréter son désir ou, plutôt, il l'interprète faussement comme une nécessité d'avoir et de posséder – y compris le bien d'autrui.

Le remboursement du vol, dont parle la Bible, peut s'interpréter ainsi. Il est question de quatre fois ou de cinq fois. Ces chiffres renvoient, dans la pensée talmudique, aux quatre niveaux d'interprétation et aux cinq degrés de l'âme. En remboursant quatre ou cinq fois, l'homme voleur apprend qu'il doit toujours interpréter son désir (quatre niveaux d'interprétation) et qu'il peut toujours progresser, aller plus loin dans son être, de degré en degré de son âme (les cinq niveaux de l'âme) ; surtout, il n'oubliera pas, ce faisant, ce qui est son essence par excellence : l'espérance !

*

### À LIRE

Ashkenazi, Léon (« Manitou »), « Le cercle et la droite. Transcendance et immanence », *Pardès*, n° 23, 1998.

Bloch, Ernst, *Le Principe Espérance*, Gallimard, 1976.

Bobin, Christian, *La Vie passante*, Fata Morgana, 1991.

Comte-Sponville, André, *Le Mythe d'Icare*, PUF, 1984.

Des Forêts, Louis-René, *Poèmes de Samuel Wood*, Fata Morgana, 1996.

Dolto, Françoise, *Séminaire de psychanalyse d'enfants*, t. 1, *op. cit.*

Freud, Sigmund, *Malaise dans la civilisation*, PUF, 1989.

Henry, Michel, *Voir l'invisible. Sur Kandinsky*, François Bourin, 1988.

Jardin, Alexandre, *Le Petit Sauvage*, Gallimard, coll. « Folio », 1994.

Jonas, Hans, *Le Principe Responsabilité*, Flammarion, coll. « Champs », 1998.

Lévinas, Emmanuel, *Totalité et Infini*, *op. cit.*

Louria, Itshaq (Rabbi), *L'Arbre de la vie*, Jérusalem, 1957 (en hébreu).

Nahman de Braslav (Rabbi), *Liqouté Moharane*, *op. cit.*

Ouaknin, Marc-Alain, *Bibliothérapie*, *op. cit.*

– et Rotnemer, Dory, *La Bible de l'humour juif*, J'ai lu, 1998.

9

# Comment aimer son prochain comme soi-même ?

**NEUVIÈME COMMANDEMENT :**
**« Tu ne porteras pas de faux témoignage. »**
**(Exode 20,16)**

Une remarque préalable s'impose : le commentaire de ce commandement risque d'être encore plus post-moderne que le précédent. Que le lecteur se reporte à notre introduction du huitième commandement !

## La limite et la direction

Que dit le texte du neuvième commandement ? « Tu ne porteras pas de faux témoignage » (Exode 20,16). Il importe de suivre pas à pas la formulation hébraïque : « *Lo taanné beréakha èd chaquèr.* »

Ce neuvième commandement est déjà précédé de trois interdictions, que l'hébreu exprime par le mot *lo*, « ne… pas » (« tu *ne* tueras *pas* », « tu *ne* voleras *pas* »…). La négation *lo* signifie à la fois la limite et la direction. Car elle indique non pas un impératif négatif, mais un futur inaccompli. Il faudrait par exemple traduire littéralement : « Tu ne seras jamais en train de voler. »

Les maîtres font remarquer que si l'on inverse les lettres de *lo* – c'est-à-dire si on inverse *lamed* et *aleph* –, on obtient le mot *el*, qui signifie la « direction » (« aller vers »), mais aussi « Dieu ». La question qui se pose alors est celle-ci : pourquoi le nom de Dieu est-il associé à « ne… pas » (la négation), mais aussi à « aller vers » (la direction) ? C'est peut-être qu'il n'y a de rapport au divin qu'en passant par les deux.

## Maintenir la tension entre les forces

Dieu en l'homme, c'est à la fois le sentiment du « mouvement » et celui de la « limitation ». Du mouvement, parce qu'il est impulsion à sortir de nous-mêmes, à nous dépasser et à nous transcender. Il donne un sentiment de légèreté et d'élévation. C'est une force qui nous pousse à « aller vers ». Certains maîtres vont jusqu'à nommer sentiment messianique la joie qu'elle met en nous…

Cependant, dans le même temps, la parole de Dieu est limitation : tout n'est pas permis, tout n'est pas égal, on n'est pas dans la confusion que crée l'absence de limites. Nous nous maintenons dans l'être parce que notre vie est maintenue par des limites, de même que la Création se maintient parce qu'elle est prise dans le cercle ou dans l'espace vide tracé par la contraction de Dieu. Le cercle n'existe pas sans la circonférence qui trace ses limites et qui maintient la tension entre ses forces. Les limites de l'homme résident dans la place, dans l'espace qu'il doit nécessairement laisser à l'autre. « Aller vers » consiste à laisser s'épanouir la liberté, à laisser croître l'espace de vie des autres. C'est cela, le sens de la Loi : vie dynamique et limitation, vie possible grâce à la limitation qui laisse les autres être et vivre dans *leur* liberté.

La limitation de la Loi procède ainsi du même mouvement que le *Tsimtsoum*, dont nous avons développé les implications lors du commandement précédent.

## La joie de l'étude

Notre activité pendant l'étude et la lecture des commandements n'est pas destinée uniquement à nous fournir des idées et une compréhension intellectuelle des textes déconnectée de notre vie quotidienne. L'étude concerne l'existence : elle doit donner à ceux qui s'y livrent la capacité de se transformer intérieurement, d'accéder à un autre niveau d'être, d'être touchés et portés par le *hidouch*, l'invention d'une nouvelle compréhension des textes, du monde et de soi-même. Comment savons-nous que nous sommes touchés et portés par le *hidouch* ?

Par l'expérience de la joie. Quand la joie nous submerge, nous expérimentons que notre vie accède à ce qu'on appelle *hidouch*, une nouveauté de sens, un nouveau sens de la vie : « nouveau » non pas au sens intellectuel, mais dans le sens très concret de pouvoir exister plus haut et plus loin. Il ne s'agit pas de bannir la tristesse, mais de construire la joie.

Les limitations de la Loi – exprimées par *lo*, « ne… pas » – ne sont pas une somme d'interdits. Elles indiquent la possibilité de vivre en créant de l'espace pour soi et pour autrui.

## Ne fais pas souffrir ton prochain par tes réponses

Outre la négation *lo*, nous avons le mot *taanné*. Il est habituellement traduit ainsi : « Tu ne *rendras* pas » ou « tu ne *porteras* pas de faux témoignage ». Pourtant, selon le dictionnaire, ce mot hébreu signifie « répondre ». Donc, le commandement devrait se traduire : « Tu ne *répondras* pas. »

Nous voici d'un coup ramenés, une fois encore, à ce que nous disions de la « quoibilité », de l'homme comme question. On pourrait formuler le commandement ainsi : « Tu maintiendras la question. » Car « ne pas répondre », c'est maintenir la question ouverte.

Le neuvième commandement se formule : « N'éteins pas la question, qui est le fondement même de l'humain, chez les hommes que tu rencontres. Ne comble pas le vide à l'intérieur de l'homme, ce vide qui rappelle la “matrice” de Dieu. Laisse s’épanouir le vide de l’Infini se retirant pour laisser exister le monde, ce vide qui est à l’origine de la parole en l’homme. »

Pourquoi la réponse est-elle interdite ? En hébreu, ce mot a la même racine que « faire souffrir ». Il y a une sorte de violence dans le fait de donner la réponse. Le commandement, qui ordonne de ne pas répondre, veut interdire une souffrance infligée à autrui, une violence faite au prochain.

## Prisonnier du destin : Œdipe

Traduire *lo taanné* par « tu ne répondras pas » apporte quelque chose d’essentiel pour interpréter ce neuvième commandement. On voit bien, en effet, qu’il existe deux façons d’envisager l’Histoire : celle de l’homme enchaîné dans l’illusion d’une histoire préfabriquée et soumis passivement au destin ; celle de l’homme libre, qui « ne doit jamais demander son chemin à quiconque, car il ne pourrait pas s’égarer », comme le disait Rabbi Nahman de Braslav. La légende d’Œdipe, racontée par Sophocle, peut se prêter à l’une ou à l’autre de ces deux lectures.

Œdipe est connu avant tout comme l’homme poursuivi et dominé par le destin implacable. L’oracle (*mektoub*) entendu au commencement, le « c’est écrit » initial, s’accomplit inexorablement. Œdipe est enchaîné à son destin : celui de tuer son père et de commettre l’inceste avec sa mère. Pourtant, ses parents, avertis de l’oracle, l’ont éloigné et placé chez des parents adoptifs, à son insu. Mais Œdipe, ayant eu vent à son tour de ce que l’oracle a prédit, s’enfuit de chez ces derniers pour échapper à la malédiction. En chemin, il rencontre Laïos, son vrai père, et il le tue ; il arrive chez Jocaste, sa véritable mère, et il l’épouse !

Deux contes énoncent magnifiquement cette idée d’une histoire écrite d’avance, où l’homme est la marionnette du destin :

> Il y avait une fois à Bagdad un calife et son vizir. Un jour, le vizir vint devant le calife, pâle et tremblant : « Pardonne mon épouvante, Lumière des croyants, mais devant le palais une femme m'a heurté dans la foule. Je me suis retourné, et cette femme au teint pâle, aux cheveux sombres, à la gorge voilée d'une écharpe rouge, était la Mort. En me voyant, elle a fait un geste vers moi… Puisque la Mort me cherche ici, Seigneur, permets-moi de fuir loin d'ici, à Samarcande. En me hâtant, j'y serai avant la tombée de la nuit. » Aussitôt, il s'éloigna sur son cheval au grand galop et disparut dans un nuage de poussière. Le calife sortit alors de son palais et lui aussi rencontra la Mort : « Pourquoi avoir effrayé mon vizir, qui est jeune et bien portant ? » demanda-t-il. La Mort répondit : « Je n'ai pas voulu l'effrayer, mais en le voyant à Bagdad, j'ai eu un geste de surprise. Car je l'attendrai ce soir à Samarcande. »

La seconde parabole nous vient de Babylone :

> Un roi décida un jour de construire une ville et fit le choix d'un site. Les astrologues approuvèrent l'endroit, à condition qu'un enfant soit emmuré vivant et présenté volontairement par sa mère. Au bout de trois ans, une vieille femme présenta un enfant d'une dizaine d'années. Au moment d'être emmuré, l'enfant s'adressa au roi : « Laisse-moi poser aux astrologues trois questions. Si leurs réponses sont correctes, c'est qu'ils auront bien lu les signes. Mais dans le cas contraire, c'est qu'ils auront erré. Qu'y a-t-il de plus léger ? Qu'y a-t-il de plus doux ? Qu'y a-t-il de plus dur au monde ? »
>
> Après trois jours, les astrologues donnèrent leurs réponses : le plus léger, c'est la plume ; le plus doux, c'est le miel ; le plus dur au monde, c'est la pierre. Le jeune garçon éclata de rire et s'exclama : « N'importe qui pourrait en dire autant ! La chose la plus légère au monde, c'est un enfant dans les bras de sa mère, car il

n'est jamais lourd. Ce qu'il y a de plus doux, c'est le lait de sa mère. Et le plus dur, c'est que la mère amène elle-même son enfant pour qu'il soit emmuré vivant. » Les astrologues, confondus, durent reconnaître qu'ils avaient mal lu les étoiles. Ainsi l'enfant eut la vie sauve.

## La faute d'Œdipe

C'est une autre lecture qu'on peut faire du mythe d'Œdipe. Ce dernier, on le sait, a résolu l'énigme du Sphinx qui sévissait à Thèbes. Visage de femme, poitrine, pattes et queue de lion, ailes d'oiseau, à la fois questionneuse et prophétesse, fauve qui dévore ceux qu'il a vaincus et vierge d'une beauté envoûtante, le Sphinx terrorisait la ville.

L'énigme était la suivante (selon Apollodore) : qu'est-ce qui, ayant une voix, devient à quatre pieds, à deux pieds, à trois pieds ? Apparemment, la réponse ne présente pas de grande difficulté. Mais alors, pourquoi ceux qui ont répondu avant Œdipe sont-ils morts, dévorés par le Sphinx ? Parce qu'ils n'ont pas su donner la réponse ? Cette version est difficile car il s'agit évidemment de l'homme, qui connaît trois âges de la vie : l'enfance, l'âge adulte, la vieillesse, où il marche successivement sur quatre, deux, puis trois pieds. Il reste toujours homme, tout en devenant autre.

L'énigme du Sphinx est celle de la condition humaine, dont l'être a partie liée avec le temps, contrairement à l'animal. Il existe un ordre humain du temps de la vie : enfant, adulte, vieillard, ou jeunesse, âge mûr, vieillesse. La succession des âges s'articule à celle des générations, et le présent de chacun est toujours « pris » entre la mémoire du passé qu'il a eu et la tension vers le futur qu'il aura.

A cette question trop facile Œdipe répond ; là est l'erreur, selon Claude Lévi-Strauss. Il ne fallait pas répondre, la question devait rester sans réponse. La faute réside dans la réponse elle-même (Lévi-Strauss reconnaît cependant que, dans cette interprétation, le mythe devient illogique, car on ne comprend pas pourquoi le Sphinx doit mourir et pourquoi Œdipe n'est pas dévoré). En répondant, Œdipe a annulé la question et l'écart qu'elle introduisait dans la vie de la cité. Des générations ont été portées par le questionnement : maintenant, c'est fini. La résolution de l'énigme n'est pas la force d'Œdipe, mais sa faiblesse. Et la malédiction de l'oracle le poursuit même dans ses succès.

Lévi-Strauss avance l'idée qu'en répondant Œdipe a commis une sorte d'« inceste symbolique » : il a aboli la distance qu'introduit toute question. Il a annulé le manque, l'écart, la séparation et introduit la confusion. Œdipe est cet individu qui, à tout moment de sa vie, avance à la fois sur quatre, deux et trois pieds. Il ne parvient pas à respecter l'ordre des âges, en lui se confondent et se brouillent les générations : il devient le frère de ses enfants et le mari de sa mère.

## La croisée des chemins

Dans *Œdipe roi*, la tragédie de Sophocle, le destin d'Œdipe se noue à un carrefour de trois routes (celle de Delphes, Corinthe et Thèbes, dit la légende, mais peu importe). C'est là qu'il rencontre son père, Laïos. Père et fils viennent de routes différentes et veulent s'engager en même temps sur le même chemin, le troisième. Celui-ci est trop étroit pour laisser passer les deux chars simultanément. On en vient aux mains. Au bout du compte, le vieux Laïos lui-même frappe Œdipe avec son bâton. Celui-ci se jette alors sur son père et le tue.

Laissons de côté les interprétations du « complexe d'Œdipe » et regardons le texte lui-même. Il parle d'un chemin, d'un passage trop étroit pour deux. Des interprètes psychanalystes y ont vu – ce n'est guère étonnant – le symbole des organes sexuels féminins. Mais selon certains auteurs, comme Marie Balmary, le croisement des routes représente le symbole de la lettre grecque *lambda*, soit λ, première lettre du nom Laïos. Ce serait une allusion à cette première lettre qui s'écrit Λ quand elle est majuscule.

Nous y verrions plutôt le symbole d'une autre lettre grecque, l'*upsilon*, qui, majuscule, s'écrit comme un « i grec » : Y.

D'où vient l'*upsilon* ? C'est une lettre inventée et ajoutée par les Grecs, qui ne l'ont pas héritée des Phéniciens. Elle peut faire penser à une corolle de fleur, celle de la jacinthe (*huakinthos*) en l'occurrence. Mais nous retiendrons plutôt une autre hypothèse : le Y vient de la forme qui représente chez les Grecs le bas-ventre de la femme, le sexe féminin. Les lignes qui se croisent dessinent le triangle pubien. On retrouve cette première lettre Y dans un mot comme *hustera* (avec l'accent rude transcrit par *h*), « matrice », « bas-ventre », et qui a donné notre mot « hystérie ».

Quoi qu'il en soit, le symbole est clair. Normalement, le père et l'enfant, garçon ou fille, passent par le même chemin, le sexe de la mère, mais ils y passent dans un sens différent. Il y a problème « œdipien » et inceste non pas quand l'enfant couche avec sa mère – l'inceste est alors évident –, mais quand il veut faire comme le père, suivre le même chemin que lui.

Or, nous l'avons déjà indiqué plus haut, lors du cinquième commandement : en hébreu, « comme le père » se dit *kéav* (*ké*, « comme », et *av*, « père »). Mais, de façon surprenante, ce mot *kéav* veut aussi dire « souffrance », « douleur ». Cela suggère que le complexe d'Œdipe est une douleur existentielle née de l'imitation des gestes et des pensées de la génération précédente, de l'incapacité d'inventer de nouveaux chemins et d'innover, de devoir prendre la même route qu'elle alors qu'il n'y a pas place pour deux… On est devant la violence créée par deux voies qui se rejoignent alors qu'elles devraient rester séparées. Il n'y a de la place que pour un seul char ! Souffrance existentielle des fils qui doivent prendre le chemin des pères : ils risquent de ne pas trouver leur voie propre, leur place spécifique et particulière.

## Œdipe révolté

Selon Pierre Legendre, une autre lecture est possible. La réponse au Sphinx est trop facile, et tous ceux qui la donnent sont dévorés. Œdipe est celui qui répond autrement. Car en ponctuant et en accentuant différemment la version d'Apollodore, on a non pas : « La réponse de l'énigme, c'est l'homme », mais : « L'énigme parlée par le Sphinx est l'homme. » Autrement dit, c'est l'homme qui est à lui-même une énigme, une question, et non la réponse à l'énigme du Sphinx.

Il n'est pas une simple machine dont les actions, réduites à de simples mouvements, pourraient être prévisibles. L'homme n'est pas soumis mécaniquement à un destin préfabriqué. Il n'est pas réponse toute faite, connue d'avance, préprogrammée… L'homme sait renverser le destin en histoire, en histoire imprévisible. Il puise dans « la liberté d'inventer l'invention de la liberté ».

## Aimer pour le prochain ?

Nous voici parvenus au troisième mot du verset : *réakha*, « ton prochain ». « Tu ne répondras pas envers ton prochain… » A son tour, ce mot pose problème.

En effet, sa racine est *réa* (avec les deux lettres *rèch* et *ayin*) ; c'est la même que celle du mot *ra*, qui signifie « mal », « mauvais ». Quel sens donner à cette étrange homonymie ? On pourrait dire : « Ton prochain, c'est ton mal ! » Y aurait-il nécessairement une dimension de « mal », de « mauvais » dans la relation au prochain ?

Pour résoudre la difficulté, il faut examiner les expressions qui disent l'amour dans les célèbres versets bibliques : « Tu aimeras l'Éternel, ton Dieu », et : « Tu aimeras ton prochain comme toi-même… » Dans le premier verset, le verbe « aimer » est *véaavta*. Il est suivi d'une préposition (*èt*), qui introduit le complément d'objet direct défini. Pour dire « je crée le ciel et la terre », le verbe *bara* (« créer ») est suivi de même d'une préposition, elle-même suivie du complément d'objet direct défini.

Or, le verset « Tu aimeras ton prochain comme toi-même » propose une autre structure. Il ne s'agit plus de *véaavta èt*, mais de *véaavta lé*. Et il ne faudrait plus lire ici : « Tu aimeras ton prochain... », mais : « Tu aimeras *pour* ton prochain » (la préposition *lé* indique la direction, le datif). Il n'a jamais été question d'aimer son prochain, c'est une erreur de traduction ! D'ailleurs, comment pourrait-on l'aimer comme soi-même ? Si on devait aimer son prochain, on devrait l'aimer lui, en tant qu'il est lui et tel qu'il est ! Mais le problème ne consiste pas à l'aimer. Il est de savoir ce qu'on peut faire *pour* lui.

## Une parabole hassidique

Nous remercions Alain Didier-Weill de nous avoir raconté cette histoire qui illustre parfaitement l'idée du pour l'autre, du pour ton prochain :

> Deux amis décident d'aller faire fortune aux États-Unis. Comme ils ne sont pas sûrs d'y réussir tous les deux, ils font un pacte.
> – Au moins l'un de nous deux a quelque chance de faire fortune. Dans deux ans, jour pour jour, nous nous retrouverons ici et si l'un de nous deux est pauvre et l'autre riche, alors nous partagerons.
> Deux ans après, ils se retrouvent au même endroit. L'un des deux arrive en haillons, l'autre dans une immense limousine ; il en sort avec deux énormes valises pleines de dollars. Ils décident de rentrer dans leur pays d'origine, et sur le bateau qui les ramène vers leurs familles, ils font un grand repas pour fêter leur retour et leur fortune. Mais à la fin du repas, sans doute ayant trop mangé, le riche ne se sent pas bien

et pense qu'il va mourir. Il appelle son ami et lui dit :
– Écoute ma dernière parole. Dans ces valises il y a un million de dollars. Tu iras voir ma femme, tu lui donneras ce que tu veux et tu garderas le reste.
Le bateau arrive à destination.
Après la période de deuil, le pauvre, le survivant, va voir la femme de son ami et lui donne mille dollars. Il garde le reste, soit neuf cent quatre-vingt-dix-neuf mille dollars, et s'en retourne chez lui, riche et content. Mais la veuve réfléchit et se pose des questions. Elle va raconter l'histoire au rabbin. Celui-ci va voir le survivant, qui à son tour lui raconte l'histoire. Le rabbin retourne alors chez la femme et lui dit que l'ami de son mari a bien respecté ses dernières volontés. Mais la femme insiste et lui demande d'écouter à nouveau l'ami de son défunt mari. L'homme raconte encore une fois l'histoire :
– Il allait mourir et m'a dit : « Tu donneras à ma femme ce que tu veux, et tu prendras le reste. »
Dans un éclair de génie, le rabbin demande alors :
– Quand tu as fait le partage, que voulais-tu exactement ?
– Un million de dollars moins mille, dit l'homme.
– Eh bien, justement, s'écrie le rabbin, ton ami t'a dit : « Ce que *tu* veux, tu le donneras à ma femme. » Puisque c'est ce que *tu* veux, tu vois ce qu'il te reste à faire…

Cette parabole éclaire exactement le sens du commandement : « Tu aimeras *pour* ton prochain. » Ce que tu veux *pour toi*, donne-le à l'autre. Inutile de chercher à savoir ce que l'autre veut si je dois lui donner quelque chose : je dois seulement aimer pour lui autant que pour moi-même.

Par rapport aux pauvres, il n'y a aucun critère absolu pour mesurer ce qu'il faut donner : la vraie mesure est celle de la dignité qui était la sienne avant qu'il soit dans le besoin. Bien entendu, à l'impossible nul n'est tenu, mais on peut au moins essayer. Le commandement indique une direction ; l'ayant prise, on peut toujours tenter de faire mieux.

## Au plus profond de ton prochain

Le texte du neuvième commandement propose en réalité une troisième construction du verbe « aimer » et du rapport au prochain. Non pas *èt* ni *lé*, mais *bé*, qui veut dire « dans », « à l'intérieur de ». Il faudrait alors traduire « tu ne feras pas souffrir », non pas « envers ton prochain », ou « pour ton prochain », mais « à l'intérieur de ton prochain », « au plus profond de ton prochain ».

Que peut être le plus profond du prochain ? C'est là où lui-même ignore qu'il peut souffrir. Faire souffrir ton prochain n'est certes pas « bien », mais du moins sait-il où et par qui il souffre. Tandis que faire souffrir *en* ton prochain, au plus profond de lui-même, là où lui-même n'a pas accès – donc à ce qu'on peut nommer l'inconscient… –, c'est alors que « tu seras un témoin dans l'ordre du mensonge ».

Il reste certes à éclairer ce que peut être cette souffrance provoquée à l'intérieur du prochain, et qui est précisément ce que ce neuvième commandement interdit. Pour cela, il faut considérer le sens du mot « témoin », quatrième mot de notre verset.

## Temps et témoignage

Quand témoigne-t-on dans la tradition hébraïque ? Et que se passe-t-il dans l'action du témoignage ? La racine du mot (écrite avec les lettres *ayin-dalèt*) est la même que celle du mot *ad*, « éternité ». Autrement dit, on est dans la dimension du futur, d'un futur qui n'en finit pas de se « futuriser ». Le témoin est un homme qui se construit vers son futur, il témoigne pour le futur, et non de ce qui s'est passé et dont il a été le témoin. Il passe le relais, ou le « témoin », vers le futur.

Dans la Bible, le premier témoignage se trouve dans le livre de la Genèse 31,45. Jacob s'est enfui de chez son beau-père ; puis ils se réconcilient et décident de prendre des pierres pour élever un monticule qui sera le témoin de leur alliance pour des générations. Le mot apparaît à cet endroit pour la première fois : *èd*. Le monticule du témoignage s'appelle *gal-èd*, mot qui a donné le nom d'une petite montagne bien connue : Galaad. Le monticule témoigne de leur rencontre, la rencontre de la paix qu'ils ont faite et donc du futur réconcilié qu'ils désirent promouvoir. Voilà exactement le sens du mot « témoignage ».

### La communauté du futur

Le mot « témoin », *èd*, ouvre encore une autre direction. Au féminin, *éda*, le mot veut dire « communauté ». Qu'est-ce qu'une communauté ? Selon la tradition hébraïque, il faut au moins dix personnes pour former une communauté. Mais le problème est : pourquoi une communauté ? C'est un groupe de personnes qui aspirent à construire ensemble le futur. Sans cette volonté d'avenir, il n'y a pas de communauté ; il ne suffit pas d'être bien ensemble, car la communauté ne résistera pas à l'épreuve du temps. Le mot même de « communauté » est formé d'après la racine *èd*, « témoignage », et elle signifie le temps humain dynamique, sans cesse et infiniment projeté dans le futur.

Si nous voulions maintenant traduire littéralement, dans toutes ses nuances, la neuvième parole, nous aurions à peu près ceci : « Tu ne feras pas violence avec une parole de réponse qui vient éteindre la question [qui vient éteindre et annuler le vide matriciel que nous puisons aux sources du *Tsimtsoum*, c'est-à-dire aux sources de la matrice divine]. Tu n'auras pas ce genre de parole, car alors tu serais un témoin mensonger. Tu n'aurais plus la capacité d'offrir à l'autre une parole qui lui permette de construire son futur ! »

## Lien et mensonge

Le témoignage de Jacob passait par des pierres rassemblées. Or, chaque fois que le mot « pierre » intervient en hébreu, c'est la construction du lien généalogique qui est en cause. Et voici que se précise l'objet sur lequel porte ce commandement : lorsque la possibilité ou la volonté d'accompagner le prochain dans son futur, de lui offrir un futur, n'est plus là, on est dans le mensonge. Mentir, ce n'est donc pas dire une parole fausse à son prochain, mais employer une parole qui va éteindre le questionnement au plus profond de lui-même. C'est une violence qui porte sur le lien généalogique : elle rend impossible de construire un futur.

Pour dire ce lien, l'hébreu emploie le mot *quéchèr*. Or, ces trois lettres inversées signifient au contraire « mensonge ». Le mensonge inverse le lien généalogique, ou plutôt il le pervertit. Il empêche la transmission d'une parole allant au-delà d'elle-même. Nous avons dit au début de ce livre que la force des Dix Commandements est la capacité de transmettre. Le lien généalogique est foncièrement une parole de transmission par des témoins. Du reste, le mot hébraïque pour « témoin » veut aussi dire « parure », « ce qui rend beau ». La force qui conduit vers le futur, à témoigner du futur, rend beau. La beauté biblique, c'est cet axe vers le futur.

## Histoire d'un mensonge

Les histoires racontent souvent des rêves. Il arrive aussi qu'elles soient vraies et que la réalité dépasse le rêve. Celle qui suit, racontée par Jean-Pierre Winter, illustre une forme de mensonge… peut-être la seule qui soit autorisée ?

> C'est l'histoire d'un enfant juif caché dans une famille belge grâce à un réseau de résistance. La famille est chrétienne, elle ignore l'identité véritable des parents

de cet enfant, ces derniers ignorent où leur enfant est caché. Le réseau de résistance a organisé une sorte de surveillance ou d'inspection des familles qui cachent des enfants. Un jour, la famille dont nous parlons prend contact avec le réseau de résistants. Elle accuse l'enfant, âgé de six ou sept ans, d'avoir commis un vol. Une femme est déléguée pour voir ce qui se passe. Elle apprend que l'enfant est voleur et que la famille n'en veut plus. Atterrée, elle demande de pouvoir en référer au chef du réseau, qui prend le risque d'aller lui-même voir la famille d'accueil et donc de se dévoiler comme le supérieur de la femme déléguée. Il a d'ailleurs réprimandé cette dernière en lui demandant comment elle pouvait laisser dire qu'un enfant de six ans était un voleur…

Il arrive dans la famille et on lui confirme la chose : l'enfant est voleur, on ne veut plus de lui. Il demande alors à parler à l'enfant en tête à tête. Il le sermonne, lui parle comme on parle à un adulte et lui explique :

– Ça ne va pas. Ces gens risquent leur vie pour sauver la tienne et tu n'as rien trouvé de mieux que de les voler.

Et non seulement il a volé, mais encore il ment, puisqu'il nie. Et il continue avec obstination de nier devant le chef du réseau.

Tout à coup, ce dernier a une illumination – une de celles qui font trop souvent défaut quand on s'explique avec un enfant :

– Au fait, on te reproche d'avoir volé quoi ?

Car, jusque-là, on n'avait pas du tout parlé de l'objet volé qui motivait l'accusation. Et l'enfant de répondre :

– Ils disent que j'ai volé le petit Jésus dans la crèche.

Le chef du réseau demande :

– Ce n'est pas vrai ?

L'enfant répond :

– Non, ce n'est pas vrai !

– Mais alors, qu'as-tu fait ?

– Je ne l'ai pas volé. Je l'ai seulement caché.

– Et pourquoi tu l'as caché ?

– Parce qu'il est juif !

## Le témoin et le regard

> « Le visage de l'homme est la preuve de l'existence de Dieu. »
>
> MAX PICARD.

Nous l'avons souligné à plusieurs reprises : en hébreu, toute lettre possède une signification. Dans le mot *èd*, la lettre *ayin* signifie « œil », et la lettre *dalèt* « porte ». S'il existe certainement des liens entre le regard et le témoignage, le rapport entre l'œil et la porte fait penser au visage : la porte que constituent les yeux témoigne avant tout de notre obligation envers l'autre, obligation qui passe par le visage, dont la quintessence s'exprime dans le regard. Emmanuel Lévinas, déjà évoqué à plusieurs reprises, est le philosophe qui a le plus fortement exprimé le sens du visage.

Au-delà de l'intérêt pour l'homme en général, il y a, il doit y avoir de l'intérêt pour le visage. Le visage est l'autre nom de la personnalité, mais la personnalité dans son ouverture, la personnalité qui se manifeste et s'extériorise, qui accueille aussi. « La personnalité dans le visage est ce qu'il y a de plus irremplaçable, de plus unique… »

Michaël Picard, le fils du philosophe Max Picard, rapporta un jour à Lévinas que son père avait l'habitude de dire : « Le visage de l'homme est la preuve de l'existence de Dieu. » Non pas une preuve par le raisonnement, mais, dit Lévinas, parce que « dans le visage de l'homme… se manifeste la trace de Dieu, et la lumière de la révélation inonde le monde ». Le visage « révèle » Dieu. Commentant à son tour Lévinas, Jacques Derrida a écrit : « L'expression de l'infini, c'est le visage. » Et il rappelle aussi que le visage « échange le regard », qu'il existe seulement dans le face-à-face. « Je ne vois pas seulement les yeux d'un autre, je vois aussi qu'il me regarde » (Max Scheler).

## La médisance, une parole qui tue

Pour les maîtres de la tradition, le sens général de la neuvième parole pourrait s'énoncer ainsi : « N'utilise pas la parole pour faire souffrir l'autre. » Car si l'homme est un corps parlant, il a aussi en lui la capacité d'agir sur les corps par sa parole, au point de les faire souffrir.

Quelles sont donc les souffrances que peut infliger la parole ? Si nous suivons Maïmonide, est interdite d'abord la *rékhilout*, terme qu'on pourrait traduire par « indiscrétion » : il s'agit d'une personne qui va chez les uns et les autres, regarde, écoute ce que font et disent ceux-ci et, sans penser à mal, va tout raconter à des tiers. Elle ne dit pas de mal, certes, mais elle ne raconte pas non plus de bien. Elle viole l'intimité d'autrui.

En deuxième lieu, il y a ceux qui vont chez quelqu'un pour lui dire du mal d'autrui en colportant cependant des choses vraies ou des paroles sincères.

En troisième lieu, viennent ceux qui disent du mal, mais, qui plus est, ce qu'ils affirment est faux. Voilà les trois niveaux de la médisance. L'indiscrétion qui consiste à violer l'intimité d'autrui par sa parole, la parole qui porte préjudice en disant du mal d'autrui même si c'est vrai, et celle qui porte préjudice en disant du mal d'autrui alors que c'est faux.

A en croire Maïmonide, il y a trois choses qui sanctionnent l'homme dès ce monde-ci et lui interdisent d'avoir part au monde futur : l'idolâtrie, l'inceste et le meurtre. Mais, disent les maîtres, il y a pire que ces trois choses, c'est la médisance : utiliser la parole pour faire souffrir l'autre en en disant du mal est pire que commettre un meurtre, un inceste ou l'idolâtrie.

## Paroles de la Loi, lois de la Parole

L'homme est un corps parlant, et c'est sa grandeur : il est le plus élevé dans la hiérarchie des êtres vivants. La parole n'est pas seulement un langage. Certains animaux possèdent des systèmes de signes très élaborés pour communiquer, mais ils ne parlent pas. La parole que l'homme possède signifie liberté de créer son monde, un monde nouveau ou une nouveauté dans le monde, mais aussi capacité de le détruire par cette même parole. Ne l'oublions pas : le monde a été créé par la parole (« Et Dieu dit : "Que la lumière soit !", et la lumière fut »). Il y a une force incroyable de construction et de destruction par la parole. C'est pourquoi le neuvième commandement insiste sur la parole qui fait souffrir, qui produit une violence telle sur autrui qu'elle le rend incapable d'un futur. Il y a des mots qui tuent : ce sont ceux de la médisance.

C'est pourquoi la médisance est pire que les trois fautes évoquées. Et si, au début de ce livre, les Dix Paroles étaient les paroles de la Loi, maintenant on pourrait soutenir que ce sont aussi et d'abord les dix lois de la Parole !

## La force de la parole

La Bible ne cesse de le répéter d'une manière ou d'une autre, et le psaume 34, notamment, le dit magnifiquement : « Quel est l'homme qui veut la vie, qui aime la vie, qui aime les jours ? C'est celui qui est capable de retirer sa langue du mal, et ses lèvres des paroles qui disent la ruse. Enlève-toi du mal et fais le bien. Demande la paix et poursuis-la. »

Il y a une progression dans ces injonctions. Il faut arriver à la paix, certes, mais comment ? En s'enlevant du mal et en faisant le bien. Mais faire le bien ne suffit pas, il faut d'abord s'arracher au mal. Et on s'arrache du mal en *ne disant pas* le mal, en « retirant sa langue du mal ». Du reste, il faut poursuivre la paix, mais aussi la « demander », comme si toujours l'action devait être relayée par la parole. Le neuvième commandement ne dit rien d'autre en fin de compte : la force qu'a la parole de détruire ou de construire.

## Et celui qui écoute la médisance ?

Rappelons-nous : au sujet du sixième commandement (« Tu ne tueras pas »), Rachi, d'ordinaire si prolixe dans ses commentaires, se tait. Il veut ainsi marquer, disions-nous, que l'origine ou l'essence du meurtre, c'est le silence. Or il ne dit rien non plus sur ce neuvième commandement. Que faut-il en déduire ? Que si l'absence de parole crée une violence qui tue, le trop-plein de paroles la rend tout aussi inévitable. Le silence de Rachi nous dit ici qu'il faut parfois apprendre à se taire, et non seulement à se taire, mais aussi à se boucher les oreilles pour ne pas entendre.

C'est que la médisance est très répandue, pour une raison simple : il y a tant de plaisir à dire du mal d'autrui, et tout autant à en entendre ! On pourrait passer sa journée à médire ! D'où la nécessité de s'organiser autrement, de prendre d'autres habitudes. C'est peut-être cela que le silence de Rachi veut nous indiquer.

Selon les maîtres du Talmud, il y a trois responsables de la médisance : celui qui médit, celui qui écoute la médisance et celui dont le comportement la provoque. Celui dont on dit du mal est aussi responsable que celui qui le colporte et que celui qui lui prête l'oreille. Pour les maîtres, celui qui écoute les médisances commet une faute plus lourde que celui qui les répand : s'il n'y avait personne pour l'écouter, le médisant se tairait.

On dira : ce sont des banalités de la vie quotidienne. Morale pour enfants, enfantillages ! Certes, mais ce sont tout simplement les éléments d'une morale quotidienne, qui permet la vie juste au sein d'une communauté humaine.

## « Tu aimeras en direction de ton prochain. »

> « Il est juif par sa mère, juif par son père, éternellement juif par cette façon d'aller partout sans trouver nulle part un abri, merveilleusement juif par son amour enfantin des devinettes – comme l'oiseau qui interroge par son chant et reçoit pour toute réponse une pierre et chante encore, même mort il chante, encore, encore, encore, bien après que la pierre qui a tué est redevenue friable, poussière, moins que poussière, silence, moins que silence, rien, et toujours cette vibration du chant pur dans le rien manifesté du monde. »
>
> CHRISTIAN BOBIN
> *L'Homme qui marche.*

Le neuvième commandement nous a amenés à évoquer la célèbre injonction : « Tu aimeras ton prochain comme toi-même. » Tout le monde pense que cette phrase se trouve uniquement dans le Nouveau Testament. Elle s'y trouve, en effet, mais on oublie qu'elle se trouve déjà dans le Lévitique, le troisième livre de la Tora, au chapitre 19, verset 18. Elle est là, en apparence du moins, car je prétends pour ma part qu'en réalité ce verset ne se trouve pas dans le Lévitique.

Car si nous lisons avec attention et en entier ce verset 18, nous y voyons autre chose que ce à quoi nous sommes habitués. On lit en effet ceci : « Tu ne te vengeras pas et tu ne garderas pas [rancune] aux fils de ton peuple, et tu aimeras pour ton prochain comme toi-même : car je suis YHVH le Tétragramme ! »

Le *et* coordonne « tu aimeras pour ton prochain… » avec ce qui précède, et nul ne peut omettre cette conjonction quand il explique ce verset. L'interprétation n'a pas le droit d'occulter un mot ou une lettre quelconque. Si la philosophie peut se le permettre, la pensée juive, qui n'est pas faite seulement de concepts, n'en a pas le droit. Son attitude fondamentale est l'humilité devant le texte qui enseigne. Et le respect des mots va jusqu'au respect de chacune de ses lettres. De plus, tout verset est pris dans un contexte qui lui donne sa tonalité, son « parfum » particulier.

## « Vous serez saints car je suis saint… »

C'est le cas de l'injonction du Lévitique : « Tu aimeras pour ton prochain comme toi-même. » Il importe de la resituer dans son contexte proche et lointain. Comme tous les chapitres du Lévitique, le chapitre 19 commence par une formule : « Dieu a parlé à Moïse en disant : “Parle à toute la communauté des fils d'Israël et dis-leur…” » Que doit-il leur dire ? « Vous serez saints car je suis saint, moi, le Tétragramme, votre Dieu ! » L'injonction d'être saints est au pluriel. On n'est pas saint tout seul dans la tradition juive. Il n'y a pas de sens à dire d'un tel : quel saint homme ! La sainteté ne naît pas dans la solitude !

Mais comment demander la sainteté à une collectivité ? Nous retrouvons ce que nous disions plus haut de la communauté : elle ne sera pas sainte parce qu'elle assure la vie en communauté, mais parce qu'elle a la volonté de se construire pour le futur. La sainteté n'est autre que celle de la communauté orientée vers l'avenir.

Si nous regardons ensuite les versets qui précèdent le commandement d'aimer le prochain, ils sont presque tous orientés vers la justice sociale, en particulier à partir des versets 14 et 15. Le verset 14 concerne le comportement à l'égard du sourd et de l'aveugle. Il est dit : « Tu ne maudiras pas le sourd. » « Maudire », rappelons-nous, revient à rendre léger celui qui reçoit la malédiction, c'est-à-dire insignifiant ; c'est mépriser ceux qui n'ont pas de poids à nos yeux. Quant à l'aveugle, il ne faut pas mettre d'obstacle devant lui. Ce n'est pas seulement l'allusion à une vieille et méchante plaisanterie qui est en cause ici. Le verset veut dire : qu'on n'inflige pas aux autres ce qu'ils ne sont pas capables d'entendre, de voir ou de supporter…

La suite est encore plus étonnante : « Tu craindras ton Dieu. Je suis le Tétragramme [l'Être du temps]. Vous ne ferez pas d'iniquité dans le jugement. Si tu vois un pauvre, ne lui dis pas qu'il a raison parce qu'il est pauvre ; et si tu vois un riche, ne lui donne pas raison parce qu'il est riche. En justice tu jugeras ton prochain. Tu n'iras pas colportant des calomnies [c'est-à-dire violant l'intimité de l'autre] contre les tiens et tu n'oublieras pas de porter assistance à personne en danger. »

On arrive ainsi au verset 17 : « Tu ne haïras pas ton frère dans ton cœur ; réprimande ton compagnon et ne porte pas sur lui une faute. Ne te venge pas et ne garde pas rancune aux fils de ton peuple… »

La phrase est suivie sans transition par : « … et tu aimeras pour ton prochain comme toi-même ». Ce qui est écrit est donc : « et tu aimeras *en direction de* ton prochain ».

## Transformer l'offense en paroles

Comment interpréter cette injonction ? Le neuvième commandement consiste entre autres, nous l'avons dit, à apprendre à nous taire, pour ne pas porter préjudice à autrui ni conduire à sa destruction par la parole.

Mais, dans ce contexte, le verset ajoute quelque chose d'important : pour ne pas haïr, il faut jeter par-dessus bord la rancune et, pour ne pas garder rancune, il faut être capable de réprimander et de faire en sorte que la réprimande soit entendue et acceptée par l'autre. C'est alors seulement que survient la formidable conséquence : « Tu aimeras pour ton prochain comme toi-même. »

Il faut donc que j'apprenne à parler avec justesse pour réprimander l'autre, de manière à ne pas le haïr dans mon cœur et à ne pas porter à cause de lui un poids qui me rendrait incapable de l'aimer. Si le prochain m'offense, il me faut essayer de transformer l'offense en paroles, paroles de réprimande, mais paroles justes.

## Quand aimer, c'est apprendre à parler

Nous venons de voir qu'avant le commandement d'aimer pour son prochain, le verset dit : « réprimande ton compagnon ». A première vue pourtant, la réprimande, le reproche sont l'inverse de l'amour. Mais ce qui est en cause ici, c'est une fois encore la parole.

Dans son livre beau et profond, intitulé *Le Sacrifice interdit*, Marie Balmary a superbement exposé le sens de l'injonction : « Tu aimeras pour ton prochain », et la fin de ce commentaire lui doit beaucoup. Elle écrit :

> Au début de relations amicales ou amoureuses, alors qu'aucun nuage, aucun malentendu, aucune offense n'est venu troubler les sentiments qui naissent, point n'est besoin de paroles : conjuguer le verbe « aimer » suffit. Mais plus tard, dire ce mot « aimer » suffit. Mais plus tard, dire ce mot « aimer » devient parfois bien difficile, tandis que s'accumulent en nous griefs et reproches non dits, informulés… Allons-nous les conserver par-devers nous, ou commencer à parler en risquant d'ouvrir un conflit ? Ils empoisonnent notre affection pour autrui et notre élan vers lui, vers elle… Qui sait si un jour, à force de silence, ils n'éclateront pas pour un conflit violent, qui rendra nos paroles irrecevables pour autrui, parce qu'il aura le sentiment d'une violence insupportable et injuste à son égard ? Comment faire pour continuer à aimer ?

La réponse de la Tora est simple : « Apprends à parler pour faire des reproches recevables par l'autre. » Et : « Ne hais pas ton prochain dans ton cœur » : ce sera le cas, justement, si tu gardes tes reproches par-devers toi, si tu n'arrives pas à lui parler. Tu « auras la haine » dans ton cœur et, à son tour, elle appellera la tentation de te venger. « Tu ne te vengeras pas et tu ne garderas pas rancune », précisément parce que tu auras appris à parler, et alors tu pourras « aimer pour ton prochain comme toi-même ».

Il y a donc un commandement qui nous ordonne de nous taire pour ne pas provoquer l'explosion de la violence, et un autre qui nous apprend à parler pour expulser la haine qui risque de nous envahir quand nous ne formulons pas nos reproches. C'est peut-être ainsi qu'il faut interpréter la parole de l'Ecclésiaste : « Il y a un temps pour se taire et un temps pour parler » (Ecclésiaste ou Qohélet 3,7). Aimer ou reprocher ? Non, reprocher pour aimer.

Encore faut-il entendre les reproches, et c'est le troisième moment : celui de l'écoute. Pour être transformée et pour transformer, la parole suppose une ouverture, une « ouïe », une réception. Mais, bien entendu, là non plus le mouvement n'est pas à sens unique : l'un parlerait et donnerait, l'autre écouterait et recevrait ? Non, chacun parle et écoute à son tour. Autrement dit, nous sommes dans un dialogue. Et tout dialogue est partage.

## La « brisure des vases »

Que se passe-t-il après le *Ttsimtsoum*, le retrait de Dieu pour laisser un espace à la Création ? D'un côté, l'Infini ne peut réintégrer cet espace, car il annulerait la possibilité de la Création. D'un autre côté, s'il ne se passe rien, le monde n'est pas créé !

C'est pourquoi les kabbalistes parlent de la deuxième phase du *Tsimtsoum* : l'Infini réintègre bien l'espace vide, mais sous la forme contractée d'un rayon de lumière, d'une énergie à partir de laquelle les mondes sont créés.

La lumière pénètre dans le monde sous forme d'énergie, puis elle se transforme pour devenir matière sous la forme de dix réceptacles, auxquels la Kabbale a donné le nom de *séphiroth*. Ils vont accueillir et contenir la lumière qui les a créés. Elle les remplit l'un après l'autre. Elle atteint la première *séphira*, qui, une fois remplie, transmet la lumière en surplus à la *séphira* suivante, et ainsi de suite jusqu'à la quatrième. Là, la lumière s'arrête, car la quatrième *séphira* prend la lumière, mais ne la transmet plus aux *séphiroth* suivantes. Cependant, l'énergie de la lumière contenue dans la quatrième *séphira* est plus puissante que celle du réceptacle, et celui-ci explose : c'est l'épisode que la Kabbale désigne comme la « brisure des vases ».

## La vie consiste à recevoir et donner

Quel est le sens existentiel, concret, de cette grande allégorie du monde déployée par la Kabbale ? Pour la comprendre, on peut avoir recours à une métaphore géographique.

Déployons une carte d'Israël et de sa région. La Méditerranée se trouve à gauche, et à droite un fleuve, le Jourdain, descend du nord au sud et se jette dans un lac, le lac de Tibériade. Il s'écoule ensuite, plus au sud, dans un autre lac, appelé la mer de Sel ou mer Morte.

Les kabbalistes se sont posé la question : pourquoi ce nom de « mer Morte » ? Quelle définition donner de quelque chose qui est mort ? La réponse est très simple. Le lac de Tibériade est lac de vie parce qu'il accueille le Jourdain, se remplit de son eau et le libère plus loin. Il reçoit et il donne. Au contraire, la mer Morte ou le « lac Mort » reçoit le Jourdain, prend son eau mais ne redonne rien du tout. Voilà la définition très concrète de la mort : ce qui est capable de recevoir, mais non de redonner. Et recevoir sans redonner correspond à la « brisure des vases ».

En termes de psychologie ou de relations humaines, ce serait la capacité de dire « je », mais l'incapacité de dire à l'autre « tu », l'impossibilité de partager.

## Partager le pain

La purification et la bénédiction au moment du repas s'inscrivent dans la même perspective. Rappelons ce rituel. Avant de manger du pain, on se lave les mains à l'aide d'un ustensile (et non sous le robinet). On verse de l'eau dans l'ustensile et on la *reverse* sur les mains (comme le lac de Tibériade est rempli de l'eau du Jourdain, qu'il rend ensuite). L'eau prise avec l'ustensile puis reversée purifie les mains. Une fois les mains lavées, il est interdit de parler jusqu'au moment où on va manger le pain. A ce moment intervient la bénédiction : « Tu es source de bénédictions, Maître du monde, toi qui fais sortir le grain de la terre. » Et on commence alors à manger.

Ce qui importe, c'est le silence entre la purification des mains avec l'eau du bassin et le moment où l'on mange : il s'agit en réalité d'une seule cérémonie, d'un seul rituel. Pourtant, les maîtres disent que ce silence peut être rompu par toute parole qui a un lien avec la cérémonie. Par exemple, puisqu'il faut tremper le pain dans le sel, je peux dire : « Passe-moi le sel. » Il n'est pas interdit non plus de demander : « As-tu donné à manger aux animaux ? », puisqu'il est interdit d'après la Loi juive de manger sans avoir préalablement nourri ses bêtes. Quand tous ces rites ont été accomplis (et qu'on a très faim), peut-on se mettre à manger la nourriture qui est devant soi ? Pas encore : il faut d'abord rompre le pain et ensuite seulement on pourra en manger un morceau.

Ce sont des symboles forts : il est interdit de commencer à manger sans avoir fait le geste signifiant qu'on est prêt à partager le pain avec autrui.

## Le partage du rêve

Souvenons-nous que le mot hébreu pour « pain », *léhèm*, s'écrit avec trois lettres (*lamed-hèt-mèm*). Le pain doit être trempé dans le sel, *melah*, qui contient les mêmes lettres que *léhèm*, mais dans un sens différent. Or ces trois lettres sont aussi celles du mot « rêve », *halom*.

Manger, c'est partager du rêve ! Voilà où nous mène la combinatoire des lettres dans les mots !

Partager le rêve, c'est partager le témoignage, c'est-à-dire la capacité de transmettre et d'offrir à l'autre une étincelle de futur… et d'espérance !

## A méditer, pour finir…

> Tu aimeras ton prochain comme toi-même, est-il ordonné par le Lévitique au verset dix-huit du chapitre dix-neuf. Aimez-vous les uns les autres, leur a dit Jésus, fils de mon peuple. D'accord, très beau, disent-ils, d'accord, on va s'aimer les uns les autres. D'accord…
> Aimez-vous les uns les autres, leur a dit Jésus, fils de mon peuple. Et, au mieux, ils traduisent par souriez-vous les uns aux autres…
> Depuis deux mille ans, ils parlent de leur amour du prochain et ils croient y croire. Ils jouent à aimer leur prochain, mais ils n'aiment pas.
> O amour du prochain, théâtrale déclaration, et en fin de compte amour de soi-même, quête d'une présomptueuse sainteté, futilité et souffle du vent, dangereux amour mainteneur d'injustice, d'injustice par ce trompeux amour fardée et justifiée.
> O affreuse coexistence de l'amour du prochain et de l'injustice.
> O stérile amour qui au long de deux mille années n'a empêché ni les guerres et leurs tueries, ni les bûchers de l'Inquisition, ni les pogromes, ni l'énorme assassinat allemand.
> O affreuse coexistence de l'amour du prochain et de la haine. Tout cela, je l'ai déjà dit, mais je le redis ici, car cela m'importe… (Albert Cohen, *Carnets*, 20-21 août 1978.)

*

## À LIRE

Ashkénazi, Léon (« Manitou »), « Le cercle et la droite. Transcendance et immanence », *Pardès*, *op. cit.*

Balmary, Marie, *L'Homme aux statues. Freud et la faute cachée du père*, Grasset, 1994 ;

–, *Le Sacrifice interdit*, Grasset, 1986.

Blanchot, Maurice, *L'Entretien infini*, *op. cit.*

Bobin, Christian, *L'Homme qui marche*, Le Temps qu'il fait, 1995.

Derrida, Jacques, « Violence et métaphysique », *L'Écriture et la Différence*, *op. cit.*

Didier-Weill, Alain, *Invocations*, Calmann-Lévy, 1998 ;

–, *Les Trois Temps de la Loi*, Éd. du Seuil, 1995.

Dufourmantelle, Anne, et Derrida, Jacques, *De l'hospitalité*, Calmann-Lévy, 1997.

Legendre, Pierre, *L'Empire de la vérité*, Fayard, 1983 ;

–, *L'Inestimable Objet de la transmission*, Fayard, 1985.

Lévinas, Emmanuel, *Noms propres, op. cit.* ;

–, *Totalité et Infini*, *op. cit.*

Ouaknin, Marc-Alain, *C'est pour cela qu'on aime les libellules*, *op. cit.* ;

–, *Lire aux éclats*, *op. cit.*

Sibony, Daniel, *Les Trois Monothéismes*, *op. cit.*

Vidal-Naquet, Pierre, et Vernant, Jean-Pierre, *Œdipe et ses mythes*, Complexe, 1994.

Winter, Jean-Pierre, *Les Errants de la chair*, Calmann-Lévy, 1998.

10

# Ne crois pas que l'autre t'a volé ton origine !

**Dixième commandement :**
**« Tu ne convoiteras pas la maison de ton prochain. Tu ne convoiteras pas la femme de ton prochain, ni son serviteur ni sa servante, ni son bœuf ni son âne, rien de ce qui est à ton prochain. »**
**(Exode 20,14)**

Nous l'avons souligné à plusieurs reprises : les commentateurs du Talmud répartissent les commandements sur deux tables – cinq de chaque côté, qui se répondent deux par deux. En général, ils disent que les cinq premiers commandements expriment la relation entre l'homme et Dieu, tandis que les cinq suivants parlent de la relation entre l'homme et l'autre homme. On aurait donc une sorte de relation verticale d'un côté, horizontale de l'autre.

## Une distinction à repenser

Pourtant, quand on y regarde de plus près, cette conception très répandue chez les commentateurs semble étonnante. En effet, le premier commandement (« Je suis l'Éternel, ton Dieu... »), proprement théologique, concerne bien Dieu. Le deuxième (« Tu n'auras pas d'autres dieux que moi... ») et le troisième (« Tu n'invoqueras pas le nom de l'Éternel, ton Dieu, en vain... ») parlent de la relation entre Dieu et l'homme. Dans le quatrième (« Souviens-toi du jour du chabbat... ») et le cinquième (« Honore ton père et ta mère... »), c'est la relation à l'autre humain qui l'emporte, et il serait erroné d'affirmer qu'il s'agit là d'une relation purement théologique et verticale. La distinction établie par les commentateurs entre deux tables de cinq et cinq doit être repensée...

## Le nom de Dieu : présence et absence

En relisant de près et en comparant la structure des cinq premiers, puis des cinq seconds commandements, tout un chacun peut immédiatement constater ceci : le mot « Dieu », sous la forme du Tétragramme, est présent et central dans les cinq premières paroles. Au contraire, il est totalement absent des cinq suivantes. Les cinq premiers commandements ont une autre particularité : ils sont longs, alors que les cinq suivants sont composés d'injonctions très courtes, en deux ou trois mots hébraïques.

La différence essentielle n'est donc pas que les cinq premiers parlent de la relation entre l'homme et Dieu, et les cinq seconds de la relation entre les hommes, mais dans le fait que le nom de Dieu soit présent ou absent. Les cinq premiers nomment chaque fois le Divin par le Tétragramme, parfois en le redoublant du nom *Elohim*. Dans les cinq suivants, le Divin n'apparaît pas nommément. On pourrait en déduire ceci : pour comprendre la Loi exprimée par les deux tables, il faut comprendre non seulement le sens du Tétragramme, mais aussi – et c'est essentiel – le sens de cette présence/absence du Nom.

## Du silence au silence du silence

Nous le savons : le Tétragramme, quatre consonnes sans voyelles, ne se prononce pas. Nom ineffable, c'est un mot de silence, un trou dans le tissu vocal du texte biblique. En lisant la Bible, à certains moments nous rencontrons le Tétragramme : il va falloir se taire, s'interrompre. Le Tétragramme est alors remplacé dans la lecture par un autre mot : *Adonaï*, qui signifie littéralement « mon Seigneur ». Mais dans une « lecture aux éclats », nous remarquons qu'*Adonaï* s'écrit *dalèt-ani*. Et il signifie « la porte qui ouvre vers "je suis" ».

En effet, quand je parviens à faire silence et à respecter le Tétragramme imprononçable, je deviens capable d'ouvrir la porte pour entrer au plus profond de moi-même. Il s'établit une sorte de palais, d'écrin sonore qui vient abriter le silence absolu du nom de Dieu. A la présence du Tétragramme présent dans la première table des Dix Paroles répond son absence dans la seconde, comme si on passait du silence au *silence du silence*.

## Le premier et le dernier mot des Dix Paroles : « je » et l'« autre »

Une des méthodes de lecture que nous avons plusieurs fois rencontrée et employée est celle des lettres et des mots frontières. En analysant un texte, il faut en effet toujours s'interroger sur l'articulation qui peut exister entre le premier et le dernier mot, la première et la dernière lettre, et sur le sens qu'elle pourrait avoir.

Les Dix Commandements commencent par le mot « je suis » (*anokhi*) et se terminent par les mots : « pour ton prochain » (*leréakha*). Les Dix Paroles se déploient donc entre le « je » et l'« autre ». Du fait même, on peut dire aussi, à l'inverse de ce qui précède mais sans le contredire, que non seulement les cinq derniers commandements, mais aussi tous les autres s'intéressent aux relations entre l'homme et l'homme – même ceux qui ne parlent que de Dieu. En ce sens, ils sont vraiment la charte de l'éthique, c'est-à-dire des relations justes entre les hommes.

L'autre... le prochain : si nous ouvrons un dictionnaire d'hébreu, il est étonnant de constater que le mot pour dire « le prochain » est le même que celui qui veut dire « le mal ». La racine de ce mot est *ra*, *raoua* ou *rao*. Elle signifie « instabilité », « vacillement ».

On retrouve cette idée dans le mot qui désigne l'homme qui fait transhumer les moutons : le berger, en hébreu *roé*, est celui qui passe d'un endroit à l'autre ; il n'a pas de lieu stable, il est donc « in-stable », et on ne peut l'enfermer dans quelque chose de définitif. Le prochain, en hébreu *réa*, se rapproche de cette constellation de sens : il se définit comme celui qui n'a pas de définition ni de stabilité. Le prochain peut être aimable, digne d'être aimé aujourd'hui ; mais demain il est possible qu'il ne soit plus du tout sympathique. « Tu aimeras… » ne fait aucune difficulté quand il est aimable, mais c'est une autre paire de manches quand il ne l'est plus.

C'est pourquoi, « tu aimeras (pour) ton prochain… » devrait se dire : « Tu respecteras l'instabilité existentielle de l'autre, qui te rappelle la tienne, ta propre instabilité. » Ce n'est pas parce que l'autre est instable, qu'il change, qu'on ne doit plus l'aimer. On doit l'aimer parce qu'il est autre. « Tu aimeras ton autre » (ton autre qui ne reste pas le même) : voilà ce que dit le commandement. L'homme n'est pas comme un objet, il n'est pas un objet : il est mouvant, il est changeant, et malgré cela on doit l'aimer.

## Est-il possible de définir l'homme ?

L'homme est cet être absolument unique qui échappe à toute définition. Il est l'existant dont la définition est de ne pas en avoir. Le définir serait le comprendre, le maîtriser, l'enfermer, le dé-limiter. Il n'y a pas d'« essence » de l'homme, il n'est pas ceci ou cela.

En hébreu, le mot « essence » se dit *mahout*. Or ce mot vient de la racine *ma*, qui signifie « quoi ? ». Nous revenons encore à la « quoibilité », ce mot que j'ai inventé pour signifier que l'homme est question, pour lui-même et pour les autres, qu'il est ouvert à tous les possibles et tous les futurs, donc foncièrement (et paradoxalement) enraciné dans l'instabilité, prochain instable que nulle définition ne peut circonscrire ou décrire par avance et une fois pour toutes.

## Le mal

Nous l'avons dit : l'hébreu a un seul et même mot pour dire « le mal » et « le prochain ». Comment comprendre un tel phénomène ? Du point de vue simplement linguistique, il n'est pas rare.

Mais surtout, on peut dire ici que le mal consiste à ne pas respecter ce « mouvement perpétuel » qui fait de l'homme un être en incessante (r)évolution. Il consiste à enfermer les autres dans des définitions, à les étiqueter : au fond, cela nous rassure, car nous avons l'impression de maîtriser leur étrangeté, de les fixer dans une place qui arrête leur mouvement. Cette philosophie de la prise et de l'emprise, de la mainmise et de la compréhension, voilà le mal !

## Éloge de la caresse

La main prend et l'esprit comprend. La main assure sa prise, et l'esprit forme des concepts pour saisir, comprendre et maîtriser. Le mot allemand *Begriff*, « concept », ne vient-il pas de *greifen*, « saisir », « attraper » ? *Begreifen*, c'est « com-prendre », saisir par la pensée. *Begriff* fait aussi entendre la « griffe » et la violence du « griffer ».

La connaissance sage, les stoïciens l'illustraient par une image célèbre, que rapporte Cicéron :

> Sauf le sage, personne ne sait quoi que ce soit, et Zénon le prouvait par un geste. Il montrait la main, les doigts étendus : « Ceci est la représentation », disait-il. Puis il repliait un peu les doigts : « Ceci, c'est l'assentiment. » Ensuite, la main complètement fermée, il montrait le poing en déclarant que c'était là la compréhension ; c'est pourquoi il a donné à celle-ci le nom de *katalepsis* [« prise », « prise de posses-

sion », par extension « action de saisir par l'intelligence, compréhension »], qui n'était pas utilisé avant lui. Ensuite, il approchait sa main gauche du poing fermé, et il le serrait étroitement et avec force ; il disait que c'était la science que personne ne possède, hormis le sage.

A l'opposé, un maître du Talmud inaugurait sa première leçon par le geste suivant : il approchait sa main gauche du poing fermé de sa main droite et il le serrait étroitement, de toutes ses forces. Il disait que c'était là la sagesse de l'imbécile, qui croit savoir et qui pense tenir le monde dans les mailles de son filet. Lors de sa deuxième leçon, il libérait le poing droit de la main gauche, puis il ouvrait progressivement les doigts, comme les pétales d'une fleur qui s'ouvre à la vie : « Ainsi fleurit l'intelligence », disait-il. Puis la main s'ouvrait entièrement, les doigts dépliés et offerts à la rencontre : « Voici la main faite pour les caresses, disait-il. Cette main est celle du sage qui sait qu'il ne sait rien, mais qui connaît la valeur de la rencontre et du don. » Pour finir, il croisait ses deux mains et disait : « Voici l'oiseau de la liberté. »

La danse indienne a gardé quelque chose du geste du maître talmudique. De même, le bouton du lotus indique la pensée encore balbutiante ; puis il s'ouvre à moitié : l'esprit se libère et découvre déjà la couleur d'un ciel qui fait signe vers l'Infini.

L'esprit épanoui se fait offrande, mouvement gracieux vers la transcendance. La fleur devient oiseau et liberté des hauteurs.

## Les arbres du jardin

Il faut préciser encore le rapprochement entre le mal et le prochain. Dans un livre dont j'ai parlé à plusieurs reprises, *Le Sacrifice interdit*, Marie Balmary a proposé une magnifique interprétation du chapitre 3 de la Genèse, qui raconte la faute d'Adam et Ève. Qu'est-ce donc que cette transgression de l'homme, quand il mange du fruit interdit ? Où réside le mal ? Il consiste à manger du fruit, nous dit-on, objet de la convoitise… En manger, c'est mourir… Mais de quel fruit est-il question ? L'arbre avec des fruits n'a-t-il pas quelque chose en commun avec l'homme nu et la femme nue, avec le sexe masculin et les seins et les courbes féminins ?

Il n'est pas besoin de recourir au langage populaire et à l'argot pour le savoir. Un livre de la Bible y fait référence tout au long : le Cantique des cantiques, qui chante les relations entre Dieu et la communauté d'Israël en utilisant les métaphores du langage érotique : « Ta taille ressemble à un palmier et tes seins à des grappes. J'ai dit : je vais monter au palmier, j'en saisirai les régimes… Tes seins seront comme des grappes de raisin et le souffle de ta bouche comme des pommes… »

Adam et Ève sont donc nus, et ils peuvent se désirer et convoiter chacun les « fruits » de l'autre. Leur font face deux arbres : se pourrait-il que les arbres et les hommes se correspondent deux à deux ? Chacun serait pour lui-même l'arbre de la vie : en effet, à tout moment, chacun est le centre vital à partir duquel il voit le monde… Mais, dans ce cas, qui représente l'arbre de la connaissance du bien et du mal ? L'autre ! Et on pourrait dire : « Tu mangeras de tout sauf de l'arbre de la connaissance de… l'autre ! » De l'arbre qui te ferait connaître l'autre tu ne mangeras pas : l'interdit premier est de ne pas dévorer, de ne pas supprimer l'autre par la connaissance ou par toute autre attitude.

## L'arbre de la connaissance du bien et du prochain

Mais… si le même mot désigne « le « mal » et « le prochain », le second arbre du jardin d'Éden devient l'arbre de la connaissance du bien… et du prochain. C'est bien ce que nous disions : le premier arbre représente chacun, comme sujet de sa propre vie. Mais le second ne peut que renvoyer à l'autre et à la relation qu'on a avec lui. Dire

« Tu ne mangeras pas de l'arbre de la connaissance » veut dire qu'on *ne peut pas* connaître l'autre. En déclarant qu'il est interdit de manger d'un seul arbre, le Divin garde la place de l'autre, son caractère inviolable. Et la Loi, les Dix Commandements, ne nous dit rien d'autre : tu préserveras une place infinie pour l'autre, auquel tu ne peux accéder, que tu ne peux prendre ni « com-prendre » totalement, comme un objet de la nature est connu par des lois scientifiques.

Dieu a mis une limite à la connaissance. Il a posé un « point d'inconnaissance », qui permet à l'autre d'exister comme autre. L'arbre de la connaissance du bien et du mal est bien l'arbre de la Loi, de la relation et de la parole. L'arbre de la connaissance du bien et du mal, ou du bien et du prochain, devient l'arbre de celui qu'on respecte pour son bien et pour son mal.

« Manger » signifie qu'on supprime la différence : on assimile ce qu'on mange, ce qu'on mange devient soi. Si on pouvait manger l'autre, on le connaîtrait entièrement mais on le supprimerait.

Il y a tant de façons de « manger » l'autre... Par exemple, en ne lui laissant pas la parole, parce qu'on sait d'avance ce qu'il va dire. On le connaît et on l'empêche de parler : on « mange » alors sa parole. Le point d'inconnaissance de l'autre réclame qu'on lui laisse la parole. Il a besoin de sa parole pour se dire, et on ne le connaît jamais entièrement.

## Le Tétragramme et la différence des sexes

Voyons le Tétragramme. C'est le nom de Dieu qui ne se prononce pas, parce qu'il est de l'ordre du silence. Il contient les deux lettres *yod* et *vav*, marques du masculin et symboles phalliques. Il contient aussi deux fois la lettre *hé*, qui est une lettre féminine. Le nom de Dieu est donc le lieu silencieux où la différence des sexes masculin et féminin est réunie. Il est silencieux, car c'est le lieu de la différence sexuelle. C'est Adam et Ève qui sont nus et n'ont pas honte : ils peuvent se voir et se percevoir comme masculin et féminin.

Ils se voient nus mais ne se connaissent pas dans leur différence incommensurable, dans le mystère infini de leur différence. L'homme ne peut jamais savoir ce qu'est être une femme, et jamais une femme ne saura ce qu'est être un homme. Le premier homme est né seul : la femme n'a pas assisté à l'origine de l'homme. Et quand la femme est née, l'homme était présent, mais endormi, pour qu'il ne puisse assister à cette naissance. Il ne sait donc rien non plus de l'origine de la femme. Freud parlait du « continent noir » de la féminité pour désigner ce point d'inconnaissance définitive de la femme par l'homme.

Cette inconnaissance est source de relation, image du Divin, bienheureuse inconnaissance, à garder et à cultiver précieusement…

Mais que produit donc cette définitive inconnaissance de la femme par l'homme et réciproquement ? Rien de plus et rien de moins que la parole. Le point d'inconnaissance fait que jamais un homme ne pourra se dire entièrement à la femme, et l'inverse est vrai aussi. Mais la parole est là pour raconter sans fin ce que je suis et auquel l'autre ne peut accéder. Toute parole dévoile et en même temps recouvre mon secret. Parler, c'est se raconter et acquérir ainsi une identité « narrative », comme le dit Paul Ricœur, mais cette identité, en se révélant, demeure secrète ; elle n'est jamais close, jamais définie une fois pour toutes.

L'homme va parler à la femme de ce qu'elle ne sait pas de lui, et réciproquement : le discours amoureux ne dit rien d'autre, celui de la vie quotidienne non plus, et toutes les paroles échangées chaque jour non plus. Malgré tout ce qui est dit, nul ne peut jamais dévoiler le point d'inconnaissance que l'autre renferme. Il s'agit là d'une sorte de mystère en abyme auquel on ne peut toucher, car on toucherait au silence même du Tétragramme.

## Éthique humaniste

Ce qui précède le montre sans équivoque : les Dix Commandements forment un tout. Non seulement les cinq derniers, mais aussi les cinq premiers s'intéressent intensément aux relations entre l'homme et l'homme – même ceux qui parlent de Dieu. Ils sont, tous ensemble, la charte de l'éthique, c'est-à-dire des relations justes entre les hommes.

Cette structure du « je » et de l'« autre » est essentielle. Elle fait signe vers cette éthique de l'autre homme qu'Emmanuel Lévinas, souvent cité dans ce livre, a si magnifiquement mise en lumière.

Mais toute éthique n'est pas tournée vers l'autre. Comme nous l'avons vu, pour Paul Ricœur l'éthique serait davantage le but, le projet, et la morale relèverait plutôt des moyens que nous nous donnons et mettons en œuvre pour le réaliser. Dans une autre perspective encore, on insisterait sur la morale comme « théorie des devoirs » et sur l'éthique comme « théorie du bonheur ».

Le bonheur lui-même fait l'objet de réflexions diverses et parfois contradictoires. Mais d'abord et avant tout, dans les temps modernes, pour être heureux il faut être libre. Liberté d'un sujet qui dit « je » et « je suis », qui marque l'*autonomie* de sa parole, de son histoire, de sa raison. Foncièrement, le bonheur est alors envisagé comme un humanisme. La conséquence politique de cette liberté humaniste, c'est l'idée de démocratie, de normes collectives acceptées mais aussi de discussion et d'échange, d'espace public, de culture.

## Dérives individualistes de la liberté

Souvent, les modernes confondent sujet libre et individu, autonomie et indépendance, humanisme et souci de soi. Poussée à l'extrême, l'exaltation de l'autosuffisance et de l'indépendance conduit à l'indifférence par rapport à la vie commune, à l'engagement dans la société et dans l'espace public. Le risque est que chacun devienne alors indifférent, étranger à chacun. L'individualisme accomplit une sorte de « désocialisation » des hommes.

Fondés sur la structure du « je » et de l'« autre », les Dix Commandements contestent un bonheur individualiste, ou contestent que l'individualisme soit la source du bonheur. Comme le dit Lévinas, l'humanisme des Dix Commandements est celui « de l'autre homme ». Et leur idée du bonheur est totalement liée à la reconnaissance concrète de la valeur infinie d'autrui.

## Où est passé l'*aleph* de l'origine ?

Avant d'entrer dans le vif du dixième commandement, une brève remarque sur la structure de notre texte s'impose.

Les Dix Commandements commencent par la lettre *aleph*, qui est la première de l'alphabet. Cette entrée en matière est tout à fait logique. Mais les commentateurs qui soulignent ce point font remarquer à juste titre que la Tora dans son ensemble – les cinq premiers livres de la Bible ou Pentateuque – ne commence pas par un *aleph*, ce qui serait logique, mais par un *bèt* (deuxième lettre de l'alphabet en hébreu). En effet, les premiers mots de la Tora (Genèse 1,1) sont : « *Beréchit bara Elohim…* » (« Au commencement Il a créé, Dieu-Elohim… »).

Rien n'empêchait, dans la grammaire hébraïque comme en français, de mettre en premier le nom *Elohim*, qui est sujet du verbe « créer », et ensuite le complément de temps « au commencement ». Cela aurait permis de commencer par un *aleph*. Or, la structure de cette phrase initiale fait que le mot *beréchit*, « au commencement », vient en premier, et que la première lettre de la Bible et de la Tora est un *bèt*.

Les maîtres posent donc la question : comment se fait-il que la Tora commence par la deuxième lettre de l'alphabet, *bèt*, et non par la première, *aleph* ? Cela aurait été plus logique, en particulier si l'on songe que les kabbalistes répètent à l'envi que le monde a été créé par les lettres de l'alphabet que Dieu a combinées…

Les maîtres répondent que c'est précisément parce que cet *aleph* de l'origine a été retenu pour servir de lettre inaugurale aux Dix Paroles ou Dix Commandements. Réponse énigmatique, mais essentielle pour interpréter notre dixième commandement.

## La femme du grand prêtre

Dans Exode 20,14, nous lisons :

« Tu ne convoiteras pas la maison de ton prochain. Tu ne convoiteras pas la femme de ton prochain, ni son serviteur, ni sa servante, ni son bœuf, ni son âne, rien de ce qui est à ton prochain. »

« Tu ne convoiteras pas… » : qu'est-ce à dire ? La racine hébraïque de ce mot est *hmd* (*hamad* ). Ce qu'il ne faut pas convoiter, c'est d'abord « la maison de ton prochain ». Ensuite vient un espace de séparation, un blanc dans le texte hébraïque, un blanc « fermé » (il ne se trouve pas à la fin de la ligne), comme pour dire : attention ! il y a quelque chose que tu ne comprendras pas, quelque chose que tu dois méditer et dont la compréhension totale toujours t'échappera.

Le verset se poursuit : « … Tu ne convoiteras pas la femme de ton prochain » jusqu'à « rien de ce qui est à ton prochain ». Pour la « maison de ton prochain », le traité talmudique *Yoma* donne une indication. Il rappelle que le mot « maison » signifie aussi « femme ». Le Talmud déduit cette idée d'un verset qui concerne le grand prêtre et son service, le jour de Yom Kippour (« Grand Pardon ») : « Il obtiendra l'expiation pour lui et pour sa maison. » Dans le contexte, la maison ne peut signifier que la femme. Les maîtres du Talmud en concluent que le grand prêtre doit être marié s'il veut servir le jour de Yom Kippour. Afin d'obtenir le pardon pour les autres, il faut être en situation d'aimer car, selon le Talmud, nul ne peut prier pour autrui s'il n'aime pas. Par amour pour un autre, il va pouvoir prier pour le pardon des autres.

Le Talmud pose alors la question : que se passe-t-il si la femme du grand prêtre venait à mourir juste avant ou pendant la fête de Yom Kippour ? Il ne pourrait plus prier pour les autres. C'est pourquoi, selon la tradition, on préparait pour le grand prêtre une femme qui pourrait remplacer la sienne en cas de nécessité.

Ce rappel talmudique, qu'il faudrait longuement développer, est un élément du puzzle que nous mettons en place pour comprendre le dixième commandement. Nous nous inspirons encore d'Emmanuel Lévinas et de ses réflexions sur le pardon dans *Quatre Lectures talmudiques*.

## La maison et la femme : le Talmud comme roman policier

Nous venons de dire que, dans le Talmud, le mot « maison » signifie aussi « femme ». Donc, « tu ne convoiteras pas la maison » veut dire « tu ne convoiteras pas la femme ». Mais alors, pourquoi le dixième commandement désigne-t-il explicitement la femme, juste après la maison, parmi tout ce qui ne doit pas être convoité ? La réponse est : si on est obligé de nommer la femme, c'est que la femme veut dire ici « la femme et la maison », tandis que la maison ne veut pas dire « la maison », puisque ce sens est déjà inclus dans le mot « femme »… Nous voilà bien avancés, dira-t-on ! Et dans la recherche du sens, le Talmud semble relever du genre « roman policier »…

Certains lecteurs s'étonneront peut-être ici du cheminement de cette pensée. Ils se demanderont pourquoi nous n'avons pas commencé par une réflexion sur les mots équivalents ou proches de « convoitise » : « désir », « jalousie », « envie », « concupiscence », « avidité », « cupidité »… La psychanalyse pourrait venir à l'appui de la philosophie pour démêler les ressemblances et les différences entre ces mots. Mais, répétons-le, le Talmud n'est pas la philosophie, bien qu'il en contienne beaucoup. Il s'agit de se pencher sur un texte, interpréter à partir de sa structure, se colleter avec ses difficultés sans en éviter aucune. Foncièrement, le Talmud est interprétation, « herméneutique » si on préfère le mot savant.

Il arrive même – c'est le cas ici – qu'il complique en apparence le texte de la Bible, qu'il en livre ce qui ne semble nullement aller de soi, qu'il y découvre des sens de prime abord invisibles, incroyables, contradictoires. « Lire aux éclats » : on en revient toujours là.

## Une drôle de lettre de l'alphabet

Le texte du dixième commandement est surprenant à première vue. Il commence par : « Tu ne convoiteras pas… », et nomme d'abord la maison, puis il répète : « Tu ne convoiteras pas la femme… », énumère plusieurs choses appartenant au prochain et finit par conclure : « … rien de ce qui est à ton prochain ». On pourrait en déduire cette conclusion : puisque ce « rien » inclut la maison et la femme du prochain et tout le reste, il était inutile de donner toutes ces précisions auparavant. On aurait pu avoir un commandement aussi concis et net que « Tu ne tueras pas » ou « Tu ne voleras pas » : « Tu ne convoiteras rien de ce qui est à ton prochain ! »

Mais peut-être l'énumération n'est-elle pas innocente ? Peut-être a-t-elle un sens ? Nous avons dit auparavant que, pour le Talmud, la maison signifiait toujours la femme. On aurait donc pu se passer de la nommer. Si elle est là, c'est que la maison, première nommée parmi tout ce qu'il ne faut pas convoiter, a sans doute encore un autre sens. Les talmudistes répondent qu'en effet la maison – en hébreu *bayit* ou *bèt* (à l'état construit, une forme grammaticale de l'hébreu) – s'écrit exactement comme la deuxième lettre de l'alphabet, *bèt*. Mais *bèt*, nous l'avons vu, a un statut particulier : c'est la première lettre de la Tora et de la Bible en son entier !

## Absence d'origine

Et cela veut dire ceci : on n'accède jamais à l'*aleph* (première lettre de l'alphabet), autrement dit à l'origine, ou à l'origine des origines, au chiffre 1 primordial... On est toujours déjà dans le 2, la deuxième lettre de l'alphabet, *bèt*, qui écrit justement le mot « maison ». En ancien hébreu, cette lettre avait d'ailleurs la forme d'une maison...

*Aleph*, première lettre de l'alphabet et première lettre des Dix Paroles, manifeste que l'origine de l'origine est transcendante, au-delà du monde. Il ne peut s'écrire que dans le « Je » de Dieu : « Je suis l'Éternel, ton Dieu... » C'est pourquoi *aleph*, qu'on peut certes employer dans le langage pour dire « je », nous a été soustrait dès l'origine.

Et le texte commence par la lettre *bèt* pour manifester que l'origine n'est jamais là, jamais donnée. C'est pourquoi il ne faudrait pas traduire : « Tu ne convoiteras pas la maison de ton prochain », mais : « Tu ne convoiteras pas l'origine de ton prochain. » Autrement dit : « Ne crois pas que l'origine qui t'a été enlevée et qui t'échappe, l'*aleph*, tu pourras la trouver chez ton prochain. » Ou encore : « Ne passe pas par l'autre pour essayer de retrouver ce qui est essentiel à l'existence et que tu ne peux saisir » (le rapport à ton origine). Ou encore, tout simplement : « Ne crois pas que l'autre t'a volé ton origine », ce qui entraînerait anxiété et jalousie, convoitise, désir de prendre chez lui ce que tu n'as pas chez toi. Tu n'as pas accès à ton origine, parce que c'est ainsi et non parce qu'un autre l'a dérobée. Ce serait une illusion de croire que tu la trouveras chez lui. L'origine, c'est l'énigme de ta naissance, de ta vie, de ton être : nul ne peut te la voler, car toi-même tu ne l'as pas et ne l'auras jamais.

Cette interprétation donne évidemment un tout autre sens au texte biblique. C'est encore plus clair lorsqu'on constate que l'autre texte qui contient les Dix Paroles – le Deutéronome, au chapitre 5 – ne met pas d'abord la maison, puis la femme, mais l'inverse : la femme d'abord, la maison ensuite. Cela permet la distinction entre la femme et la maison, puisque l'enjeu n'est plus la convoitise du *bèt*, de l'origine. Le Deutéronome aussi répète ensuite le verbe, mais on n'a plus « convoiter ». C'est un autre mot qui est utilisé à la place, *taava*, qui signifie « envie », « désir », « concupiscence ». Selon Maïmonide, le premier verbe pour dire « convoiter » (*hamad* ) relève du cœur, et le second (*taav*) concrétise les désirs du cœur : c'est le passage à l'acte, on quitte les rêveries et les fantasmes.

## La vigne de Nabot

Maïmonide, un des grands maîtres de la pensée hébraïque, ouvre d'autres pistes pour comprendre ce qu'est la convoitise. Dans le livre des Commandements, le grand commentateur répartit les 613 *mitsvot* ou commandements en deux groupes : les positifs et les négatifs, ce qu'il faut faire et ce qu'il faut éviter de faire. A propos de la *mitsva* 266, il déclare : « Celui qui veut comprendre le sens de "tu ne convoiteras pas", qu'il lise le chapitre 21 du premier livre des Rois. »

Si nous suivons son conseil, nous tombons sur un chapitre où il est question du roi Ahab. L'épisode se déroule à la suite du schisme qui, après le règne de David et de Salomon, a divisé en deux leur royaume : le royaume de Juda au sud et celui d'Israël au nord. Parmi les rois, trois sont particulièrement célèbres par leur impiété : Jéroboam et Ahab, rois d'Israël, et Menassé, roi de Juda. Selon le Talmud, ces trois-là n'auront pas part au monde futur.

Le texte parle donc d'Ahab, ou d'événements arrivés sous le règne d'Ahab (il s'étend d'environ 874 à environ 850 avant notre ère). Le texte commence justement, dans la traduction française courante, par le mot « événements » : « Voici ce qui arriva à la suite de ces événements. » Or, en hébreu, ce n'est pas ce mot qu'on trouve. L'hébreu dit : « Et ce fut après ces paroles… » De quelles paroles s'agit-il ? Il s'agit des Dix Paroles ou Dix Commandements. En effet, c'est l'expression qui se trouve dans le verset placé juste avant les Dix Paroles (Exode 20,1) : « Et Dieu dit toutes ces paroles… » En fait, l'épisode d'Ahab dont il est question vient exactement après la dernière des Dix Paroles : « Tu ne convoiteras pas… » C'est précisément ce dernier commandement qui va être transgressé dans le récit de la vigne de Nabot, convoitée par le roi Ahab. Nous lisons donc :

> Après ces paroles, Nabot, demeurant en Israël, possédait une vigne auprès du palais d'Ahab, roi de Samarie. Ahab parla ainsi à Nabot :
> – Donne-moi ta vigne que j'en fasse un jardin potager, car elle est près de ma maison. Je te donnerai en échange une vigne meilleure si tu le préfères, ou je te donnerai sa valeur en argent.
> Nabot répondit à Ahab :
> – L'Éternel me préserve de te céder l'héritage de mes pères !
> Ahab rentra chez lui triste et abattu, à cause de la réponse que lui avait faite Nabot en disant : « Je ne te céderai pas l'héritage de mes pères. » Il se jeta sur son lit, la face tournée contre le mur, et ne prit point d'aliments. Jézabel, sa femme, alla le voir et lui dit :
> – Pourquoi ton esprit est-il abattu et ne prends-tu pas de nourriture ?
> – C'est que j'ai parlé à Nabot et je lui ai dit : « Donne-moi ta vigne à prix d'argent ou, si tu préfères, je t'en donnerai une autre à la place. » Il a répondu : « Je ne te donnerai point ma vigne. »
> Jézabel, sa femme, lui répondit :
> – Est-ce bien toi aujourd'hui qui exerce la royauté en Israël ? Lève-toi, prends de la nourriture et sois de bonne humeur. C'est moi qui vais te procurer la vigne de Nabot.
> Elle écrivit des lettres au nom d'Ahab, les scella du sceau royal et les expédia aux anciens et aux nobles qui habitaient près de Nabot. Elle avait écrit dans ces

> lettres : « Proclamez un jeûne, organisez un jugement public. Faites asseoir en face de lui deux individus sans scrupules qui déposeront contre lui en disant : “Tu as outragé Dieu et le roi !” Puis on le fera sortir et on le lapidera à coups de pierre. »

Cette histoire se termine très mal. On va juger Nabot. Deux individus l'accusent d'avoir blasphémé contre Dieu et le roi, ce qui est passible de la peine de mort, et on le tue. Après quoi, Jézabel va voir Ahab et lui dit : « Maintenant tu as la vigne... » Mais le prophète Élie intervient et lui dit : « Tu as assassiné, et maintenant tu prends possession ! Ainsi parle l'Éternel : à cette même place où les chiens ont léché le sang de Nabot, ils lécheront aussi le tien... »

La prophétie se réalisera...

## Petit détour par la Kabbale : que signifie « le palais du roi » ?

Le rapport entre le dixième commandement – celui de la convoitise – et cette histoire semble très clair. On pourrait la résumer en disant : attention, la convoitise peut conduire à tuer ! L'histoire paraît limpide. Pourtant, une lecture plus ardue, plus complexe et plus riche, s'impose ici.

La vigne de Nabot se trouve près du *palais* d'Ahab, dit le texte traduit. En hébreu, on trouve bien le mot « palais », mais, selon une interprétation de la Kabbale, ce mot signifie toujours, dans la Bible, l'« écrin sonore » du Tétragramme entouré de silence. En voyant le Tétragramme, je me tais, je ne le prononce pas. A la place, je prononce un autre nom : *Adonaï*. Je le mets ainsi dans un écrin sonore appelé *Adonaï* : or, la valeur numérique de ce mot équivaut à celle du mot hébraïque pour « palais ». Le palais du roi est donc l'écrin sonore du Tétragramme.

« Auprès du palais du roi Ahab, il y avait une vigne... »

## Mais qui est Ahab ?

Qui est donc le roi Ahab ? En hébreu, ce nom, décomposé en deux mots (*ah-av*), signifie littéralement « père-frère » : *a priori*, cela ne veut rien dire.

Mais souvenons-nous d'un héros tristement célèbre de la tragédie grecque, Œdipe. Il nous donne une clé pour comprendre cette accolade entre « père » et « frère ». Œdipe est à la fois le père et le frère de ses enfants, parce qu'il a commis l'inceste, un inceste fécond, avec sa mère. Mais ce faisant, il a nié la différence, l'écart généalogique. Il a perverti la succession des générations et donc s'est rendu incapable de transmettre la parole d'une génération à l'autre. Le nom d'Ahab nous dit que lui non plus n'a pas respecté cette loi de la généalogie, de la bonne et juste transmission de la vie par la parole.

Rappelons-nous ce que nous avons dit au sujet des Dix Commandements dès le début. Ils ne sont pas uniques par leur message. Le code d'Hammourabi, avant eux, énonçait déjà un message d'une grande élévation. L'originalité des Dix Commandements, et plus largement de la Tora, ne réside pas dans leur contenu – même si la Tora contient beaucoup d'enseignements qu'on ne trouve pas ailleurs – ni dans leur plus grande ancienneté. Leur force réside dans la transmission de leurs paroles de génération en génération. Ces paroles existent parce qu'il y a un écart généalogique entre les pères et les fils, les parents et les enfants : les premiers parlent aux seconds pour créer une puissance de transmission, une dynamique de paroles, une vie par la parole.

Contrairement au code d'Hammourabi, retrouvé après trente-cinq siècles, les Dix Commandements n'ont pas eu besoin, dans les temps modernes, d'archéologues pour les exhumer. D'ailleurs, il n'existe pas de mot, en hébreu, pour dire « l'Histoire ». L'hébreu parle très concrètement des « générations » pour indiquer l'histoire humaine.

## Dans le secret de la vigne

Ahab, le « père-frère », ne s'inscrit donc pas dans l'écart des générations. Et il a besoin, en quelque sorte, de le récupérer. Pour ce faire, il convoite la vigne de Nabot, comme si ce vignoble avait le pouvoir de lui donner ce qui lui manque, à savoir l'écart généalogique. En effet, à bien lire le texte, il ne veut pas d'un vignoble. Que demande-t-il à Nabot ? « Donne-moi ta vigne, je vais en faire un jardin potager. » Mais en hébreu, « jardin potager » n'est pas n'importe quel mot : *gan yérèq* est une expression qui renvoie au jardin d'Éden, c'est-à-dire au jardin des origines, à l'origine de l'homme et aussi à la faute originelle…

N'est-ce pas là qu'un arbre, celui de la vie et de la connaissance, était « désirable » pour les yeux ? Les mots du dixième commandement qui désignent la « convoitise » se trouvent déjà au tout début de la Bible qui parle du jardin d'Éden. Et l'histoire de la vigne de Nabot nous ramène elle aussi à cette scène primitive.

Que dit le récit ? Ahab veut la vigne de Nabot pour en faire un jardin potager, parce que, dit-il, « *elle est près de ma maison* ». En français, cette information ne nous frappe guère. Mais, en hébreu, on devrait la traduire littéralement : donne-moi ta vigne car « elle est proche de mon *bèt* », c'est-à-dire de mon origine, pour reprendre notre interprétation de la deuxième lettre de l'alphabet !

Et Ahab ajoute : « Je te donnerai en échange une autre vigne meilleure si tu préfères, ou je te donnerai sa valeur en argent. » Autrement dit, il a déjà une vigne et voudrait en changer à tout prix. Pourquoi ? Pourquoi insiste-t-il lourdement pour faire cet échange ?

Or Nabot ne répond pas platement : « Je ne peux pas te donner ma vigne », comme on pourrait s'y attendre, mais : « L'Éternel me préserve de te céder l'héritage de mes pères ! » Littéralement, il faudrait traduire : « Je ne peux pas faire quelque chose qui soit de l'ordre de la profanation du Tétragramme » – c'est-à-dire du silence de Tétragramme.

L'histoire de la vigne de Nabot nous fait ainsi entrer, en réalité, dans le secret du Tétragramme. Nabot ne dit pas à Ahab qu'il refuse de donner sa vigne. Ce n'est pas le problème. Ce qui lui importe dans *sa* vigne, c'est l'« héritage de ses pères ». Et c'est aussi ce qu'Ahab a bien compris : cette vigne recèle le lien généalogique ; en l'acquérant, il pourrait recouvrer ce lien qui lui manque.

## Convoiter le lien généalogique

Rappelons-nous : les Dix Commandements sont écrits sur des tables de pierre. Or, la pierre (*éven*) renvoie toujours au rapport « père-fils » (*av-ben*). La Loi s'écrit ou s'inscrit dans ce rapport entre le père et le fils, ce rapport généalogique : c'est la parole de la transmission et la transmission de la parole.

Ne pas faire ce lien, ou le tordre, signifie s'établir dans le mensonge. Celui-ci consiste justement à émettre une parole qui ne transmet pas, ou ne transmet rien, ou transmet à côté. L'homme reste alors enfermé en soi-même, ou dans son présent, sans accès ni à sa mémoire ni à son futur. Pour exister humainement, l'homme a besoin d'être inscrit dans sa filiation et de connaître sa juste place dans cette filiation. L'interdiction de l'adultère venait essentiellement de là : le *mamzèr* ne peut entendre son passé de la bouche de ses parents du fait de leur adultère. Il est pris d'emblée – non par sa faute, certes – dans une situation de mensonge. Nous revenons ainsi à notre découverte du tout début : la parole de transmission est ce qu'il y a de plus central dans les Dix Paroles. *Elles ne sont pas les paroles de la Loi, mais les lois de la Parole.*

Dans le récit de la vigne de Nabot, le refus de ce dernier désigne exactement le fond du problème : je ne peux te donner l'héritage de mes pères, et, ce faisant, je sais que je suis dans le juste et le vrai. Ahab, qui se voit renvoyé à sa quête par cette réponse, rentre chez lui furieux. Et le texte souligne avec précision la raison de sa colère. Nabot lui a dit : « "Je ne te céderai pas l'héritage de mes pères !” Il se jeta sur son lit, la face tournée contre le mur et ne prit point d’aliments… » Ce n’est pas de la vigne qu’il s’agit : Ahab en a une ! Mais quelqu’un lui refuse l’héritage de ses pères : c’est-à-dire précisément ce qu’il convoitait.

Car le voilà, l’objet de la convoitise ! Le problème n’est pas d’être envieux. L’envie, comme le dit le proverbe pour la curiosité, est un vilain défaut. La gravité de l’envie-convoitise, c’est d’envier avec l’illusion que l’autre possède l’origine que je n’ai pas, ou de désirer chez lui la parole du lien généalogique qu’il ne peut pas me donner.

## Les limites de l’interprétation

Nous sommes là au cœur de l’interprétation. Nous avons le texte de la Tora écrite, centre et cœur de notre intérêt. Mais l’interprétation, c’est le souffle, et quand on oublie de respirer, le cœur s’arrête. On pourrait poser à juste titre la question : jusqu’où va l’interprétation ? Quelles en sont les limites ? Après tout, l’un donne telle interprétation, un autre en donnera une autre ; l’un sera très prudent et mesuré, l’autre ira dans le sens le plus extrême… Où est la limite ?

La Tora nous l’indique elle-même, juste après avoir énoncé les commandements, au chapitre 20 du livre de l’Exode. L’Éternel demande à Moïse qu’on Lui édifie un autel, c’est-à-dire un lieu où l’on peut entrer en relation avec Lui. Il laisse le choix à Moïse : soit un autel en terre, et la terre évoquant un lieu de semence et de plantation, de germination et de récolte, donc quelque chose qui est de l’ordre de la vie ; soit un autel en pierre, pour lequel il faudra éviter les pierres taillées : car, pour ce faire, il faudrait utiliser l’épée ou le ciseau, et donc profaner le lieu de la relation qu’est l’autel.

J’interprète ainsi ce passage : nous avons la Tora et nous devons l’interpréter, faire parler le texte écrit, user de notre liberté de parole face à l’écrit · mais la liberté d'interpréter s'arrête là où cesserait l'éthique, là où il faudrait commettre une violence envers autrui, là où il faudrait utiliser l'épée ou le ciseau.

## La première vigne

Certains trouveront peut-être que notre interprétation de l'épisode de la vigne de Nabot comme convoitise du lien généalogique est exagérée, injustifiée, tirée par les cheveux… Pourtant, nous maintenons qu'elle peut être interprétée ainsi, et nous voudrions le montrer à partir d'un autre passage de la Bible.

Nous avons déjà souligné à quel point est importante la première apparition d'un mot dans le texte de la Tora. Or, si nous consultons une concordance, nous voyons que le mot « vigne » apparaît pour la première fois dans le récit de Noé, quand il sort de l'arche après le déluge (Genèse 8). Noé sort de l'arche, et lui qui est un homme de la terre plante une vigne et boit du vin, qui le rend ivre. Ainsi entré dans les vignes du Seigneur – c'est le cas de le dire ! –, il se met tout nu à l'intérieur de sa tente. Il a planté une vigne : c'est bien ! Il a voulu jouir du fruit de son travail : c'est bien ! Il a planté un vignoble et en a recueilli du vin : parfait ! Mais quel est donc ce vin ?

Noé a par ailleurs, comme nous savons, trois fils : Sem, qui a donné la lignée des Sémites ; Japhet, le « beau », dont la lignée a engendré la Grèce et l'Occident ; et enfin, il y a Ham, dont le nom signifie « Chaud » et qui est impulsif, débordant de pulsions. C'est le père de Canaan, nous dit la Bible. Mais pourquoi précise-t-elle qu'il est le *père* de Canaan, et qui est celui-ci ? Le texte nous le dit : c'est son quatrième enfant.

## L'homme qui découvre la nudité de son père

La Bible raconte que Ham découvre son père couché tout nu dans la tente.

Il faut imaginer concrètement la scène. Vous êtes chez vous. Par hasard, la porte de la chambre de vos parents est restée ouverte. Vous entrez dans la chambre. Vous voyez vos parents qui sont dans le lit en train de... Que faites-vous ? Le réflexe normal, c'est de partir prestement en fermant la porte, ou de supposer que vos parents jouent à papa et à maman... comme dans cette petite histoire juive qui me revient à l'esprit.

> Deux enfants juifs voulaient jouer à papa et maman. La petite sœur demande au grand frère :
> – Comment on fait pour jouer à papa et maman ?
> Le grand frère répond :
> – C'est très simple, on va dans la chambre des parents.
> – Et après ? demande la petite sœur.
> – Après, on ferme la porte à clé.
> – Et après ?
> – Après, on se déshabille.
> – Et après ?
> – Après, on entre dans le lit.
> – Et après ?
> – Après, on parle yiddish...

Hélas ! Ham est moins innocent que les enfants de cette blague juive. Au lieu de sortir aussitôt en fermant la porte, il regarde, sort et appelle ses frères. Le texte dit : « Ham, le père de Canaan, vit le sexe de son père et en fit part à ses deux frères, dehors. » Sem et Japhet prennent un manteau, le mettent tous deux sur leurs épaules, ils marchent à reculons et recouvrent la nudité du père. Noé se réveille de son vin et apprend ce que lui a fait son fils, le petit, et il le maudit. Il ne le maudit pas, lui, Ham, mais le fils de celui-ci, Canaan, son quatrième enfant. Voilà l'énigme précisément : pourquoi maudire le fils de Ham ?

Pour la première fois dans le monde, un homme plante une vigne, et il se produit ceci : sa nudité est dévoilée et regardée par un de ses fils. « Dévoiler la nudité » : c'est exactement le sens du mot « inceste » en hébreu. Qu'a-t-il donc dévoilé et vu ? Le sexe de son père. Il a ainsi dévoilé la source d'où il vient, il s'est enfermé dans son origine, et donc il s'est fermé à l'ouverture, l'écart, la coupure généalogique, qui permettent de transmettre plus loin, de continuer la lignée. L'inceste enferme. A certains égards, nous sommes tous pris dans ce rapport d'inceste avec la source d'où nous venons, puisque tous nous sommes passés par le sexe de notre mère.

Mais la coupure réelle d'avec la mère a lieu de toute façon. Nous l'avons dit plus haut : le véritable inceste se fait dans « le même sens que le père », « comme le père ». Le mot hébraïque pour cette expression est *keèv*, et sa racine signifie « souffrance » : celle qui consiste à ne pas trouver sa voie. Parce qu'il supprime l'écart généalogique, l'inceste empêche de se situer soi-même et d'avancer dans sa voie propre. Si je fais comme le père, je suis alors le père *et* le fils, l'un et l'autre en même temps, et non pas l'un ou l'autre, dans une histoire qui continue. Ce n'est pas coucher avec la mère, mais *faire comme son père* qui constitue l'inceste symbolique.

Dans le texte sur Noé ivre, on ne sait pas si Ham a seulement vu le sexe de son père ou s'il a vu son père et sa mère s'unir sexuellement. Mais il y prend plaisir puisqu'il va le dire à ses frères, probablement pour partager avec eux la découverte du sexe de leur père.

## Terre du maudit, terre de la promesse

Cependant, le texte ne dit pas seulement qu'il a « vu ». En effet, quand Noé se réveille de son vin, « il sut ce que lui avait *fait* son plus jeune fils ». Que lui a-t-il *fait*, puisqu'il a seulement *vu* ? Une discussion existe sur ce point entre les maîtres de la tradition. L'un d'eux soutient que

Ham a commis la faute de sodomie avec son père, et qu'il l'a castré. En elle-même, cette interprétation osée confirmerait plutôt ce que nous venons de dire : pourquoi castrer sinon pour s'approprier l'origine ou supprimer l'écart en supprimant l'origine ? N'empêche : on ne voit pas bien pourquoi Ham serait allé jusque-là.

Le verbe hébraïque *hamad*, employé pour dire « tu ne convoiteras pas », comporte un *dalèt*, la lettre qui signifie « porte ». Et le verbe *hamad*, c'est, littéralement, la porte de Ham. « Convoiter » revient donc à se trouver dans la situation de Ham, le fils, qui, à cause des effets de la vigne, a dévoilé la nudité de son père. Mais surtout, Ham va faire l'objet d'une malédiction : il est maudit, et c'est à travers son quatrième fils, Canaan : « Maudit soit Canaan ! Qu'il soit pour ses frères l'esclave des esclaves ! »

Comme nous l'avons dit, le Talmud s'est interrogé sur ce curieux déplacement de la malédiction, qui frappe un fils de Ham, le quatrième. L'explication est précisément que, en castrant Noé, Ham l'a empêché d'avoir un quatrième fils. Mais du coup, c'est lui, Ham, qui est puni à travers son quatrième ! Un quatrième qui n'est autre que Canaan, et qui donnera son nom à la terre de la promesse faite à Abraham.

Une nouvelle question surgit alors : comment se fait-il que Dieu ait donné à Abraham la terre de Canaan, *eretz Canaan*, la terre du maudit, pour en faire la terre de la promesse ?

La réponse est qu'Israël est cette terre où l'on vient pour faire le *tiqoun*, la réparation de la malédiction de Canaan et de la faute de Ham qui a dévoilé la nudité de son père et voulu accéder à la source de l'origine. Être en terre d'Israël aujourd'hui, c'est devenir capable de réparer et de produire une parole de filiation, c'est pouvoir dire d'où l'on vient et où l'on va sans avoir l'illusion que son origine se trouve chez un autre.

## En guise de conclusion : le onzième commandement

Avec le dixième commandement, nous nous sommes livrés à un exercice d'interprétation sur une histoire biblique bien connue, au moins de ceux qui sont un peu familiers de la Bible : le récit de la vigne de Nabot. Cet exercice a pu paraître ludique à certains, plus difficile à d'autres, obscur pour quelques-uns. Au-delà de ce qui a été découvert, nous avons voulu montrer le « fonctionnement » de l'interprétation dans la pensée juive, ses méandres, ses impasses parfois.

Dans ce puzzle interprétatif, il manque certainement des chaînons. Mais quand les articulations viennent à manquer, je me console avec une parole d'un de mes maîtres, qui disait : « Je n'enseigne pas des pensées, mais le désir de se mettre à penser ! » Si ce désir avait pu naître ou affleurer à la lecture de ce livre, je serais assurément un « maître » comblé !

En étudiant les Dix Commandements, il m'est arrivé souvent de m'interroger : et si on me demandait de formuler un onzième commandement, que dirais-je ? Aujourd'hui, je le formulerais ainsi : *Méfie-toi de l'écriture !*

Pourquoi cette injonction de prime abord étrange ?

La réponse se trouve dans la suite du texte de la vigne de Nabot. Rappelons-nous : Jézabel, la femme d'Ahab, ordonne un jugement public qui accable Nabot et le condamne à mort pour blasphème. Mais quand les habitants de la ville d'Izréel ont reçu cet édit, ils auraient dû se révolter. Ils auraient dû se méfier de l'écriture ! Car ici, l'écriture – l'édit envoyé par Jézabel aux anciens d'Izréel – enjoint de tuer. Des meurtres ont lieu simplement parce que des hommes ont accepté tel quel ce qui est écrit, en se comportant d'après l'écrit (et l'écrit se trouve aujourd'hui souvent sur l'« écran » !).

Ne jamais accepter l'écrit tel quel. Interpréter, c'est se

révolter contre ce qui n'est pas éthique dans l'écrit, c'est faire entrer ce qui n'est pas éthique dans le monde de l'éthique, c'est ce qui nous permet de vivre la justice et la bonté : l'éthique des Dix Commandements.

*

## A LIRE


Balmary, Marie, *Le Sacrifice interdit*, *op. cit.*

Brun, Jean, *La Main et l'Esprit*, Labor et Fides, 1986.

Buber, Martin, *Je et Tu*, *op. cit.*

Finkielkraut, Alain, *La Sagesse de l'amour*, *op. cit.*

Gikatilia, Yossef (Rabbi), *Guinat éguoz*, *op. cit.*

Legendre, Pierre, *L'Inestimable Objet de la transmission*, *op. cit.*

Lévinas, Emmanuel, *Noms propres*, *op. cit.* ;

–, *Le Temps et l'Autre*, PUF, 1998.

Louria, Itshaq (Rabbi), *L'Arbre de la vie*, *op. cit.*

Nahman de Braslav (Rabbi), *Liqouté Moharane*, *op. cit.*

Ouaknin, Marc-Alain, *Lire aux éclats*, *op. cit.* ;

–, *Bibliothérapie*, *op. cit.* ;

–, *C'est pour cela qu'on aime les libellules*, *op. cit.*

– et Rotnemer, Dory, *La Bible de l'humour juif*, *op. cit.*

Renaut, Alain, *L'Ère de l'individu*, Gallimard, 1989.

Ricœur, Paul, *Soi-même comme un autre*, Éd. du Seuil, 1990.

Sibony Daniel, *Les Trois Monothéismes*, *op. cit.*

# Remerciements

Le thème de ce livre, les Dix Commandements, je l'ai médité de nombreuses années, sans avoir le courage de l'affronter dans un enseignement spécifique. Certains diront qu'il y a dans cette entreprise quelque chose de prétentieux. Soit.

Le cycle annuel de mes cours s'étalant sur dix mois, il est toujours préférable de trouver un thème d'enseignement structuré autour du chiffre dix. Après une longue discussion avec Hélène Attali, nouvelle co-présidente de l'Aliyah des jeunes, je fus convaincu que sa proposition de consacrer une année d'étude aux Dix Commandements était risquée mais passionnante. Au lecteur de juger du résultat !

Les lignes qui suivent n'ont pas le projet de dévoiler les secrets de quelques heures de la vie d'un chercheur, mais de raconter l'histoire et l'évolution de la pensée à travers les différentes rencontres sans lesquelles rien ne serait possible.

Comme dit le Talmud, j'ai beaucoup appris de mes maîtres, plus de mes compagnons d'étude, mais encore plus de mes élèves…

Je tiens tout d'abord à remercier mon père et maître, le grand- rabbin Jacques Ouaknin, et ma mère Éliane-Sophie Ouaknin, qui, par leur enseignement, leurs encouragements toujours attentifs et souriants, sont présents en filigrane dans de nombreuses pages de ce livre.

Je voudrais dire ma reconnaissance chaleureuse à mes compagnons d'étude (*havrouta*), tout d'abord à mon épouse Dory Rotnemer, et à mon collègue de l'université de Bar-Ilan, Itshaq Adda, qui ont contribué activement à cette recherche ; ils m'ont aidé à découvrir de nouveaux sens et m'ont apporté par leur créativité et leur subtilité intellectuelle des approches neuves et enrichissantes.

Je veux remercier tout aussi amicalement tous ceux qui viennent participer à l'étude dans ses différents cadres : le Centre Aleph, les Amis de l'Aliyah des jeunes, le cercle d'étude chez Mary et Lazare Kaplan, le Centre culturel laïc juif de Bruxelles, l'université hébraïque de Toulouse, le Séminaire de psychanalyse d'Hughes Zysman à Besançon, le Cercle d'étude du chabbat matin à la synagogue, mes cours à l'université hébraïque de Jérusalem et ceux de l'université de Bar-Ilan.

Que tous reçoivent ici l'expression de ma reconnaissance pour avoir accueilli avec bienveillance ces réflexions souvent balbutiantes, et ouvert, par leur écoute et leurs réactions, de nouveaux sens, plus vivants et plus féconds.

Ma gratitude va aussi à Mitchélé, qui m'a fait découvrir Christian Bobin, et à Alain Didier-Weill pour ses histoires et sa générosité de pensée, ainsi qu'à Itshaq Schein, dont l'oreille hébraïque est créatrice de *hidouchim* subtils et stimulants.

Je tiens aussi à remercier très chaleureusement mon amie Marion Kunstenaar, qui tout en traduisant ce livre en hollandais pour les éditions Boom (Amsterdam, 2001) m'a fait part de ses remarques et corrections, ce qui m'a ainsi permis d'améliorer le texte de la présente édition de poche.

L'aventure de ce livre se poursuit aujourd'hui aussi en anglais. Que soient remerciés très amicalement et chaleureusement pour leur accueil et leur patience mes étudiants-professeurs d'anglais : Marion Kunstenaar, Angela et Tosh Brice, Deborah et Baruch Lionarons, Diana et Allen Greenberg.

*

Tous ces cours, séminaires et conférences n'auraient pu avoir lieu sans le talent de toutes celles et tous ceux qui organisent, établissent des listes, téléphonent, écrivent, faxent, préviennent, relancent, préparent et concoctent des menus particulièrement savoureux, font en sorte que tout soit prêt pour accueillir et recevoir, en un mot donnent à l'étude la chance d'être entendue et partagée...

Ainsi je tiens à remercier tout d'abord Monique Sander (Centre Aleph), ainsi que Mary et Lazare Kaplan (Cercle d'étude de l'avenue Bugeaud), Hélène Attali (les Amis de l'Aliyah des jeunes), Catherine et Hugues Zysman (Séminaire de psychanalyse, Besançon), Arié Bensémhoun (université hébraïque de Toulouse et centre communautaire).

*

Publier un livre, c'est aussi le plaisir de témoigner sa reconnaissance et son amitié à tous ceux qui ont participé de près ou de loin à son élaboration : en particulier, à M$^{me}$ le professeur Ruth Reichelberg, doyen de la faculté des sciences humaines de Bar-Ilan, qui m'a toujours encouragé dans mes recherches et m'a aidé à trouver des formulations justes concernant certains points complexes de la pensée ; au professeur Dov Landau, chef du département de littérature comparée, qui m'a conseillé judicieusement sur plusieurs points essentiels de pédagogie ; à Aliza Adelma, responsable administratif du département de littérature comparée de l'université de Bar-Ilan qui, discrètement mais efficacement, fait le lien entre les enseignants et les étudiants et, surtout, rappelle à leurs devoirs les enseignants « tête-en-l'air » dont je fais partie, et permet ainsi le bon déroulement des études.

*

Ce livre est un peu exceptionnel dans son écriture, car il a trouvé forme dans de nombreuses versions successives.

C'est pour moi l'occasion de dire un merci chaleureux

à Claudine Hazout qui, depuis plus de dix ans, enregistre méticuleusement toutes les « conférences du lundi ». Elle est devenue ainsi une fée de la mémoire, à laquelle je suis obligé d'avoir recours pour restituer avec précision le développement de certaines idées, récits et souvent aussi histoires drôles en tous genres.

Ce livre, donc, exista dans sa première version sous la forme d'un enregistrement sur vingt cassettes d'une heure chacune.

La transcription fut relue et corrigée à quatre mains, si l'on peut dire, par Jean-Louis Schlegel (mon éditeur au Seuil) et moi-même. Après des aller-retour multiples *via* e-mail (en panne, c'est toujours comme ça quand on en a besoin) entre Paris et Jérusalem, nous sommes arrivés à un compromis entre mon texte et le sien. Le lecteur attentif reconnaîtra la griffe de chacun. Qu'il soit remercié de son amitié, de son humour, de sa patience, de sa disponibilité, de son ouverture aux formulations parfois très post-modernes de certaines idées, et au talent éditorial qu'il a exercé pour que ce livre voie le jour.

Je salue et remercie aussi Sophie L'Huillier, l'assistante de Jean-Louis Schlegel, qui, aux commandes du e-mail et autres merveilles de la technique, a finalement réussi à faire émerger ce texte.

*

Je retrouve avec grand plaisir, à chacun de mes séjours à Paris, des amis qui, au fil des ans, me sont devenus très chers. Je veux parler de Mercedes et Paul Garboua, dont l'accueil infiniment généreux, dans la chaleur de leur ambiance familiale, me permet d'être entièrement disponible à la fois pour l'étude et l'enseignement. Mon « merci » sera toujours en deçà de leur générosité !

*

La vie a ses joies et ses tristesses. Alors que j'écrivais les dernières pages de ce livre j'apprenais avec douleur la disparition d'un homme qui aura beaucoup compté dans ma vie : Georges Meyer. Je l'ai rencontré pour la première fois en 1986. En dehors de ses activités professionnelles très importantes en tant que président des Galeries Lafayette, Georges Meyer était également président du comité français des Amis de l'Aliyah des jeunes, une association ayant pour vocation l'aide aux jeunes en Israël, tant au niveau social que pédagogique, et qui soutient financièrement de nombreux projets éducatifs sous diverses formes, comme la construction de locaux ou l'allocation de bourses d'études. En 1986, Georges Meyer et son épouse, le docteur Noëlle-Léone Meyer, m'invitèrent à donner une série de conférences sur le judaïsme. Ils m'offrirent ainsi un lieu d'expression privilégié. Ces conférences mensuelles existent maintenant depuis plus de douze ans !

Grâce à la création de ces cours, Georges et Noëlle Meyer réussirent à la fois à donner un nouveau souffle à l'association et à poursuivre l'aide au lycée français de Jérusalem. Je crois cependant que l'impact de ces cours dépassa le cadre des Amis de l'Aliyah, puisqu'ils suscitèrent dans la communauté juive un regard nouveau sur les textes de la tradition et des rencontres fécondes entre les divers courants du judaïsme contemporain.

Je ressens comme un honneur de dédier ce livre à la mémoire de Georges Meyer au début de ce livre. Que son souvenir soit pour tous une bénédiction !

# Table

DU MÊME AUTEUR

« Introduction à la littérature talmudique
et midrachique »
in *Aggadoth du Talmud de Babylone*
*Verdier, 1981*

Pirqé de Rabbi Éliézer
(présentation et annotations ; avec Éric Smilévitch)
*Verdier, 1983*

« Le monde du Talmud », *in* Les Religions de la Bible,
vol.III, Les Juifs d'Orient et d'Occident
*Dargaud, 1986*

Le Livre brûlé. Lire le Talmud
*Lieu Commun, 1986*
*et Seuil, « Points Sagesses », n° Sa52, 1994*

Ouvertures hassidiques
*Jacques Grancher, 1990*

Concerto pour quatre consonnes sans voyelles
Au-delà du principe d'identité
*Balland, 1991*
*et « Petite Bibliothèque Payot », n° 186, 1998*

Méditations érotiques – Essai sur Emmanuel Lévinas
*Balland, 1992*
*et « Petite Bibliothèque Payot », n° 187, 1998*

Tsimtsoun, introduction à la méditation hébraïque
*Albin Michel, 1992*

Lire aux éclats : éloge de la caresse
*Quai Voltaire, 1992*
*et Seuil, « Points/Essais », n° E278, 1994*

Le Grand Livre des prénoms bibliques et hébraïques
(en collaboration avec Diry Rotnemer)
*Albin Michel, 1993*

A toi je donne mes histoires
*Gallimard, « Contes du ciel et de la terre », 1994*

La Bible
(traduction de Samuel Cahen, introduction)
*Les Belles Lettres, 1994*

Bibliothérapie
*Seuil, « Couleur des idées », 1994*

Symboles du judaïsme
(en collaboration avec Laziz Hamani)
*Assouline, 1995*

Le Promeneur de Jérusalem
*Ramsay, 1995*

Le Colloque des anges
*Fata Morgana, 1995*

La Bible de l'humour juif,
*vol 1., Ramsay, 1996 et « J'ai lu », 1996*
*vol 2., Ramsay, 1997 et « J'ai lu », 1998*

Les Mystères de l'alphabet
*Assouline, 1997*

La Plus Belle Histoire de Dieu
(en coll. avec Jean Bottéro et Joseph Moingt)
*Seuil, 1997*
*et « Points », n° P684*

C'est pour cela qu'on aime les libellules
*Calmann-Lévy, « Bibliothèque des idées », 1998*
*et Seuil, « Points Essais », n° 453*

Grandes Religions
*Assouline, 1998*

La Naissance du dieu unique
volume 1 : Abraham, Abraham !
*Éditions du Rocher, 1999*

Sept Roses plus tard
*Fata Morgana, 1999*

Le Coq et le Messie
*Fata Morgana, 1999*

Je suis le marin de tes yeux
Poèmes
*Éditions Alternatives, 2000*

Invitation au Talmud
*Flammarion, « Dominos », n° 224, 2001*

Les Mystères de la kabbale
*Assouline, 2001*

Tout l'humour juif
(en coll. avec Dory Ouaknin-Rothnemer)
*Assouline, 2001*

Dieu et l'art de la pêche à la ligne
*Bayard, 2001*

Jonas
*Desclée de Brouwer, 2003*

Carnets de Jérusalem
(avec Dory Rotnemer)
*Bibliophane, 2003*

Cent Vues du potager du Roi
(photographies de Jean Rault)
*Filigranes, 2003*

Les Mystères des chiffres
*Assouline, 2004*

Jean Daviot : le ciel au bout des doigts
*Actes Sud / Paris-Musées, 2004*

COMPOSITION : PAO ÉDITIONS DU SEUIL
IMPRESSION : S. N. FIRMIN-DIDOT, AU MESNIL-SUR-L'ESTRÉE
DÉPÔT LÉGAL : OCTOBRE 2002. N° 56232-2 (72686)
IMPRIMÉ EN FRANCE